Friedag/Schmidt: Balanced Scorecard – mehr als ein Kennzahlensystem

Balanced Scorecard

Mehr als ein Kennzahlensystem

von

Herwig R. Friedag
Dr. Walter Schmidt

4. Auflage

Haufe Mediengruppe
Freiburg · Berlin · München

Die Deutsche Bibliothek – CIP-Einheitsaufnahme

Friedag, Herwig:
Balanced scorecard : mehr als ein Kennzahlensystem / von Herwig Friedag; Walter Schmidt. – 4., durchges. Auflage – Freiburg i. Br. ; Berlin ; München : Haufe-Verl.-Gruppe, 2002
ISBN 3-448-04979-4

ISBN 3-448-04979-4 Bestell-Nr. 01414-0002

1. Auflage 1999
2. Auflage 2000
3. Auflage 2001
4. Auflage 2002

Lektorat: Dipl.-Betriebswirt (FH) Günther Lehmann

Umschlag: Eberle & Kaiser, Agentur für Gestaltung, Freiburg i. Br.
Satz und Druck: F. X. Stückle, Ettenheim

Vorwort

Wie kann man strategische Ziele für ein Unternehmen so formulieren und kommunizieren, dass sich alle Mitarbeiter voller Motivation für den Erfolg ihres Unternehmens engagieren? Die **Balanced Scorecard** ist eine neue Management-Methode, mit der Sie genau dies erreichen können. Mit der Balanced Scorecard erhalten Sie die Möglichkeit, ein Unternehmen mit Hilfe von wenigen, aber entscheidenden Kennzahlen strategisch, flexibel und effektiv zu führen. Und so können Sie innovatives und kreatives Denken aller Mitarbeiter als bestimmtes Element in der Unternehmenskultur verankern.

Viele der bisher erschienenen Berichte zur Balanced Scorecard sind eher theoretischer und wissenschaftlicher Natur. Sie beschreiben kaum – wenn überhaupt – praktische Erfahrungen aus Unternehmen. Mit diesem Buch möchten wir Managern und Controllern, die sich zum ersten Mal eingehender mit der Balanced Scorecard befassen, einen praxisorientierten Leitfaden in die Hand geben. Daher haben wir auch eine Vielzahl praktischer Beispiele eingebracht. Diese Beispiele sollen Sie dazu anregen, die Balanced Scorecard als ein strategisches Führungsinstrument zu nutzen. Alle Beispiele sind aus der konkreten Arbeit heraus entstanden, jedoch soweit „verfremdet" worden, dass keine Rückschlüsse auf tatsächlich existierende Unternehmen gezogen werden können. Die „Verfremdung" bezieht sich auf Namen, Orte und Branchen. Sie bezieht sich jedoch nicht auf die dargestellten Inhalte und Problemstellungen.

In der öffentlichen Diskussion zeigt sich der Trend, die Balanced Scorecard auf ein Kennzahlensystem zu reduzieren: ein intelligentes System, ein umfassendes System, ein vernetztes System – aber letztlich doch nur eine mehr oder weniger neuartige Zusammenstellung verschiedener Kennzahlen. Inzwischen gibt es auch diverse Softwareangebote zur Integration der Scorecard-Kennzahlen in die betrieblichen DV-Systeme.

Nun spielen Kennzahlen im Zusammenhang mit der Balanced Scorecard eine wichtige Rolle. Und gute Softwarelösungen können für die Arbeit mit der Balanced Scorecard durchaus hilfreich sein. Allerdings sehen wir bei dieser Reduktion der Balanced Scorecard auf ein „ausbalanciertes Kennzahlensystem" die Gefahr, das eigentliche Potential der Balanced Scorecard aus dem Auge zu verlieren: Das Potential zur Führung und zur Kommunikation!

Denn die Kennzahlen der Balanced Scorecard sind nur das Mittel zum Zweck. Aus unseren praktischen Erfahrungen haben wir gelernt, dass die Balanced Scorecard viel mehr sein kann als ein gut gestyltes Kennzahlensystem. Das Neue, das über den Modetrend hinaus Bleibende – eben das eigentliche Potential der Balanced Scorecard, besteht in den in dieser Weise bisher nicht gegebenen Möglichkeiten zur Kommunikation strategischer Ziele sowie zur Verknüpfung von Visionen und strategischen Zielen mit der täglichen Betriebspraxis.

Wie Sie dieses Potential nutzen können, welche Möglichkeiten dabei Kennzahlen bieten und warum die Balanced Scorecard mehr ist als ein Kennzahlensystem – das versucht dieses Buch zu vermitteln. Nicht trocken wissenschaftlich, sondern vor allem aber praxisnah und mit vielen Beispielen belegt.

Sichern auch Sie sich die in Ihrem Unternehmen, in Ihrer Organisation steckenden Potentiale! Erarbeiten Sie eine Balanced Scorecard und erfahren Sie so diese umfassende Managementmethode: Die Balanced Scorecard ist mehr als ein Kennzahlensystem!

Unsere Erfahrungen haben wir durch die Mitwirkung an der Erarbeitung und Umsetzung konkreter Balanced-Scorecard-Projekte sowie zahlreiche von uns durchgeführte Praxisseminare gewonnen. Auf diese Weise konnten wir vielfältige praktische Erfahrungen sammeln und erleben, welch großes Potential in der Balanced Scorecard steckt. Auch an der immer breiteren Diskussion des Themas Balanced Scorecard in den letzten zwei Jahren haben wir uns aktiv beteiligt, sei es durch diverse Veröffentlichungen und Vorträge oder durch die Einrichtung einer Internet-Seite (http://www.scorecard.de).

Abschließend möchten wir den Mitgliedern des Arbeitskreises Berlin-Brandenburg des Controller Verein e.V. danken, die sich seit über zwei Jahren gemeinsam mit uns sehr engagiert dem Thema genähert haben. Wertvolle Unterstützung erhielten wir auch von der Controlling-Redaktion der Haufe-Verlagsgruppe in Freiburg. Unseren Familien danken wir für die Geduld, die sie uns während vieler Tage und Nächte entgegengebracht haben.

Berlin, Juli 1999 Herwig R. Friedag Walter Schmidt

Inhaltsverzeichnis

1 Einführung: Führung mit Kennzahlen – Ein Praxisbeispiel

Auf einen Blick:

⇨ Die Balanced Scorecard ist mehr als ein Kennzahlen-Tableau.

⇨ Die Balanced Scorecard ist eine Methode zur Erarbeitung und unternehmensweiten Kommunikation von Mission, Vision und daraus abgeleiteten Strategien des Unternehmens.

⇨ Die Balanced Scorecard soll allen Beteiligten mit Hilfe geeigneter Kennzahlen konkret vermitteln, wie die strategischen Ziele mit der Mission und der Vision des Unternehmens zusammenhängen und wie sie praktisch umzusetzen sind. Die Kennzahlen müssen in kommunikativer Zusammenarbeit aller Beteiligten daher so dargestellt werden, dass sie allen Mitarbeitern verständlich sind.

⇨ Die Balanced Scorecard ist in diesem Sinne ein Management-System zur strategischen Führung eines Unternehmens mit Kennzahlen. Führung durch Kennzahlen setzt dabei voraus, jede Kennzahl mit IST und SOLL, mit Maßnahmen zur Erreichung des SOLL, mit Verantwortlichkeit für die Maßnahmen und mit Regelungen zur Motivation der Verantwortlichen zu verbinden.

⇨ Jede konkrete Balanced Scorecard eines Unternehmens ist ein Unikat!

„Es war einmal ein Banker ...“ könnte die Geschichte anfangen, die uns veranlasst hat, dieses Buch über die Balanced Scorecard zu schreiben. Denn es begann alles ganz banal. Wie so viele Dinge im Leben eigentlich ganz banal sind und uns doch so kompliziert erscheinen.

Es war also der neu berufene Direktor einer kleineren, regional operierenden Bank, der vor die Aufgabe gestellt wurde, dem Bankinstitut neue Impulse zu geben und Richtlinien für die Arbeit der nächsten Jahre zu entwickeln. Richtlinien, die es dem Unternehmen ermöglichen sollten, sich im Wettbewerb mit den Großen zu behaupten. Die es ermöglichen sollten, sich von den anderen Banken zu unterscheiden, eine Nische für das Unternehmen zu finden.

Mit den überregionalen Großbanken konnte man sich nicht messen. Mehr und mehr Kunden der Regionalbank wanderten mit Teilen ihres Bankgeschäftes ab. Das Steigen der Kosten musste aufgehalten, nein, die Kosten mussten radikal gesenkt werden. Es wurden neue gewinnbringende Strukturen benötigt, um den Sprung in die Zukunft nicht zu verpassen – wie bei so vielen anderen regionalen Banken. Das Eigenkapital der Regionalbank reichte auch nicht zu größeren Investitionen, und – bringt denn eine großzügig ausgebaute Filiale wirklich neue, profitablere Kunden?

Wo liegt eigentlich die Stärke des Unternehmens? Die Regionalbank betreute ein bevorzugtes Wohngebiet nicht weit von der nächsten Großstadt. Die Einwohnerzahl stieg stetig, die steigenden Steuereinnahmen in diesem Gebiet signalisierten: Hier wird Geld verdient! Vor allem aber waren die Mitarbeiter die Stärke der Bank: gut ausgebildet, langjährig erfahren in allen Facetten des Bankgeschäftes, motiviert. Aber motiviert wozu?

Wie ist es möglich, dieses Potential zu nutzen, auszubauen, zielgerichtet einzusetzen zum Wohl der Bank, der Anteilseigner, der Mitarbeiter und natürlich der Kunden? Ein Ruck müsste durch das Unternehmen gehen.

Dem Banker war eines klar: Veränderungen der Organisation konnten – auch aus finanziellen Gründen – nicht als fertiges Konzept von außen hineingetragen werden. Grundlegende Veränderungen sollten als offener Prozess durch alle Mitarbeiter gestaltet werden. Aber auch Anteilseigner- und Kundeninteressen mussten berücksichtigt werden.

Wäre hierzu nicht die Balanced Scorecard ein probates Mittel, um diese Veränderungen zu planen und zu kommunizieren?

Gemeinsam in der Geschäftsführung Visionen definieren, mit allen Managern zielgerichtete Strategien erarbeiten, daraus operative Ziele für alle Mitarbeiter entwickeln und konsequent im Tagesgeschäft verfolgen.

Das könnte, das musste ein probater Weg sein! Mit seinem Controller und einem externen Beratungsteam machte er sich an die Arbeit.

Heute, knapp 18 Monate später haben sie ihren Weg gefunden. Unter dem Motto

„Ihre schnelle Bank“

haben sie sich die visionäre Zielstellung auf ihre Fahne geschrieben:

„Wir werden die profitabelste Regionalbank!“

Um diese Zielstellung zu erreichen wurde beschlossen, sich auf zwei strategische Hauptwege zu konzentrieren:

1. *Ausbau privater Baukredite als Beginn einer Kundenpartnerschaft*
2. *Intensivierung des Home-Banking*

Mit 16 Schlüsselkennzahlen aus Sicht ihrer Kunden und Mitarbeiter, ihrer Geschäftsprozesse und ihrer Anteilseigner haben sie begonnen, die neue trategische Ausrichtung der Bank in die Tat umzusetzen (s. Abb. 1). Aber allein schon die Erarbeitung der Balanced Scorecard hat die Bank verändert. Das Klima ist ein anderes geworden. Direktor und Controller, die Geschäftsführung insgesamt, das gesamte Team ist enger zusammengewachsen. Das Wissen um die gemeinsamen Ziele, die Einbeziehung aller in die Erarbeitung dieser Ziele hat die persönliche Motivation erhöht. Und diese Veränderungen wirken nach außen. Die Abwanderung der Kunden konnte gestoppt, mehr noch, der Trend konnte umgekehrt werden.

So oder so ähnlich stellt sich die Situation in vielen Unternehmen dar. Fragestellungen von strategischer Bedeutung drängen sich immer wieder auf, nicht nur in kritischen Situationen eines Unternehmens. Strategien werden häufig angedacht, jedoch im täglichen Stress nicht umgesetzt.

Fragen wie z. B.

- ⇨ Wie können wir in der Gründungsphase unseres Unternehmens den Weg der ersten fünf Jahre konkret umreißen?
- ⇨ Wir haben uns nun am Markt behauptet; wie soll es jetzt weitergehen?
- ⇨ Finden wir Möglichkeiten, zu wachsen? Oder werden wir bei der jetzigen Größe bleiben und eventuell Mitarbeiter entlassen müssen?
- ⇨ Wenn der Firmengründer sich demnächst zur Ruhe setzt; wie soll es danach weitergehen?

müssen mit strategischen Maßnahmen angegangen werden und dürfen nicht im operativen Tagesgeschäft „hängenbleiben“!

Die Balanced Scorecard, ein aus den Vereinigten Staaten kommender Ansatz zur strategischen Unternehmensführung, hilft, den richtigen Weg zu finden und zu gehen! Dabei sind die Ansätze der Balanced Scorecard eigentlich nichts Neues. Aber sie sind zum einen immer wieder aktuell. Und zum anderen können sie in ihrer Verknüpfung ein Potential entfalten, das in dieser Form noch keine Managementmethode geboten hat.

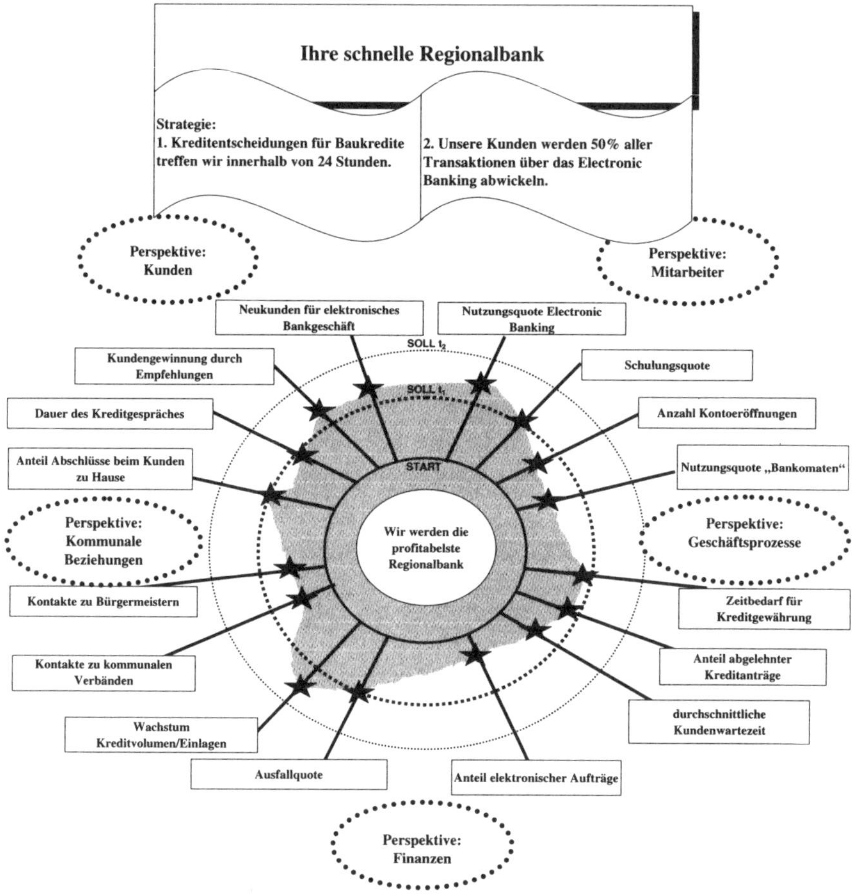

Abb. 1: Die Balanced Scorecard einer Regionalbank

Wenn wir vor der Aufgabe stehen,

⇨ eine einprägsame, anspruchsvolle, präzise formulierte und motivierende **visionäre** Zielstellung für die Gesamtorganisation unseres Unternehmens zu finden,

⇨ die aus der Vision abzuleitende Strategie durch die Bestimmung von Kennzahlen für alle Beteiligten eindeutig und fassbar zu gestalten, wobei es darauf ankommt, die kritischen Erfolgsfaktoren des Unternehmens und seiner Geschäftseinheiten **nachvollziehen** zu können,

⇨ die strategisch bedeutsamen Prozesse in allen Ebenen und für alle Perspektiven des Unternehmens so zu analysieren, dass die für die Ergebniserreichung maßgeblichen **Frühindikatoren** identifiziert und durch geeignete Kennzahlen konkretisiert werden können,

⇨ die ausgewählten Kennzahlen in ihrem logischen Zusammenhang zu **verknüpfen** und auf die strategischen Hauptziele zu fokussieren,

⇨ für alle Kennzahlen SOLL und IST sowie Maßnahmen und Verantwortlichkeiten zur Zielerreichung festzulegen und sie entsprechend **in den operativen Budgets zu verankern**,

⇨ in einem **Top-Down-System** die strategische Orientierung der maßgeblichen Unternehmensbereiche aus der Strategie der Gesamtorganisation abzuleiten, wobei für die Bereichsstrategien die gleichen Anforderungen bestehen, wie für das Gesamtunternehmen,

⇨ für **alle Mitarbeiter** des Unternehmens Zielvereinbarungen abzuschließen, die für die Einzelnen nachvollziehbar mit den Kennzahlen der Balanced Scorecard verbunden sind und ihnen auf diese Weise die Strategie des Unternehmens als konkrete persönliche Aufgabenstellung „übersetzen",

⇨ das Informations-, Berichts- und Auswertungssystem des Unternehmens so zu gestalten, dass alle für die ausgewählten Kennzahlen erforderlichen Daten mit ausreichendem Informationsgehalt zur Verfügung stehen und es möglich wird, die Wirksamkeit der Frühindikatoren und der logischen Verknüpfungen zwischen den Kennzahlen zu verifizieren und einen **strategischen Lernprozess** in Gang zu setzen,

dann ist die Balanced Scorecard das geeignete Hilfsinstrument, die geeignete optimale Entscheidungshilfe.

Denn diese Aufgabe löst man um so besser, je umfassender es gelingt, eine breite, alle Ebenen und Mitarbeiter einschließende Kommunikation im Unternehmen zu entfalten, eine Kommunikation über die Visionen und die daraus abgeleiteten Strategien, eine Kommunikation über die Verknüpfung von Strategie und operativem Geschäft, eine Kommunikation über den Beitrag, den jeder Mitarbeiter zur Umsetzung der strategischen Zielstellungen im Alltag des Unternehmens leisten kann, eine Kommunikation, die lernfähig hält, eine Kommunikation, die verhindert, dass die heute entwickelten Strategien morgen der Schnee von gestern sind!

Und das tiefere Potential der Balanced Scorecard liegt in ihrer Fähigkeit, eben jenen Kommunikationsprozess zu fördern. Dabei dienen die Kennzahlen als Katalysatoren, als Mittel zum Zweck. Als Mittel, komplexe Zusammenhänge konkret und transparent und damit nachvollziehbar darzustellen. Als Mittel, zu motivieren. Und eine hochmotivierte Mannschaft, die zielstrebig und kreativ eine gemeinsame Vision im Alltag realisiert, ist noch immer oder immer mehr das wichtigste Kapital, das ein Unternehmen hat.

Wollen wir dieses Kapital erschließen? Dann sollten wir uns auf den Weg begeben, die Balanced Scorecard zu verstehen.

2 Die Balanced Scorecard, ein Führungsinstrument

Auf einen Blick:

⇨ Eine Balanced Scorecard fasst jene Informationen eines Unternehmens zusammen, die für die strategische Entwicklung wirklich wichtig sind.

⇨ Das „balanced“ in der Scorecard bedeutet Ausgewogenheit in dreifacher Hinsicht:

1. in der Darstellung des Unternehmens,
2. in der Einbeziehung aller wesentlichen Organisationseinheiten,
3. in der Kommunikation mit allen Mitarbeitern.

⇨ Mit der Balanced Scorecard werden folgende fünf Intentionen verfolgt:

1. Komplexität des Betriebsgeschehens erfassen und auf für alle Mitarbeiter transparente Teilaspekte reduzieren,
2. Visionen und daraus abgeleitete strategische Ziele messbar machen,
3. jedem Mitarbeiter diese strategischen Ziele nahebringen,
4. Strategien im Unternehmensalltag (⇨ Budget) verankern und
5. Strategien den sich ändernden Lebensumständen anpassen.

Kehren wir zum Ausgangspunkt zurück. Unser Banker hatte sich entschieden, es mit der Balanced Scorecard zu versuchen. Und da galt es zunächst einmal, zu ergründen, was eine Balanced Scorecard überhaupt ist, welche Intentionen mit einer Balanced Scorecard verfolgt werden.

Also kam er mit der Frage zu uns:

Was ist, was will eine „Balanced Scorecard“?

Wir könnten diese Frage mit einem theoretischen Diskurs erläutern. Oder sie mit der üblichen Übersetzung „Ausgewogenes Kennzahlensystem“ beantworten. Aber damit hätten wir dem Banker vielleicht nicht so recht bei seinen ersten Schritten gedient. Da fiel uns eine Geschichte ein, ein Gleichnis, das uns geholfen hat. Die Sache mit dem Stadion.

2.1 Die Sache mit dem Stadion

Vor einiger Zeit erzählte uns ein Freund ganz begeistert von seinem Besuch eines Meetings der besten Leichtathleten der Welt. Diese großartigen Leistungen, die Rekorde, das gesamte Flair – es war einfach wunderbar!

Wie beiläufig kam dann jene Geschichte mit der Anzeigetafel: „In dem riesigen Stadion saß ich auf meinem Platz und manchmal nahm das Geschehen vor meinen Augen recht chaotische Züge an. Es passierte soviel Verschiedenartiges. Und dann auf einmal riss der Faden. Ich wusste überhaupt nicht mehr so richtig, was los war. In der rechten Stadionkurve brach plötzlich ein Jubel los, es war unbeschreiblich. Die Leute tobten, sie sprangen von ihren Plätzen – nur ich hatte überhaupt nicht mitbekommen, weshalb. Dann blendeten sie es auf der Stadionanzeigetafel ein – im Dreisprung war gerade ein neuer Weltrekord erzielt worden. Von da an habe ich regelmäßig die Anzeigetafel verfolgt. Da stand alles Wesentliche drauf."

Wir müssen oft an diese Geschichte denken, seit wir uns mit der Balanced Scorecard befassen. Denn sie haben miteinander zu tun: Jene Anzeigetafel im Stadion ist nichts anderes als eine Scorecard. Auf ihr werden die wesentlichen Informationen zum Geschehen dargestellt. Das ermöglicht, die Übersicht zu behalten. Eine Übersicht, die uns bei vielen komplexen und scheinbar chaotischen Prozessen leicht verloren geht.

Mit dem Problem der Komplexität sind wir im Wirtschaftsleben tagtäglich konfrontiert. Da erscheint die Idee verlockend, analog zur Stadiontafel eine Unternehmens-Scorecard zur Verfügung zu haben, die es erleichtert, die Übersicht zu behalten. Die es erleichtert, jene Informationen herauszufiltern und uns vor Augen zu führen, die für die zukünftige Entwicklung unseres Unternehmens wirklich wichtig sind. Die es erleichtert, unsere maßgeblichen unternehmerischen Ziele in leicht verständlicher Weise allen Mitarbeitern nahe zu bringen und sie für unseren Weg zu begeistern – ähnlich der Stadiontafel, die unserem Freund erst ermöglichte, den Jubel über den Dreisprungweltrekord nachzuvollziehen.

2.2 Auf das „Balanced" kommt es an!

An dieser Stelle wollen wir die Geschichte mit dem Stadion beiseite legen. Wir wissen nun, wozu eine Scorecard dient. Aber in einem Unternehmen sollte es nicht nur darum gehen, wesentliche Informationen über die zukünftige Entwicklung übersichtlich darzustellen. Ein Unternehmen hat so viele Seiten. Wir können es aus ganz verschiedenen Perspektiven oder Sichten betrachten. Da entsteht schnell die Gefahr, einseitig zu werden, bestimmte Sichten auszublenden – oder in der Flut der Informationen unterzugehen.

Dieser Gefahr können wir am besten begegnen, wenn wir uns bemühen, eine ausgewogene Übersicht über die maßgeblichen unternehmerischen Ziele zu erstellen. Ausgewogen in dreifacher Hinsicht:

⇨ in der Darstellung des Unternehmens,

⇨ in der Einbeziehung aller wesentlichen Organisationseinheiten,

⇨ in der Kommunikation mit allen Mitarbeitern.

Das „Balanced" steht für die Ausgewogenheit der Scorecard. Und steht damit schon vom Namen her als Synonym für die zu lösende Aufgabe. Eine Balanced Scorecard ist mehr als eine Zusammenstellung wesentlicher Informationen eines Unternehmens, mehr als ein sinnvolles System von Kennzahlen, mehr als ein geeignetes Controlling-Instrument. Sie ist das alles zusammen.

Sie ist vor allem ein Führungssystem!

Ein System, das es – wenn wir es richtig nutzen – erlaubt, unser Unternehmen mit Kennzahlen strategisch zu führen. Das es erlaubt, unsere Strategien für alle Mitarbeiter verständlich zu machen und das daraus wachsende Feedback wieder in unsere Strategien einfließen zu lassen. Das es erlaubt, unsere Strategien im Alltag zu verankern, weil diese Kennzahlen Bestandteil unserer operativen Systeme werden können.

2.3 Fünf Intentionen der Balanced Scorecard

Den Begriff „Balanced Scorecard" haben wir nun erklärt. Allerdings dürfte unser Banker mit Goethes Faust ausrufen:

> „Da steh ich nun, ich armer Tor!
> Und bin so klug als wie zuvor;“[1]

Denn über den Zweck, den wir mit Hilfe einer Balanced Scorecard verfolgen, sagt das Wort allein nicht viel. Dennoch, einen ersten Ansatz können wir aus dem Bestreben einer ausgewogenen Erfassung, Darstellung und Kommunikation der wesentlichen Informationen über die zukünftige Entwicklung unseres Unternehmens schon ableiten:

Der erste und wichtigste Schritt besteht offensichtlich darin, sich klar zu werden, was das Wesentliche für die Entwicklung der näheren Zukunft ist. Schon 1971 sagte Deyhle: „Erfolg haben kann nur die Unternehmung, die weiß was sie will“[2].

Wir benötigen also Vorstellungen über die Zukunft. Vorstellungen, was wir darstellen wollen, wohin es gehen soll, damit wir die Wege bestimmen können, auf denen wir unser Ziel erreichen.

⇨ Was wir darstellen wollen oder wie unser Unternehmen von anderen gesehen werden soll, dies formulieren wir als **Mission**.

⇨ Was wir erreichen wollen – das ist unsere **Vision**.

⇨ Und die Wege dorthin fassen wir in die **Strategien** des Unternehmens.

Nun ist eine anspruchsvolle Vision durchaus motivierend und mag den beflügeln, der sie hat. Alle Teile eines Unternehmens erreicht sie nur, wenn aus ihr heraus Strategien in einer Weise formuliert werden, die jedem Mitarbeiter verständlich machen, worauf es in den kommenden Jahren ankommt, worin auch sein persönlicher Anteil an der strategischen Zielerreichung besteht.

Die meisten, insbesondere die mittelständischen Unternehmen haben hier großen Nachholbedarf. Wenn es überhaupt Visionen gibt, sind diese lediglich in den Köpfen des Top-Managements verhaftet – und bleiben dort! Kaum ein Mitarbeiter kennt die Unternehmensvision und die strategischen Ansätze. Kaum ein Mitarbeiter kann demzufolge die Visionen in seinem Bereich umsetzen. Und selbst das Top-Management versteht unter derselben strategischen Zielstellung im Konkreten oftmals ganz verschiedene Dinge.

Deshalb genügt es nicht, einige gut formulierte strategische Statements zu veröffentlichen, von Zeit zu Zeit Marktforschung zu betreiben und mehr oder weniger umfassende Studien zur Vorbereitung von langfristigen Investitionsprojekten zu erarbeiten. Diese Studien existieren in der Regel losgelöst vom praktischen Unternehmensalltag und erfassen nicht die Komplexität der betrieblichen Beziehungsgeflechte.

An eben dieser Stelle ist die Balanced Scorecard behilflich, wenn wir sie dementsprechend als Instrument begreifen und nutzen. Die Intentionen der Balanced Scorecard wollen wir in diesem Kontext in fünf Punkten zusammenfassen:

- ⇨ Komplexität des Betriebsgeschehens erfassen und auf für alle Mitarbeiter transparente Teilaspekte reduzieren.
- ⇨ Visionen und daraus abgeleitete strategische Ziele messbar machen.
- ⇨ Jedem Mitarbeiter diese strategischen Ziele nahebringen.
- ⇨ Strategien im Unternehmensalltag (⇨ Budget) verankern.
- ⇨ Strategien den sich ändernden Lebensumständen anpassen.

2.3.1 Komplexe Zusammenhänge zu verstehen erleichtert unser Handeln

Jedes Unternehmen stellt ein komplexes Gebilde dar. Im praktischen Leben scheuen wir uns jedoch davor, dieser Tatsache Rechnung zu tragen. Wir führen unsere Unternehmen bislang fast ausschließlich aus der einseitigen Betrachtung finanzwirtschaftlicher Gegebenheiten.

Stellen wir einfach nur überschlägig die Menge der täglich erfassten und ausgewerteten finanzwirtschaftlichen Daten der Menge jener Informationen gegenüber, die wir aus anderen, strategisch vielleicht viel relevanteren Bereichen unseres Unternehmens und seiner Verflechtung mit der Umwelt gewinnen und regelmäßig nutzen. Allein dieser Vergleich demonstriert unsere Einseitigkeit im praktischen Alltag. Und die Gefahr liegt nicht so sehr in der Einseitigkeit der Kennzahlen. Sie liegt in der Einseitigkeit unseres Denkens und in der daraus erwachsenden Verschwendung von Führungspotential.

„Um das Unternehmensschiff auf Dauer in der richtigen Fahrtrichtung zu halten, gilt es aber, den Messfühler nicht nur am finanziellen Output anzusetzen, sondern auch dort, wo die Ursachen für den monetären Erfolg liegen, also bei Mitarbeitern, bei den Kunden sowie in der Aufbau- und Ablauforganisation des Unternehmens“[3].

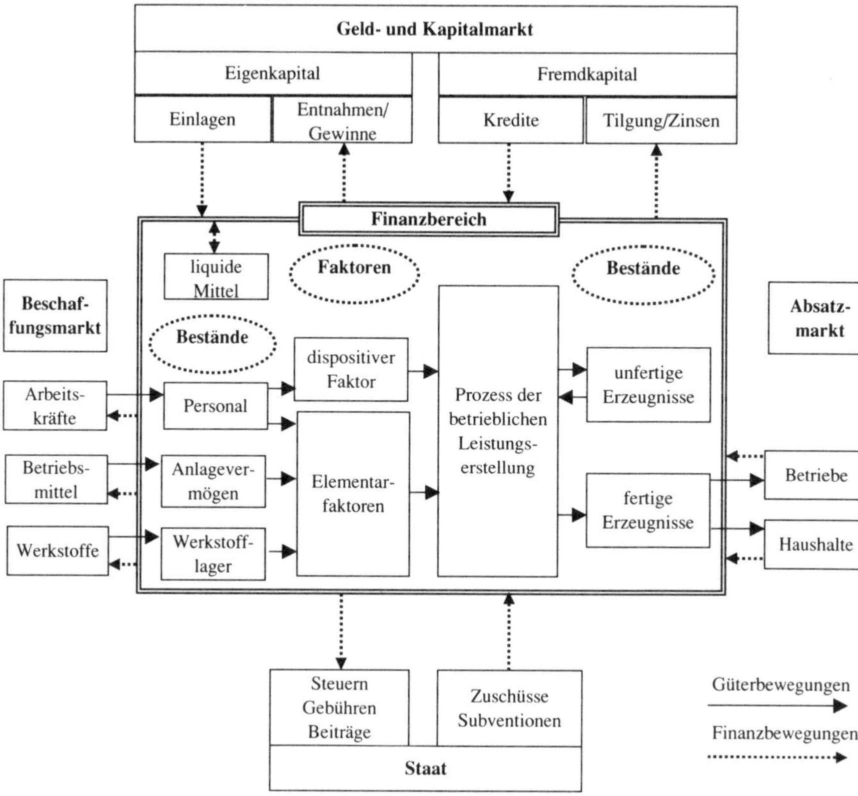

Abb. 2: Die Güter- und Finanzbewegungen des Betriebes[4]

Eigentlich ist die Notwendigkeit des komplexen betriebswirtschaftlichen Denkens und eines dementsprechenden Führungsstils weder etwas Neues noch in irgendeiner Weise ungewöhnlich. Bereits in den ersten Vorlesungsstunden der Allgemeinen Betriebswirtschaftslehre wird seit vielen Jahren jeder Student vertraut gemacht mit den Güter- und Finanzströmen eines Unternehmens.

Abb. 2 verdeutlicht recht anschaulich die komplexe Einbindung eines Unternehmens in Wechselwirkung mit dem Prozess der betrieblichen Leistungserstellung. Jede der dargestellten Beziehungen ist mit vielfältigen Kommunikationsvorgängen verbunden. Deren aktive Nutzung kann in der heutigen Zeit globaler, nachfragedominierter Märkte entscheidend beitragen zum wirtschaftlichen Erfolg oder Misserfolg eines jeden Unternehmens.

Nehmen wir als Beispiel die Beziehungen zu unseren Kunden. Es gilt inzwischen als allgemein anerkannt, dass das wichtigste Vermögen eines Unternehmens in seinen Beziehungen zu bestehenden Kunden und Interessenten zu suchen ist: „Es ist wichtiger, ein Marktbesitzer als ein Fabrikbesitzer zu sein." So weit, so gut.

Aber wissen wir wirklich, was Kunden kaufen? Die meisten von uns meinen, dass wir Produkte und Dienstleistungen verkaufen. Tun wir auch. Nur, „unsere Kunden kaufen eigentlich die Vorzüge, die sie durch den Gebrauch unserer Produkte und Dienstleistungen erhalten"[5]. Was wissen wir über die Vorzüge, die den Kunden tatsächlich einen für sie spürbaren Nutzen bringen?

Und wissen wir auf der anderen Seite, was Kunden wert sind? Im Harvard Management Update (*siehe März 1999, S. 1*) wurde hierzu ein Analysetool mit folgenden fünf Komponenten vorgeschlagen:

1. Was hat die Anwerbung des Kunden gekostet?
2. Welchen Gewinn je Periode hatten wir anfangs von diesem Kunden erwartet?
3. Welcher Umsatz- und Gewinnzuwachs konnte durch eine verstärkte Kundenbindung erreicht werden?
4. Welchen gestaffelten Deckungsbeitrag erwirtschaften wir mit dem Kunden gegenwärtig?
5. Wie wichtig ist der Kunde im Hinblick auf Weiterempfehlungen?

Haben wir ein derartiges oder ähnliches Analysetool schon einmal genutzt? In welchen anderen Bereichen unseres Unternehmens werden wir mit analogen Problemen konfrontiert?

Wir wollen das an dieser Stelle nicht weiter vertiefen. Bleiben aber sollen die Fragen:

⇨ Erfassen wir wirklich die für uns wichtigen Informationen?

⇨ Ist der immense Aufwand, den wir für unsere Informationssysteme treiben, auch auf die strategisch bedeutsamen Prozesse ausgerichtet?

Zweifel sind an dieser Stelle wohl angebracht. Dazu genügt ein Blick auf die Kontenvielfalt im Rechnungswesen und die übrigen im Berichtswesen geführten Informationen. Dort dominiert die einseitige Orientierung auf die traditionellen finanzwirtschaftlichen Kennzahlen und deren Basisdaten. Aus diesem Dilemma können wir uns nur befreien, wenn wir die wesentlichen Informationen über die zukünftige Entwicklung unseres Unternehmens komplex und ausgewogen erfassen, darstellen und kommunizieren.

Nun erfreut sich das komplexe Denken in den letzten Jahrzehnten trotz aller noch bestehender Einseitigkeiten doch einer wachsenden Aufmerksamkeit im betriebswirtschaftlichen Bewusstsein und hat mit Managementmethoden wie Total Quality und Reengineering auch in den praktischen Betriebsalltag Einzug gefunden.

Eine Umfrage unter den deutschen Top 500 Unternehmen zeigt, dass ein Großteil dieser Firmen Zielsetzungen verfolgen, „die über rein finanzielle Ziele wie Profitabilität (87 %) und Wachstum (81 %) hinausgehen. Insbesondere wird auf Kundenzufriedenheit (87 %) und Firmenwissen (62 %) Wert gelegt“[6]. Zugleich sehen diese Unternehmen erhebliche Verbesserungspotentiale in der „nicht ausreichenden Abbildung der Strategie in den operativen Steuerungsgrößen (53 %), der zu geringen Zukunftsorientierung (38 %) und der unzureichenden Berücksichtigung von Kundendaten (38 %)“. Die Autoren kommen zum Schluss, dass auch die Top-Unternehmen ein „ausgewogenes Verhältnis von finanziellen und nichtfinanziellen Steuerungsgrößen“ benötigen.

Die Balanced Scorecard knüpft daran an. Sie führt diese Trends konsequent weiter. Deshalb ist – wenn Mission und Vision für die Zukunft des Unternehmens gefunden wurden – unsere erste Überlegung darauf gerichtet, alle, also auch jene nichtfinanziellen Perspektiven (oder Betrachtungsebenen oder Sichten) herauszufinden, die für die aus der Mission/Vision abgeleiteten strategischen Orientierungen wichtig sind.

Unternehmen sollte man daher aus verschiedenen Perspektiven betrachten. Und der Perspektiven gibt es viele. Das liegt wohl daran, dass es so viele und so verschiedenartige Kommunikationsbeziehungen gibt. Und die Bedeutung der verschiedenen Perspektiven (Sichten) ist für jedes Unternehmen unterschiedlich, weil jedes Unternehmen anders ist. Aber einige Gemeinsamkeiten lassen sich dennoch finden. Für alle Unternehmenstypen, ob mittleres oder großes Unternehmen, Non-Profit-Organisation oder Verwaltungsinstitution, gilt beispielsweise,

- ⇨ dass Strategien nach außen und nach innen wirken, es daher externe und interne Sichtweisen geben sollte,
- ⇨ dass Strategien stärker humanorientiert (kunden- und mitarbeiterorientiert) oder eher prozessorientiert sein können, wir dementsprechend auch humanorientierte und prozessorientierte Sichten brauchen,
- ⇨ dass es immer Kunden[7] gibt, die Vorzüge aus dem Gebrauch unserer Produkte und Dienstleistungen erwarten, wir also immer die Sicht unserer Kunden zu beachten haben,
- ⇨ dass Strategien durch unsere Mitarbeiter gelebt werden müssen, wenn sie im praktischen Betriebsalltag durchgesetzt werden sollen, die Sicht unserer Mitarbeiter daher strategische Bedeutung hat und
- ⇨ dass unsere Leistungen in einem effizienten Verhältnis zu den Kosten stehen sollten, die wir für die Arbeit unserer Organisation decken müssen und demzufolge eine entsprechende Betriebsprozessperspektive benötigt wird.

Die Schöpfer der Balanced Scorcard, Robert S. Kaplan und David P. Norton, haben vier grundlegende Perspektiven vorgeschlagen:

- ⇨ die Finanzperspektive
- ⇨ die Kundenperspektive
- ⇨ die interne Geschäftsprozessperspektive
- ⇨ die Lern- und Entwicklungsperspektive[8]

Diese Einteilung ist zunächst sicher zweckmäßig, wird aber auch von Kaplan/Norton nicht als Zwangsjacke gesehen. In unserer praktischen Arbeit wurden wir mit einer Reihe weiterer Perspektiven konfrontiert, die bei der Umsetzung ganz spezifischer Unternehmensstrategien wesentlich waren. Dazu zählen z. B.

- ⇨ die Lieferantenperspektive
- ⇨ die Kreditgeberperspektive
- ⇨ die öffentliche Perspektive (Bund, Land, Kommunen)
- ⇨ die Kommunikationsperspektive
- ⇨ die Einführungsperspektive
- ⇨ die Organisationsperspektive.

Außerdem stellten wir fest, dass die Geschäftsprozessperspektive nicht nur eine interne Sicht darstellt und wir daher diese Perspektive sowohl extern wie intern einstufen. Und die Lern- und Entwicklungsperspektive sollte zweckmäßigerweise als Mitarbeiterperspektive verstanden werden. Auch Informationssysteme dienen vor allem der Erweiterung von Know-how und Befähigung der Mitarbeiter.

So lässt sich das Schema in Abb. 3 für die möglichen Perspektiven darstellen, die bei der Umsetzung einer Mission/Vision beachtet werden sollten.

Das Schema aus Abb. 3 erhebt keinen Anspruch auf Vollständigkeit, gilt nicht für jedes Unternehmen. Es sollte auch nicht das Bestreben nach Vollständigkeit im Vordergrund stehen. Für unser Unternehmen müssen wir jene Sichtweisen suchen, die für die Umsetzung unserer Mission/Vision und ihrer Strategien bedeutsam sind. Das mögen drei, fünf oder acht sein. Und sie mögen im Verlauf der Jahre wechseln, weil die Umstände wechseln, unter denen wir wirtschaften. Wichtig ist nur, dass wir die für unsere Mission/Vision und Strategien und die spezifischen Bedingungen unseres Wirtschaftens jeweils wesentlichen Sichtweisen herausfiltern.

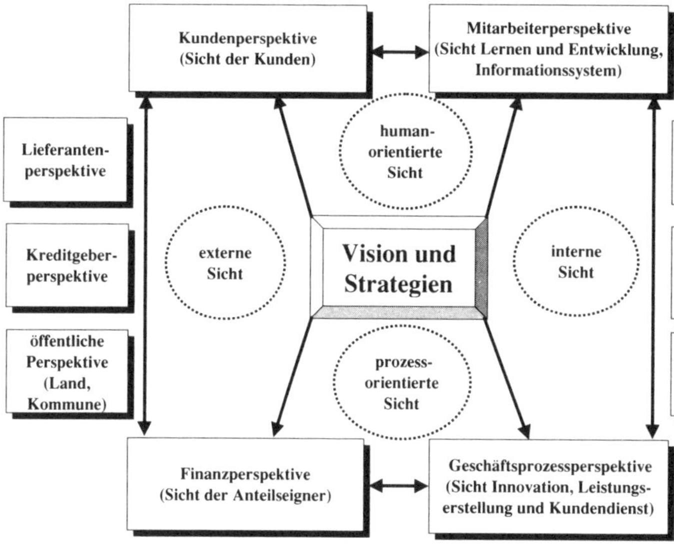

Abb. 3: Mögliche Perspektiven auf ein Unternehmen: Die Balanced Scorecard

Dieses Herangehen ermöglicht zweierlei:

⇨ Zum einen orientieren wir uns auf die ganze Komplexität der betrieblichen Leistungserstellung,

⇨ zum anderen konzentrieren wir uns auf die wesentlichen Faktoren dieser Komplexität und reduzieren sie auf diese Aspekte.

Das mag auf den ersten Blick widersprüchlich klingen. Ist es in gewisser Weise auch. Denn wir zerlegen die Komplexität der betrieblichen Leistungserstellung ja nicht wirklich. Wir zerlegen sie nur in unserem Kopf, in unserem Denken. Aber während die einseitige Bevorzugung finanzwirtschaftlicher Informationen viele wichtige Bereiche unserer Unternehmen einfach ausblendet und uns damit Führungspotentiale entzieht, wird hier die Ganzheitlichkeit zum Ausgangspunkt aller Betrachtungen. Und sie bleibt zugleich beherrschbar durch das gedankliche Zuordnen der zu lösenden Probleme auf verschiedene Perspektiven oder Sichtweisen.

2.3.2 Strategische Ziele messbar machen

Hier kommen wir zum ersten „Knackpunkt" der Balanced Scorecard. Die wichtigen strategischen Führungspotentiale haben wir definiert. Wir haben die verschiedenen Perspektiven des betrieblichen Leistungsprozesses beleuchtet und uns auf das Wesentliche konzentriert.

Allein, wir können viele Strategien als wichtig deklarieren. Es bleibt reine Deklaration, solange wir nicht anfangen, diese für unser Unternehmen wichtigen Inhalte auch zu messen!

Auch das ist an sich nichts Neues. In allen Unternehmen wird gemessen, werden Vorgaben gemacht, wird die Zielerreichung überwacht. Auf der Basis dieses Management by objectives wird geführt – aber üblicherweise nur im operativen Bereich.

Im strategischen Bereich sind wir „bescheidener", insbesondere, wenn es neben finanziellen auch andere Aspekte zu berücksichtigen gilt.

Da ziehen wir uns auf den Einwand zurück, dass man nicht alles messen kann.

Der Einwand ist richtig, aber nur für den Augenblick. Bisher haben die Menschen noch immer Methoden gefunden, Prozesse zu messen, wenn sie eine praktische Bedeutung erlangten. Schon die alten Griechen wussten: „Auf das Maß der Dinge kommt es an!" Dieser Aesculap, dem Sohn des Gottes Apollon und der schönen Koronis aus Thessalien zugeschriebene Satz[9] bestimmt das Denken der Menschen seit Jahrtausenden.

- ⇨ Als es praktisch bedeutsam wurde, Gewichte zu bestimmen – weil es für den Tauschhandel unabdingbar war – wurde die Waage erfunden, nach bisherigen Kenntnissen etwa um 2500 vor Christi in Ägypten.
- ⇨ Als es wichtig wurde, Temperaturen zu messen, wurde das Thermometer erfunden; die Erfindung wird Galileo Galilei Anfang des 17. Jahrhunderts zugeschrieben.
- ⇨ Als es wesentlich wurde, die Geschwindigkeit von Maschinen zu messen, um sie besser regeln zu können, wurde durch James Watt 1788 der Tachometer erfunden.
- ⇨ Als es wichtig wurde, die elektrische Leistung zu messen, wurde aus den Forschungsergebnissen von André Marie Ampère das Galvanometer entwickelt.

Die Aufzählung lässt sich beliebig fortsetzen. Allen Erfindungen gemeinsam ist, dass es vor ihnen undenkbar schien, die betreffenden Prozesse zu messen. Heute gehören entsprechende Messinstrumente zum Alltag und wir nutzen sie so selbstverständlich, als wären sie die natürlichsten Dinge der Welt.

Eine weitere Gemeinsamkeit liegt in der Tatsache, dass wir niemals die Prozesse selber messen, sondern uns Eigenschaften der Prozesse zu Nutze machen, um sie zu messen.

⇨ Bei der Waage wird die Schwerkraft genutzt, die die Erde auf eine bestimmte Last ausübt. Dabei erfolgt die Messung durch Vergleich mit anderen – genormten – Lasten bzw. durch die geeichte Veränderung der Dehnung einer Feder oder des elektrischen Widerstandes eines Drahtes durch die zu messende Last.

⇨ Beim Thermometer wird die Eigenschaft von Stoffen ausgenutzt, ihre Ausdehnung oder ihren elektrischen Widerstand oder ihre Farbe temperaturabhängig zu verändern.

⇨ Beim Tachometer nutzt man die drehzahlabhängige Zentrifugalkraft von Pendelgewichten, die Wirkung des Drehmoments auf die Spannung einer Spiralfeder oder die Frequenz einer Wechselspannung, die durch eine mit dem Getriebe verbundenen Impulsscheibe erzeugt wird.

⇨ Beim Galvanometer wird die Wechselwirkung zwischen einem Magnetfeld und einem stromdurchflossenen Leiter genutzt.

Und eine dritte Gemeinsamkeit aller Messverfahren besteht schließlich darin, dass erst die Messung ermöglichte, die betreffenden Prozesse zu regulieren, zu steuern. Zunächst nur grob, nur annähernd genau, weil die Messungen nur annähernd genau waren. Mit der Zeit – und zumeist angeregt durch Erfordernisse der praktischen Anwendung – wurden die Messmethoden immer weiter verfeinert, die Messungen immer genauer und damit die Steuerungsmethoden immer genauer. Und diese Entwicklung setzt sich fort.

Denken wir nur an einige wenige Dinge, die noch am Anfang dieses Jahrhunderts wie reine Utopie erschienen:

⇨ Wir können heute kleine Dimensionen im Bereich von millionstel Millimeter (Nanometer) messen. Auf dieser Grundlage beginnt sich ein neuer technologischer Zweig zu entwickeln – die Nanotechnologie[10].

⇨ Wir können Hochgeschwindigkeitsprozesse im Bereich von milliardstel Sekunden (Nanosekunden) messen und somit die Steuerung von Explosionsvorgängen z. B. in Verbrennungsmotoren optimieren.

⇨ Wir können die Reinheit von Gasen mit einer Genauigkeit von 99,99999 % messen. Damit ist es uns z. B. möglich, sogenannte Dotiergase zu erzeugen, mit denen wir gezielte Störstellen im Kristallgitter hochreiner Siliziumscheiben herbeiführen – eine wesentliche Grundlage zur Herstellung von Prozessoren für Computer.

Alle diese Aussagen gelten uneingeschränkt auch für wirtschaftliche Prozesse. Legen wir also den Satz beiseite, dass man nicht alles messen kann. Überlegen wir, welche Prozesse für die Zukunftssicherung unseres Unternehmens wirklich wichtig sind und welche Eigenschaften dieser Prozesse wir uns zunutze machen können, um sie zu messen.

Die Wirtschaftswissenschaften haben dazu eine Vielzahl von Methoden entwickelt. Traditionell konzentrieren sie sich auf die Kalkulation von Preisen, die Ermittlung und Zuordnung von Kosten und die Bestimmung finanzwirtschaftlicher Parameter.

Andere, nichtmonetäre Größen sind erst in den letzten Jahren stärker in das wirtschaftliche Bewusstsein gerückt. Das liegt zum einen an der grundlegenden Veränderung der Rahmenbedingungen für wirtschaftliche Tätigkeiten, die man allgemein als den Wechsel von der nachfrageorientierten zur angebotsorientierten Marktwirtschaft beschreibt. Zum anderen verschafft sich in wachsendem Maße die Erkenntnis Raum, dass unter diesen Bedingungen langfristig der Erfolg einer Unternehmensführung entscheidend davon abhängt, inwieweit das Management sein Unternehmen „nicht nur als Cashcow, sondern auch als ein sozio-technisches System betrachtet“[11].

Beide Faktoren führen zu einem starken Bedürfnis, nach praktischen Möglichkeiten zu suchen, wie sich die nichtmonetären Prozesse in den Unternehmen besser erfassen und damit steuern lassen.

Nehmen wir z. B. die Kundenzufriedenheit. Vor dreißig Jahren spielte diese Größe im betriebswirtschaftlichen Denken keine oder eine nur beiläufige Rolle. Inzwischen hat man erkannt, dass der Kundenzufriedenheit eine maßgebliche Rolle für den Erfolg eines Unternehmens beizumessen ist. Folgerichtig wurden verschiedene Methoden entwickelt, die Kundenzufriedenheit zu messen.

Weitere Überlegungen haben die Erkenntnis befördert, dass es in letzter Konsequenz nicht um Kundenzufriedenheit an sich geht, sondern um die Entscheidung unserer Kunden, die von uns angebotenen Produkte bzw. Leistungen auch weiterhin zu kaufen. Also wurden Untersuchungen angestellt, um den Zusammenhang zwischen Kundenzufriedenheit und Entscheidung zum Wiederkauf zu ermitteln. Eine branchenübergreifende Studie führte zu dem Ergebnis, „dass zwischen 65 % und 85 % der Kunden, die sich einen neuen Anbieter suchten, nach eigenen Angaben mit dem alten Anbieter zufrieden oder sehr zufrieden waren“[12].

Es geht also um mehr als nur um Kundenzufriedenheit. Es geht um Kundenbindung, die wir erreichen müssen. Sie setzt Kundenzufriedenheit voraus, verlangt aber darüber hinaus die Beachtung weiterer Indikatoren. Zu diesem Zweck wurden die Kennzahlen „Kundenanteil“und „Kundenopfer“ entwickelt. Allerdings halten wir den Begriff „Kundenopfer“ für nicht sehr glücklich gewählt. Vielleicht wäre es besser, vom „Idealwunsch-Deckungsgrad“ zu sprechen.

- ⇨ Der Kundenanteil misst den Anteil am Gesamtgeschäft des Kunden, den wir haben.
- ⇨ Das Kundenopfer misst das, was unser Kunde aufgeben muss, um mit uns Geschäfte zu machen. Es ist die Kluft zwischen dem, was er sich im Idealfall wünscht und dem, was wir derzeit anbieten können[13]. Wenn wir denselben Tatbestand als Idealwunsch-Deckungsgrad messen, kehren wir die Relation um. Wir bestimmen, inwieweit wir den Idealvorstellungen unseres Kunden mit unserem Angebot nahekommen.

> Ob wir damit zielgenauer auf die Wiederkaufentscheidung unserer Kunden einwirken können, wird sich praktisch erweisen. Wichtig erscheint uns hier die Erkenntnis, dass mit der wachsenden Überzeugung von der Bedeutung unserer Kundenbeziehungen auch Schritt für Schritt Methoden entwickelt wurden, diese Beziehungen zu messen.

Daran knüpft die Balanced Scorecard an. Wenn wir im ersten Schritt die Perspektiven ausgewählt haben, die wir für die Umsetzung unserer Mission und Vision in Strategien für wichtig halten, geht es im zweiten Schritt um die Bestimmung jener Prozesse, die für diese Umsetzung aus den jeweiligen Perspektiven entscheidend sind. Und haben wir diese Prozesse identifiziert, dann müssen wir nach den geeigneten Kennzahlen und Messmethoden suchen. Denn wir wollen sie beeinflussen, sie steuern – um unsere strategischen Ziele zu erreichen.

2.3.3 Strategische Ziele kommunizieren

Nachdem unser Banker und sein Controller gemeinsam mit der erweiterten Geschäftsführung die Perspektiven ausgewählt hatten, die sie für die Umsetzung ihrer Mission/Vision und der daraus abgeleiteten Strategien für wesentlich hielten, nachdem sie die dabei maßgeblichen Prozesse identifiziert und für deren Messung geeignet erscheinende Kennzahlen definiert hatten, mussten sie sich der Frage stellen:

Wer soll es denn machen?

Eine Strategie lebt nicht von der Schönheit der Worte. Unbestreitbar sind „griffige" Formulierungen nützlich. Aber entscheidend ist die Kommunikation zu all jenen Personen, die unsere Gedanken, unsere Visionen und Strategien umsetzen müssen. Und das sind in erster Linie die Mitarbeiter.

Damit sind wir bei dem Herzstück der Balanced Scorecard angelangt. Es geht um Kommunikation.

Das ist keine neue Erkenntnis. Schon vor 30 Jahren wurde die Kommunikation in das Zentrum der Betriebsführung gesetzt (s. Abb. 4).

Und dennoch wird die Kommunikation im Unternehmensalltag fast überall sträflich vernachlässigt. Wir führen mit Instruktionen, wir erwarten Berichte, wir geben Kennzahlen vor und lassen Soll/Ist-Abweichungen reportieren. Wir erfassen und verarbeiten Tausende von Daten und der Trend, dabei ausschließlich Maschinen einzusetzen, ist groß. Nach einer bereits angeführten Studie verfügen 40 % der deutschen Top 500 Unternehmen über eine weitgehend automatisierte Datenerhebung und -bereitstellung. 70 % der Befragungsteilnehmer setzen integrierte Standardsoftware ein[14]. Wir arbeiten mit Managementinformations- und Expertensystemen, die einem Top-Manager erlauben, nach hierarchischen Gliederungen sich jedes Detail der erfassten Daten anzuschauen, ohne auch nur mit einem einzigen Mitarbeiter kommunizieren zu müssen.

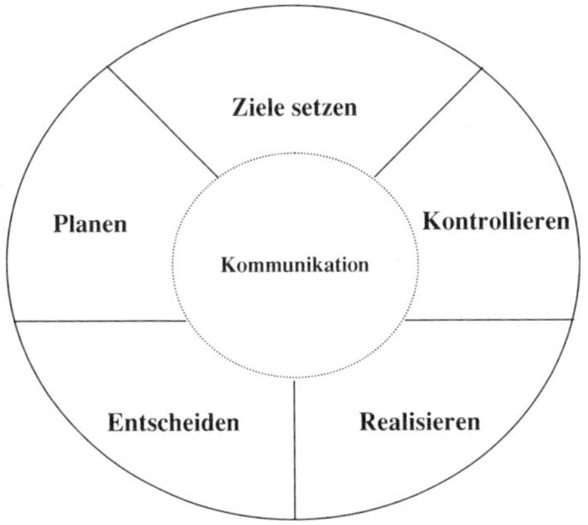

Abb. 4:
Management-Kreis[15]

Wir kommunizieren zu wenig!

Dieser Trend ist durch zwei sich gegenseitig verstärkende Faktoren befördert worden:

1. Die elektronische Datenverarbeitung hat uns Möglichkeiten in die Hand gegeben, von denen wir früher keinerlei Vorstellungen hatten. Wir können unglaublich viele Informationen gleichzeitig erfassen und verarbeiten. Das erlaubt uns, in einer völlig neuen Weise Prozesse umfassend darzustellen und zu steuern. Demzufolge wurden die Datenverarbeitungssysteme immer weiter ausgebaut. Und der Trend ist ungebrochen.

   Mit der elektronischen Datenverarbeitung hat sich eine Gruppe von Spezialisten herausgebildet, die diese Technik entwickelt haben und beherrschen. Ihre Sicht ist dementsprechend vor allem technisch geprägt. Sie denken in Kategorien der Informatik, der Heuristik, der Kybernetik. Zwischenmenschliche Kommunikation kommt dabei nicht vor. Zwischenmenschliche Kommunikation ist kein maschinentechnischer Begriff.

   Zugleich ähnelt die Position dieser Spezialisten in vielen Unternehmen der eines Monopolisten. Je komplizierter, umfassender und automatischer die von ihnen verwalteten Systeme aufgebaut sind, um so größer ist ihre Ausnahmestellung – und damit einhergehend ihre Macht im Unternehmen.

2. Viele, vielleicht die überwiegende Zahl der Unternehmen sind „misstrauensbasierte Organisationen". Das Management geht davon aus, dass seine Mitarbeiter kontrolliert werden müssen. Der Taylorismus ist auch zu Beginn des 21. Jahrhundert tief im traditionellen Denken verwurzelt. Und seine Devise lautet „Vertrauen ist gut, Kontrolle ist besser!". Da fügt es sich gut, wenn man jedem Mitarbeiter auf die Finger schauen kann. Und je detaillierter, je umfassender ein Informationssystem gerade das ermöglicht, um so besser können wir dieser Devise folgen.

Aber gerade dabei unterliegen wir einer schwerwiegenden Illusion.

Zum einen müssen selbst bei den hochautomatisierten Systemen eine Vielzahl von Basisdaten – und oftmals gerade die sensiblen Daten – von Menschen erfasst und eingegeben werden:

⇨ Nehmen wir nur das leidige Thema der Umlagen – nach welchem Schlüssel werden die nicht direkt zurechenbaren Kosten umgelegt?

⇨ Oder das Thema Manipulation der Periodenabgrenzung – kann ich eventuell einen Lieferanten dazu „bewegen", eine Rechnung je nach Bedarf schon am 31. Dezember eines Jahres oder erst am 1. Januar des Folgejahres abzusenden?

⇨ Oder das Thema Personalkostenaufteilung auf verschiedene Projekte und Kostenstellen.

Es gibt viele Probleme in einem Unternehmen, die nicht automatisch erfasst werden können.

> Wenn Daten von Menschen erfasst und eingegeben werden, sind sie manipulierbar. Ob bewusst oder unbewusst, das sei hier dahingestellt. Druck erzeugt Gegendruck. Und all zu starke Kontrolle macht erfinderisch.

Zum anderen schließen sich Misstrauen und Entwicklung einer innovativen Unternehmenskultur praktisch aus. Misstrauen erzeugt Lethargie und das Bestreben, nicht aufzufallen. Kreativität wird gefährlich, denn wer kreativ ist, macht auch Fehler. Und kreative Naturen bringen Unruhe in eine geordnete Organisation.

Nur, Innovation ist heute mehr denn je der Garant unserer Zukunft. Ohne Innovation wird kein Unternehmen auf die Dauer überleben können. Dabei ist hier Innovation nicht eingeschränkt auf die Entwicklung neuer Produkte oder neuer Technologien zu verstehen. Innovation bedeutet in erster Linie die frühzeitige Identifikation von Kundenwünschen und deren Umsetzung in geeignete Leistungsangebote. Insofern ist Innovation die erste Aufgabe jedes Unternehmens und jedes Mitarbeiters eines Unternehmens.

Wenn wir uns von diesen Aspekten leiten lassen, ergeben sich weitere Fragen:

⇨ Muss denn ein Managementinformationssystem den Blick in jedes Detail ermöglichen?

⇨ Brauchen wir diese Vielzahl von Kennzahlen?

⇨ Haben wir uns nicht eine Flut von Informationen organisiert, in der wir manchmal unterzugehen drohen?

⇨ Und haben wir über all dem nicht etwas viel Wichtigeres aus den Augen verloren, nämlich die Qualifikation und Befähigung unserer Mitarbeiter, ihre Information über und Beteiligung an allen wesentlichen Prozessen im Unternehmen, ihre Bedürfnisse und Befindlichkeiten und die aus all dem erwachsende Motivation?

Damit sind wir wieder beim Thema Ausgewogenheit. Mit der Balanced Scorecard wurde eine Methode entwickelt, bereits an der Ausarbeitung der Strategien all jene zu beteiligen, die sie im praktischen Unternehmensalltag umsetzen müssen. Wenn wir – aus welchen Gründen auch immer – diesem Aspekt zu wenig Aufmerksamkeit beimessen, verschenken wir ein wichtiges, wenn nicht gar das wesentliche Potential, das uns die Balanced Scorecard bietet.

Die Balanced Scorecard verbessert unsere Möglichkeiten, Strategien im Unternehmen bekannt zu machen. Durch die Auflösung der wirtschaftlichen Komplexität mit Hilfe geeigneter Perspektiven und die Auswahl einiger wesentlicher Kennzahlen zur Messung der strategisch entscheidenden Prozesse haben wir die Möglichkeit, unseren Mitarbeitern die strategischen Ziele des Unternehmens konkret, transparent und verständlich zu erläutern.

Wir haben aber zugleich auch die Chance, unsere Führung auf diese wesentlichen Kennzahlen zu konzentrieren. Das setzt voraus, dass wir unseren Mitarbeitern Vertrauen entgegenbringen. Vertrauen darauf, dass sie im Rahmen der mit den strategischen Kennzahlen abgesteckten Ziele und Hauptwege eigenständig ihre Arbeit organisieren.

Wir können das noch dadurch befördern, dass unsere strategischen Unternehmenseinheiten, aber ebenso eigenständige Bereiche und Abteilungen ihre eigenen Scorecards entwickeln. Eigene Scorecards, die abgeleitet werden aus den Orientierungen der Balanced Scorecard für das gesamte Unternehmen. Und schließlich sollten Zielvereinbarungen mit jedem Mitarbeiter aus den Balanced Scorecards ihrer jeweiligen Abteilungen, Bereiche oder Geschäftseinheiten abgeleitet werden.

Auf diese Weise entsteht ein dezentralisiertes, aber aufeinander abgestimmtes Geflecht von Balanced Scorecards. Verantwortung wird an den Stellen konzentriert, an denen die zu verantwortenden Prozesse auch stattfinden. Damit wird das Unternehmen flexibler. Innovatives Denken wird schon bei der Ausarbeitung der Strategien gefordert und damit gefördert. Vertrauen – und damit verbunden Motivation kreativen Verhaltens – verdrängt allmählich das Misstrauen. Die Unternehmenskultur wird verändert.

Selbstverständlich bleibt Kontrolle eine wesentliche Aufgabe der Unternehmensführung. Aber sie wird konzentriert auf die wesentlichen, in der Balanced Scorecard verankerten Kennzahlen. Es erfolgt ein „Paradigmenwechsel“ Die Devise heißt nunmehr: „Kontrolle ist gut, Vertrauen ist besser!“

Ein Management, das sich derartige Veränderungen in seinem Unternehmen auf die Fahnen schreibt, erhält mit der Balanced Scorecard ein dafür geradezu prädestiniertes Instrumentarium in die Hand. Wenn es sie denn zu nutzen versteht.

> In der gegenwärtig stark anschwellenden Flut von Berichten und Beiträgen zum Thema Balanced Scorecard[16] zeigt sich eine Tendenz, die Scorecard auf die Erarbeitung und datentechnische Verwaltung von Kennzahlen zu reduzieren. Schon gibt es erste Softwareangebote. Eine gute Software kann für die Arbeit mit der Balanced Scorecard durchaus hilfreich sein. Aber die Verlockung, unter der Überschrift „Balanced Scorecard“ das Kontrollsystem des Unternehmens weiter auszudehnen, ist groß. Wenn wir dieser Verlockung erliegen, laufen wir Gefahr, die Balanced Scorecard – wie viele andere Methoden vor ihr – zu einem bloßen Modetrend zu degradieren.

Wir haben uns bemüht – und wollen das im Weiteren noch ausbauen – zu zeigen, dass die Balanced Scorecard mehr sein kann als ein gut gestyltes System von Kennzahlen. Das Neue, das über den Modetrend hinaus Bleibende – eben das eigentliche Potential der Balanced Scorecard, besteht in den in dieser Weise bisher nicht gegebenen Möglichkeiten zur **Kommunikation strategischer Ziele**. Es ist die Möglichkeit, unser Unternehmen mit Hilfe von wenigen, aber entscheidenden Kennzahlen strategisch, flexibel und effektiv zu führen. Es ist die Möglichkeit, innovatives und kreatives Denken allmählich als bestimmendes Element in unserer Unternehmenskultur zu verankern.

Wir sollten diese Möglichkeiten in unseren Unternehmen nutzen!

2.3.4 Strategien im Budget verankern

Bertolt Brecht schrieb in seinem Lied von der Unzulänglichkeit menschlichen Strebens:

> „Ja mach nur einen Plan
> Sei nur ein großes Licht!
> Und mach dann noch 'nen zweiten Plan
> Gehn tun sie beide nicht.
> Denn für dieses Leben
> ist der Mensch nicht schlecht genug.
> Doch sein höhres Streben
> ist ein schöner Zug.“[17]

Fühlen sich so manche da nicht ein wenig an die jährlich wiederkehrenden Strategieberatungen erinnert? Da trifft man sich in schöner Umgebung, für kurze Zeit befreit von den drückenden Lasten der täglichen Routine – und „macht in Strategie“. In Brainstorming-Workshops werden diverse mögliche Entwicklungsszenarios diskutiert. Viele gute Ideen werden in die Zukunft projiziert. Es entstehen durchaus brauchbare und durchdachte strategische Ansätze.

Und dann kehrt man zurück in sein Unternehmen und taucht wieder ein in den Alltag. Einen Alltag, der einen tagtäglich konfrontiert mit dem Budget.

Das Budget wurde abgeleitet aus den IST-Daten des Unternehmens. Aus den IST-Daten vergangener Perioden. Also aus der Vergangenheit. Budgets entstehen aus der Fortschreibung der Vergangenheit. Alle guten Ansätze der Strategieberatungen sind verflogen. Verschollen im Niemandsland zwischen überall und nirgendwo. Natürlich gibt es die Statements, die Hochglanzbroschüren, die strategischen Konzepte, die Maßnahmepläne. Aber zwischen all dem und der Erarbeitung und Handhabung des Budgets klafft ein tiefer methodischer Graben (s. Abb. 5).

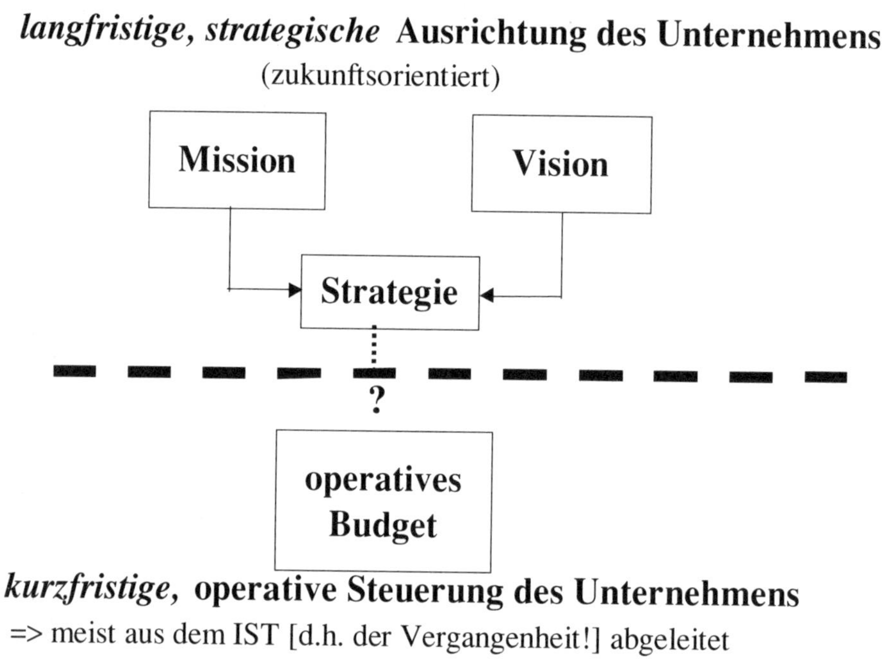

Abb. 5: Methodischer Bruch zwischen Strategie und Budget

Nicht selten sind die strategischen und operativen Arbeitsgebiete auch schon organisatorisch, institutionell voneinander getrennt. Diese Trennung demonstriert den methodischen Bruch äußerlich. Aber vor allem existiert er in unserem Denken. Wir sind es gewohnt, Strategien und den im Budget gefassten Alltag gedanklich voneinander zu separieren.

Das hat vor allem zwei Gründe:

1. Strategien haben Veränderungen zum Inhalt. Wir setzen Visionen, suchen nach neuen Ufern und bestimmen die Wege dorthin. Strategische Führung will Veränderungen managen. Veränderung bis in die Strukturen hinein. Change Management heißt das auf modern.

   Budgets haben das Bestehende zum Inhalt. Wir schreiben das Bestehende fort. Wir verändern zwar die Quantitäten. Aber die Strukturen, die Abläufe, die Grundsätze unserer Arbeit bleiben bestehen.

2. Visionen und die daraus abgeleiteten Strategien werden überwiegend verbal bzw. mit mehr oder weniger schwammigen Zahlenangaben formuliert. Das liegt nicht an der Unfähigkeit unserer Strategen, mit exakten Zahlen zu rechnen. Das liegt schlicht und einfach daran, dass die Zukunft in vieler Hinsicht unwägbar ist. Wir müssen mit Szenarien leben; mit Wahrscheinlichkeiten; mit Unschärfen.

   Budgets leben von harten Fakten. Hier sind weniger Worte, hier sind Zahlen gefragt. Hier wird mit Mark und Pfennig gerechnet, zukünftig mit Euro und Cent. Hier ist nichts schwammig, unwägbar, unscharf. Das Budget wird exakt erarbeitet und abgearbeitet.

Diese Gegensätzlichkeit von strategischem und budgetbezogenem Denken hat bisher alle Versuche eines stärker integrativen Herangehens mehr oder weniger unbeschadet überstanden. Sicher, wir sind uns des Problems bewusst. Es ist ja nicht neu. Wir sind uns bewusst, dass harte Fakten allein zur Führung eines Unternehmens nicht mehr ausreichen. Wir akzeptieren inzwischen, dass es auch sogenannte „weiche" Kennzahlen geben muss. Allerdings lässt allein die Wortwahl „weich" einen geübten „Budgetisten" schon erschaudern: „Wir sind uns auch bewusst, dass wir die Vergangenheit nicht optimieren können. Aber nur das IST gibt uns verlässliche Zahlen. Und bei allem Verständnis für moderne Führungsmethoden: Beim Budget sollten wir uns keine Experimente erlauben!"

Und so ist es bei der gedanklichen Trennung von Strategie und Budget geblieben. Daher die andauernde Resistenz so vieler Unternehmen gegenüber allen Veränderungen ihrer betriebswirtschaftlichen Praxis. Allerdings sollten wir uns bewusst werden, dass strategische Veränderungen nur äußere Kosmetik bleiben, solange das Budget diese Veränderungen nicht übernimmt. Es ist ähnlich dem weiter oben beschriebenen Problem des Messens. So wie sich die tatsächliche Stellung einer Information darin zeigt, ob wir die entsprechenden Prozesse messen, zeigt sich unser tatsächliches Streben nach Veränderung betrieblicher Prozesse am Budget. Wenn es uns nicht gelingt, unsere Strategien im Budget zu verankern, bleiben sie Deklaration, Statement, Hochglanzbroschüre oder interessante Studie.

Bei der Überwindung dieses Dilemmas ist die Balanced Scorecard behilflich. Wenn wir lernen, die Ausgewogenheit der Scorecard auch dahingehend zu verstehen, eine Balance zwischen Zukunft und gegenwärtigem Alltag zu vermitteln, begeben wir uns auf den richtigen Weg. Ein steiniger Weg. Denn er verlangt von uns nicht mehr und nicht weniger, als die wichtigen Prozesse dahingehend zu analysieren, welche Schritte in der Gegenwart zu welchen Resultaten in der Zukunft führen. In der betriebswirtschaftlichen Literatur, insbesondere in Controllerkreisen kennen wir die Problematik unter den Stichworten Spätindikatoren und Frühindikatoren. In Anlehnung an die militärische Praxis sprechen wir auch häufig von Frühwarnsystemen.

Die meisten der von uns genutzten Kennzahlen sind Spätindikatoren. Das gilt für die Positionen der Gewinn- und Verlustrechnung und der Bilanz ebenso wie für die daraus ermittelten Finanzkennzahlen, mögen sie nun Cash-flow, Return on Investment, Return on Capital Employed oder Shareholder Value Added heißen. Sie beruhen alle auf Daten, die am Schluss betriebswirtschaftlicher Prozesse gemessen werden. Was nicht bedeutet, dass wir sie nicht in die Zukunft projizieren können. Allein, das ändert nichts an ihrem Charakter. Wir verlagern nur den Endpunkt eines Prozesses gedanklich in die Zukunft. Wir befassen uns deswegen nicht mit seinem Anfang.

Frühindikatoren sind auf den Beginn oder – wie der Name schon impliziert – auf die frühen Phasen eines Prozesses orientiert. Die Frage verlagert sich von der Bestimmung des in fünf Jahren anzustrebenden Gewinns oder Cash-flow zur Messung jener Vorgänge, die heute sicherstellen sollen, dass wir in fünf Jahren jenen Gewinn oder Cash-flow erreichen. Das ist ein anderer und zugegebenermaßen noch recht ungewohnter Gedankengang. Er ist nicht neu. Aber ihn mit aller Konsequenz auf die Umsetzung strategischer Zielstellungen in Kennzahlen anzuwenden, ist ein Ansatz, der in dieser Weise beispielhaft erst mit der Balanced Scorecard formuliert wurde.

Und gerade dieser Ansatz ermöglicht es, den Widerspruch zwischen strategischer Zukunftsorientierung und gegenwartsbezogener Budgetierung zu überwinden. Die Aufgabe besteht darin, geeignete Frühindikatoren zu entwickeln. Kennzahlen, die jene Vorgänge messen, welche die Erreichung zukünftiger Ziele heute sicherstellen. Strategische Kennzahlen also, die gegenwartsbezogen sind. Gegenwartsbezogen wie das Budget. Wenn das gelingt, können wir diese Kennzahlen ohne jegliche methodischen Probleme in das Budget einbeziehen. Im übertragenen Sinne erlauben demnach Frühindikatoren, die Zukunft in den unternehmerischen Alltag zu integrieren.

Allerdings verlangt dieser Ansatz viel von unserem wirtschaftlichen Denken. Wir müssen lernen, Kennzahlen dreidimensional zu definieren (s. Abb. 5):

- ⇨ als Kennzahlen verschiedener Perspektiven
- ⇨ als Kennzahlen mit unterschiedlichem zeitlichen Horizont
- ⇨ als Früh- oder Spätindikatoren

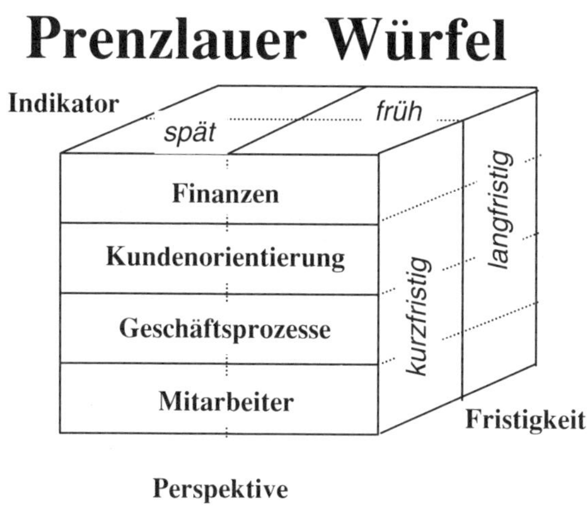

Abb. 6: Dreidimensionalität der Kennzahlen einer Balanced Scorecard (Der Prenzlauer Würfel)

Im Gegenzug erhalten wir ein Instrument, das es uns wie kein anderes zuvor erlaubt, unser Unternehmen strategisch mit Kennzahlen zu führen!

2.3.5 Passen Sie Strategien permanent den sich ändernden Lebensumständen an

Unser Banker und sein Controller waren schon weit gekommen. Sie hatten mit ihrem Team für die Darstellung der Mission und Vision sowie der daraus abgeleiteten Strategien geeignete Perspektiven gefunden. Sie hatten Kennzahlen bestimmt, mit denen sie ihre Strategien messen können. Sie hatten mit Hilfe dieser Kennzahlen ihre strategischen Überlegungen allen Mitarbeitern nahegebracht; mehr noch, sie hatten sie aktiv einbezogen in die konkrete Erarbeitung ihrer Strategien. Und sie hatten neben Spätindikatoren auch Frühindikatoren identifiziert, mit deren Hilfe sie ihre Strategien im Budget verankern können.

Aber das Leben ist ungerecht. Es fügt sich nicht bedingungslos unserem Willen. Eine Strategie heute entwickelt kann morgen schon „der Schnee von gestern" sein. Wenn wir verhindern wollen, dass unsere Strategien veralten, bevor sie umgesetzt sind, müssen wir Mittel finden, mit deren Hilfe wir sie den sich ändernden Lebensumständen anpassen können.

An dieser Stelle zahlt sich aus, wenn wir die Balanced Scorecard nicht auf ein System von Kennzahlen reduzieren. Wenn wir die Balanced Scorecard als eine Möglichkeit verstehen, die Kommunikation im Unternehmen auf die strategisch wesentlichen Sachverhalte zu konzentrieren.

Kommunikation ist immer wechselseitig. Sie führt zu Rückmeldungen, zu einem Feedback. Sie führt zu einem Ansatzpunkt, der lernfähig macht, der sensibilisieren kann für Veränderungssignale. Wir müssen nur bereit sein, sie aufzunehmen.

Die Organisation eines derartigen strategischen Lernprozesses ist die vielleicht schwierigste aber zugleich innovativste Seite des „Management by Balanced Scorecard". Sie erfordert ein Umdenken bei vielen Führungskräften. Bisher galt der eherne Grundsatz, das mittlere Management und die übrigen Mitarbeiter haben die vom Top-Management einmal aufgestellten Ziele konsequent umzusetzen. Nun sollen alle Mitarbeiter während des Umsetzungsprozesses – wenn erforderlich sogar während der Erarbeitung einer Balanced Scorecard – auch die Ziele auf ihre Realisierbarkeit prüfen und gegebenenfalls in Frage stellen.

Das setzt drei Dinge voraus:

1. Die Erarbeitung der Balanced Scorecard erfolgt im Team. Die mit der Umsetzung betrauten Mitarbeiter sind daran beteiligt und tragen die getroffenen Festlegungen mit. Ein derartiges Herangehen ermöglicht erst das erforderliche Mitdenken. Nur aus dem Mitdenken kann ein konstruktives Infragestellen postulierter Ziele erwachsen.

2. Ein konstruktives Infragestellen der umzusetzenden Zielstellungen wird um so eher möglich, je begründeter bereits im Entstehungsprozess der Balanced Scorecard Ursache-Wirkungs-Beziehungen zwischen den verschiedenen Kennzahlen postuliert werden.

   Das ist die Kernfrage bei der Bestimmung von Früh- und Spätindikatoren. Es ist aber noch mehr.

   Wenn wir anfangs die Komplexität unseres Unternehmens durch die Wahl geeigneter Perspektiven reduziert haben, so haben wir sie damit durchschaubarer gemacht. Wir können aber die Komplexität nicht aufheben. Sie ist nun einmal gegeben. Damit stellt sich uns die Aufgabe, den komplexen Zusammenhang zwischen den gewählten Kennzahlen gedanklich wieder zu rekonstruieren. Zu rekonstruieren durch die Definition von Ursache-Wirkungs-Beziehungen. Zu rekonstruieren sowohl zwischen den Kennzahlen einer Perspektive als auch zwischen den Kennzahlen verschiedener Perspektiven. Das ist kompliziert, aber wir sollten es wenigstens versuchen. Durch die Überprüfung dieser Definitionen mit Hilfe des Feedbacks unserer Mitarbeiter können wir erkennen, an welchen Stellen unsere Strategien geändert werden müssen. Und wir lernen Schritt für Schritt, die Komplexität unseres Unternehmens besser zu erfassen und zu steuern.

3. Schließlich erfordert die konsequente Durchsetzung eines strategischen Lernprozesses ein Klima der gegenseitigen Achtung sowie des Vertrauens und Selbstvertrauens der involvierten Personen. Auch hier zeigt sich wieder die eigentliche Stärke der Balanced Scorecard – sie liegt in der Möglichkeit, Strategien verständlich und lebendig zu kommunizieren.

Je lebendiger der strategische Lernprozess umgesetzt wird, um so besser und effizienter können Mission und Vision sowie die daraus abgeleiteten Strategien des Unternehmens in die tägliche operative Praxis umgesetzt werden. Erst damit wird die Balanced Scorecard die ihr innewohnenden Potentiale voll entfalten und zu einem wirkungsvollen Führungsinstrument wachsen.

1 Goethe, Faust, Der Tragödie Erster Teil, Nacht.

2 Deyhle, A: Controller-Praxis: Führung durch Ziele, Planung und Kontrolle, Gauting 1971, Band 1, S. 12.

3 R. Lückmann; Handelsblatt, 13.4.1999, S. 16.

4 Entnommen aus Wöhe, Einführung in die Allgemeine Betriebswirtschaftslehre, Verlag Vahlen, 19. Auflage, S. 11.

5 Harvard Management Update, Dezember 1998, S. 5.

6 Haarmann, Hemmelrath & Partner, Mandanteninformation 3/99, S. 33 ff.

7 „Ein Kunde kann jemand sein, in dessen ‚Eingangsfach' Sie Ihre ‚Ausgänge' legen – und beinahe jeder, dem Sie ein Produkt, einen Service oder eine Information zur Verfügung stellen" (Harvard Management Update, Februar 1999, S. 2).

8 Vgl. Robert S. Kaplan, David P. Norton, Balanced Scorecard, Stuttgart 1997, S. 8 f.

9 Er geht darauf zurück, dass Stoffe wie z. B. das Gift einer Schlange – das dem Aesculap (oder nach der griechischen Schreibweise Asklepios) heilige Tier – in kleinen Dosierungen durchaus heilsame Wirkung entfalten, in großen Mengen aber tödlich sein können. Paracelsus, eigentlich Philippus Aureolus Theophrastus Bombast von Hohenheim, deutscher Arzt und Chemiker (1493–1541), hat ihn bei seiner Suche nach chemischen Substanzen zur Bekämpfung von Krankheiten zur Maxime der modernen Medizin und Pharmazie erhoben.

10 Das Ziel besteht darin, Werkstoffeigenschaften nicht nur über ihre chemische Zusammensetzung, sondern auch über die Größe ihrer Bausteine zu steuern. Bekannte Anwendungen sind sind z. B. Farbstoffpigmente mit optimierter Deckkraft (wird bei Durchmessern von ca. 200 Nanometern erreicht) oder die Bausteine der Firma Lego – der spröde Kunststoff wird durch Zumischung kleinster Kautschukteilchen (Ø um 150 Nanometer) stark belastbar. Noch kleinere Teilchen (kleiner 10 Nanometer) werden in Sonnenschutzcremes verwendet. Sie verleihen der Emulsion den UV-Schutz, sind aber zugleich aufgrund ihres geringen Durchmessers nahezu „unsichtbar" (Handelsblatt, 21.4.1999, S. 66).

11 Handelsblatt, 13.4.1999, S. 16.

12 Harvard Management Update, März 1999, S. 1.

13 Vgl. ebenda, S. 2.

14 Haarmann, Hemmelrath & Partner, Mandanteninformation 3/99, S. 33 ff.

15 Nach Management für alle Führungskräfte in Wirtschaft und Verwaltung, Bd. I, Stuttgart 1972, S. 43f.

16 Siehe Literaturverzeichnis am Ende des Buches.

17 Die Dreigroschen-Oper, Dritter Akt.

3 Unternehmensführung mit Kennzahlen

Auf einen Blick:

⇨ Um Kennzahlen bilden zu können, muss man Informationen aufnehmen, verarbeiten, auswählen und verstehen.

⇨ Mit Kennzahlen lassen sich nicht nur finanzielle, sondern auch nichtfinanzielle Prozesse darstellen. Die finanziellen Kennzahlen bezeichnen wir üblicherweise als „hart", die nichtfinanziellen als „weiche" Kennzahlen.

⇨ Führung mit Kennzahlen erfordert die Bestimmung von IST und SOLL, die Erarbeitung von Maßnahmen, die Festlegung von Verantwortlichkeiten und von Regelungen zur Motivation.

Wir wissen nun, was eine Balanced Scorecard ist. Wir wissen, dass sie mehr ist als ein gut gestyltes Kennzahlensystem. Dass ihr Potential vor allem darin liegt, unsere Mission und Vision sowie die daraus abgeleiteten Strategien zu kommunizieren. Zu kommunizieren mit den Kunden, den Mitarbeitern, den Anteilseignern – kurz mit allen für die Leistungserstellung des Unternehmens wichtigen externen und internen Partnern.

Dazu nutzen wir Kennzahlen. Kennzahlen, die geeignet sind, unsere Vorstellungen konkret, fassbar, transparent darzustellen. Kennzahlen als Grundlage einer zielgerichteten Kommunikation. Einer wechselseitigen Kommunikation, die durch ihr Feedback ermöglicht, lernfähig zu werden.

Wir wollen uns daher – ehe wir uns einigen praktischen Anwendungsfällen und verschiedenen Details der Balanced Scorecard zuwenden – mit den Möglichkeiten und den Grenzen der Unternehmensführung mit Kennzahlen befassen.

3.1 Grundprobleme bei der Arbeit mit Kennzahlen

Wenn wir Kennzahlen zur Umsetzung von strategischen Zielen nutzen, sollten wir uns verdeutlichen, was Kennzahlen darstellen, wozu sie in der Lage sind und wie sie entstehen. Ganz grundsätzlich geht es dabei um die Frage der Qualität von Informationen. Um das zu erkunden, wollen wir uns auf einen kurzen philosophischen Ausflug begeben.

3.1.1 Materielle und informelle Welt

Jede materielle Bewegung erzeugt Informationen[18], die sich – erst einmal entstanden – verselbständigen und eine eigene Welt bilden. Wir wollen sie im Folgenden als informelle[19] Welt bezeichnen.

Materielle und informelle Welt sind untrennbar miteinander verbunden. Sie sind zwei Seiten einer Medaille. Das resultiert aus der Tatsache, dass Informationen aus den Bewegungen der materiellen Welt entstehen. Der Begriff Information hat in diesem Kontext einen umfassenden Sinn. Einen umfassenden Sinn als philosophische Kategorie.

Informationen entstehen auf allen Ebenen materieller Organisation. Vereinfacht können wir die grundlegenden Ebenen materieller Organisationsformen im aufsteigenden Sinne als die physikalische, die chemische, die biologische und die soziale Ebene definieren. Insofern definieren wir auch physikalische, chemische, biologische und soziale Informationen.

⇨ Auf der physikalischen Ebene kennen wir beispielsweise Impulse. Impulse sind bestimmt als das Produkt aus der Masse eines Körpers und seiner Geschwindigkeit. Impulse haben daher eine definierte Struktur und eine definierte Richtung. Das verleiht ihnen die Möglichkeit, Informationen zu tragen und zu übermitteln. Diese Informationen tragen sie ganz unabhängig davon, ob es einen „Empfänger“ gibt. Einen Empfänger, der sie aufnehmen und verarbeiten kann. Ganz allgemein trägt der Impuls eine Information über die physikalische Aktion und den physikalischen Zustand des Körpers, von dem er ausgegangen ist. Er kann aber zugleich höher organisierten materiellen Systemen als Basis dienen, entsprechend höher organisierte Informationen zu übertragen. Das wird z. B. in der Nachrichtentechnik ausgenutzt[20].

⇨ In der Chemie kennen wir z. B. die Begriffe „Affinität“ und „Orientierungsfaktor“. Affinität bezeichnet die Neigung von Stoffen, miteinander zu reagieren. Der Orientierungsfaktor drückt die Tatsache aus, dass eine chemische Reaktion nur dann stattfindet, wenn die Moleküle bei ihrem Zusammenstoß richtig zueinander orientiert sind. Sie kennzeichnen nichts anderes als spezifisch chemische Informationen. Wir nutzen diese Informationen z. B. durch den gezielten Einsatz von Katalysatoren und sogenannten Molekularsieben.

⇨ Die bekannteste biologische Information ist der in der Desoxyribonucleinsäure (DNS) gespeicherte genetische Code. Er ist als Reihenfolge von vier verschiedenen Molekülsorten (Basen) verschlüsselt. Der Schlüssel ist eine sehr komplexe Kombination chemischer und physikalischer Informationen in Wechselwirkung mit ihrem biologischen Umfeld. Er ist derart komplex, dass es der Wissenschaft bisher noch nicht gelungen ist, diesen Code vollständig zu entziffern.

⇨ Die in höchstem Grade komplexen Informationen finden wir auf der sozialen Ebene. Soziale Informationen sind vierdimensional. Sie bilden ein ganzheitliches System physikalischer, chemischer und biologischer Informationen mit deren sozialer Brechung. Wir nehmen soziale Informationen immer mit allen uns zur Verfügung stehenden Sinnen auf. Deshalb ist die Wirkung einer Information z. B. auch abhängig von den räumlichen Bedingungen, unter denen sie übermittelt wird. Abhängig von unserer physischen und psychischen Verfassung. Abhängig von unserem sozialen Umfeld. Nehmen wir etwa Sympathie und Antipathie – sie entstehen aus Informationen der verschiedensten Art. Dabei sind neben anderen auch Informationen der Körpersprache und des Geruches eingeschlossen. Nicht umsonst heißt es im übertragenen Sinne: „Den kann ich nicht riechen!"

Gleichzeitig wirkt die informelle Welt aktiv auf die materielle zurück, da jeder materiellen Reaktion eine Art „Kommunikation" der beteiligten „Partner" vorausgeht. Auch der Begriff Kommunikation hat in diesem Kontext einen umfassenden Sinn. Als philosophische Kategorie bedeutet Kommunikation ganz allgemein das Aufnehmen, Verarbeiten[21] und Rückgeben von Informationen[22], die von einem bzw. mehreren Reaktionspartner(n) ausgehen – seien es nun Impulse, chemische Affinitäten, genetische Codes oder eben Sympathie und Antipathie.

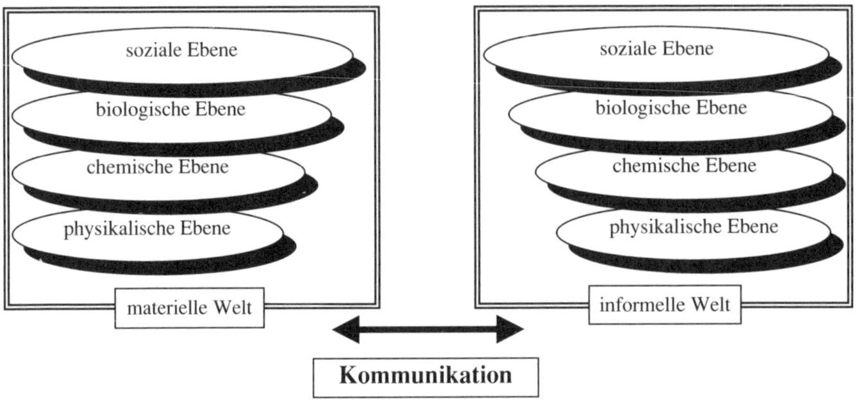

Abb. 7: Materielle und informelle Welt

Zwei – vereinfachende – Beispiele sollen dieses Wechselspiel erläutern:

⇨ Wir wissen, dass bestimmte Tierarten (z. B. Wildpferde) bereits Stunden vor einem Erdbeben mit Unruhe reagieren und bestrebt sind, das gefährdete Gebiet zu verlassen. Sie sind offensichtlich in der Lage, jene Informationen aufzunehmen und zu verarbeiten, die von den Spannungsfeldern im Vorfeld eines Erdbebens ausgehen. D. h. lange vor der eigentlichen Reaktion (dem Erdbeben) haben die beteiligten Gebiete der Erdkruste „miteinander kommuniziert“. Wären wir wie die Wildpferde befähigt, diese Kommunikation aufzunehmen und zu entschlüsseln, wir könnten uns rechtzeitiger und zielgerichteter auf derartige Naturkatastrophen vorbereiten.

⇨ Oder nehmen wir das schon benannte Beispiel des in der Desoxyribonucleinsäure (DNS) gespeicherten genetischen Codes. Wir können ihn (noch) nicht vollständig entschlüsseln. Aber auf der biologischen Ebene wird durch ihn sowohl die Zellvermehrung als auch die Proteinsynthese gesteuert. In einem komplexen Prozess aus physikalischen, chemischen und biologischen Vorgängen nehmen die daran beteiligten Teilchen („Partner“) den genetischen Code auf und kommunizieren auf seiner Grundlage in entsprechender Weise miteinander. Die im genetischen Code enthaltenen Informationen bestimmen damit den so vielfältigen Aufbau der gesamten belebten Materie.

Es ist hier nicht der Raum, ausführlicher auf das Wechselspiel von materieller und informeller Welt einzugehen. Wir wollen an dieser Stelle nur festhalten, dass materielle und informelle Welt zwei untrennbar miteinander verbundene und sich gegenseitig bedingende Seiten unseres universellen Seins darstellen. Wir leben und kommunizieren mit Informationen – ob wir das wollen oder nicht, ob wir uns dessen bewusst sind oder nicht. Es liegt jedoch an uns, ob und inwieweit wir in diesem Wechselspiel aktiver oder passiver Partner sind!

Was uns im Zusammenhang mit der Nutzung von Kennzahlen nun interessieren muss, ist die Frage, in welcher Weise Informationen unser Handeln – im allgemeinen wie im wirtschaftlichen Kontext – bestimmen. Dabei geht es vor allem um die Frage:

3.1.2 Was wissen wir von der materiellen Welt?

Wir kennen die materielle Welt nicht, wir kennen nur ihre informelle Seite. Und auch diese nur beschränkt.

Die erste Beschränkung entsteht durch die Zeit. Da sich Informationen mit ihrem Entstehen von ihrem materiellen Ursprung lösen, sind sie prinzipiell – und je länger sie existieren um so stärker – veraltet. Wir empfangen z. B. mit Teleskopen an Lichtsignale gebundene Informationen, die mehrere Milliarden Jahre alt sind. Die Galaxien, von denen sie ausgingen, sind heute vielleicht schon nicht mehr existent – wir wissen es nicht, denn wir kennen nur ihre „veralteten" Informationen.

> Natürlich sind wir mit dem Zeitproblem nicht immer in solch extremer Weise konfrontiert. Aber es ist immer da, auch in der Wirtschaft. Wir sollten Informationen daher immer kritisch nach ihrem „Ursprungsdatum" hinterfragen. Gerade bei Kennzahlen. Denn die ihnen zugrunde liegenden Basisdaten haben öfter, als wir es bewusst wahrnehmen und es uns lieb sein sollte, ein beträchtliches Alter. Daraus resultiert eine nicht zu unterschätzende Gefahr der Fehlorientierung und darauf

beruhender Fehlentscheidungen. Vor allem dann, wenn sich die internen und externen Bedingungen der betrieblichen Leistungserstellung zwischenzeitlich signifikant verändert haben.

Die zweite Beschränkung besteht darin, dass eine Information quasi vier Filter durchlaufen muss, ehe wir sie aktiv oder passiv unserem Handeln zugrunde legen können. Unsere Kenntnis von der materiellen Welt – und das gilt uneingeschränkt auch für alle wirtschaftlichen Prozesse – ist auf jene Informationen begrenzt, die wir **aufnehmen**, **verarbeiten**, **auswählen** und **verstehen** können – und wollen.

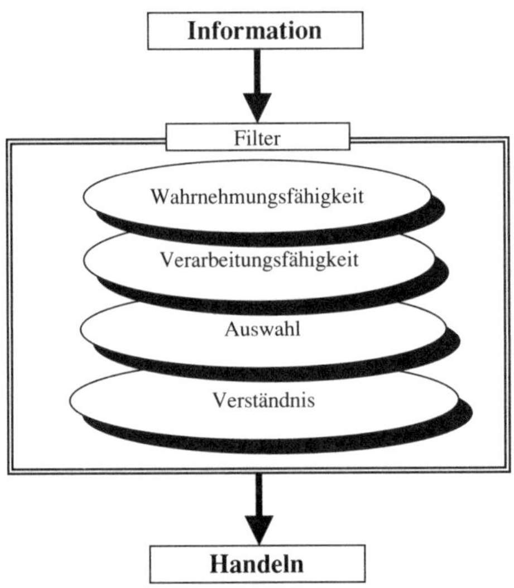

Abb. 8: Informationsfilter

Diese vierfache Einschränkung gilt generell und ist zugleich individuell stark differenziert:

1. Unsere individuellen Sinne sind sehr verschieden ausgeprägt und damit auch unsere **Wahrnehmungsfähigkeiten**. Das wird besonders deutlich, wenn einzelne Sinne z.B. durch Erblinden oder Taubheit gänzlich ausfallen. Informationen, die wir nicht aufnehmen, können wir aber weder verarbeiten noch verstehen.

Wir verstärken und ergänzen unsere Sinne durch Messgeräte. Das Messen ermöglicht uns, Informationen über Prozesse aufzunehmen, die unseren Sinnen nicht oder nur unzureichend zugänglich sind. Allerdings dürfen wir nicht vergessen, dass wir die uns interessierenden Prozesse nicht unmittelbar messen können. Wir machen uns bestimmte Eigenschaften dieser Prozesse zunutze. Wir versuchen, durch geeignete apparative Konstruktionen deren Wirkungen auf ihre Umwelt festzustellen.

Dabei ist es wesentlich, auf welcher Ebene der materiellen Organisation jene Prozesse ablaufen, deren Eigenschaften wir messen wollen. Die Messmethoden müssen ihnen adäquat sein. Wirtschaftliche Prozesse gehören zur sozialen Ebene der materiellen Welt. Wenn wir sie messen wollen, müssen wir soziale Methoden anwenden. An die Stelle der apparativen Konstruktionen, die Wirkungen physikalisch-chemischer Eigenschaften aufnehmen können, treten gedankliche Konstruktionen. Gedankliche Konstruktionen bestehen aus Begriffsbestimmungen. Die Daten, die wir den Begriffen zuordnen, erheben wir aus Befragungen (letztlich ist die Eingabe in ein betriebliches Informationssystem oder die Übermittlung statistischer Daten nichts anderes als eine Abfrage) und der Kombination apparativer Messungen mit gedanklichen Konstruktionen (z. B. die Bewertung von gemessenen Verbräuchen).

An dieser Stelle besteht ein Akzeptanzproblem, das die Wirtschaftswissenschaften ähnlich den anderen Sozialwissenschaften erst allmählich überwinden werden. Apparative Messungen gelten im allgemeinen Verständnis als objektiv und exakt, soziale Messungen hingegen als subjektiv und „schwammig“. Wirtschaftliche Kennzahlen, die zumindest aus der Kombination mit apparativen Messungen hervorgehen – und das sind vorwiegend finanzielle Kennzahlen – partizipieren von diesem Bonus.

Aber wirtschaftliche Prozesse sind wie alle sozialen Prozesse vierdimensional. Wir sollten uns bewusst sein, dass wir ganze Dimensionen ausblenden, wenn wir nur jene Informationen aufnehmen, die aus apparativen Messungen physikalisch-chemischer Größen hervorgehen. Wir blenden die Ebenen der biologischen und sozialen Informationen weitgehend aus. Wir verschenken damit die Möglichkeit, diese Informationen aktiv in unsere Kommunikation einzubeziehen. Passiv, intuitiv blenden wir die beiden Ebenen natürlich nicht aus. Die Informationen sind da und einen Teil davon nehmen unsere Sinne auf, auch wenn wir das nicht aktiv und bewusst betreiben. Nur passiv ist nicht aktiv. Und Intuition ist wertvoll, aber als Grundlage für die Steuerung wirtschaftlicher Prozesse immer weniger ausreichend.

Je besser es uns gelingt, die biologischen und sozialen Informationen wirtschaftlicher Prozesse bewusst aufzunehmen (Beispiel: Körpersprache), um so besser können wir kommunizieren. Um so besser können wir Kunden zum Wiederkauf anregen, Lieferanten in unsere Innovationen einbeziehen, Mitarbeiter zu Eigenständigkeit und Kreativität motivieren.

2. Die Fähigkeit zur **Verarbeitung** aufgenommener Informationen wird von der generellen individuellen Physis und Psyche sowie der momentanen Leistungskraft bestimmt. Wir können es täglich nachvollziehen. Dabei ist die Flut an Informationen so groß, dass wir sie nicht beherrschen können. Selbst wenn wir topfit und mit einem außergewöhnlichen Intelligenzquotienten begnadet sind.

   Informationen, die wir nicht verarbeiten, gehen uns verloren. Auch hier helfen wir uns durch apparative Konstruktionen. Es ist eine Technologie zur Verarbeitung von Informationen entstanden, die eine revolutionäre Veränderung unseres gesamten Verhaltens eingeleitet hat. Und wir stehen erst am Anfang.

   Aber die Technologie bestimmt durch ihre Prinzipien, in welcher Weise wir Informationen verarbeiten können. Diese Prinzipien beruhen auf den Gesetzen der Mathematik. Und die Mathematik, die der Verarbeitung wirtschaftlicher Informationen zugrunde liegt, geht von einer wesentlichen Voraussetzung aus. Diese Voraussetzung besagt: „1 ist gleich 1"[23]! Das führt zu der Gefahr, dass wir Dinge miteinander vergleichen, verrechnen, kombiniert weiterverarbeiten, die nicht vergleichbar sind. Denn grundsätzlich gibt es keine zwei gleichen Dinge. Die Unterschiede sind jedoch meistens so marginal, dass wir sie für unsere Zwecke vernachlässigen können. Insofern ist das mathematische Postulat „1 ist gleich 1" im normalen Leben äußerst hilfreich. Und das seit vielen tausend Jahren.

   Nur zu nachlässig dürfen wir mit dem Vernachlässigen nicht umgehen. Abhängig vom Zweck der Informationsverarbeitung gibt es immer einen Punkt, an dem die Unterschiede wesentlich werden. Von diesem Punkt an impliziert eine Informationsverarbeitung, die diese Unterschiede negiert, ein falsches Bild. Unser Handeln erhält ungeeignete Orientierungen.

Mit diesem Problem sind wir immer wieder konfrontiert, wenn wir im betrieblichen Alltag die verschiedensten Dinge z. B. über ihre finanzielle Bewertung vergleichbar machen. Wer hat nicht schon einmal über Kennzahlen geschimpft, die „Äpfel und Birnen zusammenzählen"? Dieser Gefahr begegnen wir im übrigen nicht nur bei finanziellen Kennzahlen. Sie entsteht bei der Arbeit mit Gewichtungsfaktoren im Rahmen einer Portfolio-Analyse ebenso wie bei der Aggregation verschiedener Verbrauchsgrößen in hierarchisch gegliederten Systemen. Und die Kette der Beispiele ließe sich fortsetzen.

Hier gilt es, kritisch zu sein und zu bleiben. Kennzahlen müssen hinterfragt werden nach ihrem Ursprung. Welche Prozesse werden in welcher Weise über Zahlen abgebildet und miteinander kombiniert? Und Kombinationen, die zu einem früheren Zeitpunkt als Orientierung vernünftig oder ausreichend waren, müssen es heute nicht mehr sein.

3. Gleichzeitig spielt die subjektive **Auswahl** nach bestimmten Kriterien z. B. der Dringlichkeit eine wesentliche Rolle.

So ist etwa aus der modernen Forschung bekannt, dass unser Gehirn unter normalen Bedingungen nicht ständig alle durch unsere Sinne aufgenommenen Informationen verarbeitet, sondern nur etwa alle zwei Sekunden prüft, ob und inwiefern sich in unserer Umwelt wesentliche Veränderungen abgespielt haben. Nur Informationen, die diesem Kriterium genügen, werden tatsächlich verarbeitet.

Neben dieser Auswahl auf biologischer Ebene gelten für uns eine Vielzahl sozialer Kriterien. Diese Kriterien erwerben wir uns im Laufe unseres Lebens. Der meisten dieser Kriterien sind wir uns nicht bewusst. Sie gehören zur Konvention. Konventionen sind durchaus wichtige Maximen. Sie geben unserem Leben einen Orientierungs- und Verhaltensrahmen. Aber Konventionen können Entwicklungen auch behindern. Deshalb werden sie von Zeit zu Zeit gesprengt. Manchmal radikal und für alle schmerzhaft[24] spürbar. Mitunter auch allmählich, indem veraltete Konventionen sukzessiv durch neue ersetzt werden.

Einen derartigen allmählichen Wandel der Konventionen erleben wir derzeit in der Wirtschaft. Mit dem Übergang zu einer globalisierten, angebotsorientierten und auf den individuellen Kunden fokussierten Art und Weise des Wirtschaftens verändert sich auch unser Denken. Und mit dem

Denken verändern sich unsere Konventionen. Informationen rücken in unser Blickfeld, die wir noch vor einigen Jahren als unwesentlich beiseite geschoben haben. Wir lernen beispielsweise verstehen, dass biologische und soziale Informationen unmittelbare wirtschaftliche Bedeutung haben können. Und wir beginnen den Mangel zu spüren, der mit dem Fehlen ausreichend geeigneter Messmethoden zur Aufnahme derartiger Informationen verbunden ist.

Auch an dieser Stelle sollten wir uns entscheiden, ob wir uns den Konventionen und ihren Veränderungen **aktiv** oder **passiv** stellen. Denn entgehen können wir ihnen nicht. Aber wir können in gewissen Grenzen bestimmen, wie wir mit ihnen umgehen. Das setzt zu allererst voraus, dass wir uns der Prioritäten bewusst werden, mit denen wir Informationen auswählen.

Denn die Auswahl wirkt zurück auf die Wahrnehmungs- und Verarbeitungsfähigkeit. Wer hat es nicht schon erlebt: Wir verlieben uns und sehen den Partner plötzlich mit ganz neuen Augen. Details, die wir vorher nicht beachtet haben, von denen wir keine Notiz genommen haben, werden mit einem Mal wahrgenommen, weil wir unsere Prioritäten verändert haben. Die Informationen waren auch vorher schon da. Nur wir haben sie durch unsere Auswahl ausgeblendet. Sie waren uns nicht wichtig.

Nicht anders ist es in der Wirtschaft. Allein die Flut an Informationen zwingt uns zur Auswahl. Trotz – oder wie böse Zungen behaupten wegen – der modernen Informationsverarbeitung nimmt diese Flut weiter zu. Auf unseren Schreibtischen stapeln sich Zahlenkolonnen, Berichte, Fachzeitschriften und und und... Dagegen wehren wir uns instinktiv. Indem wir nicht alle Zahlen anschauen, nicht alle Berichte durcharbeiten, nicht alle Fachzeitschriften lesen. Indem wir auswählen. Nur diese Auswahl erfolgt allzu oft passiv, dem Druck gehorchend, nicht zielgerichtet.

Die Balanced Scorecard stellt sich gerade diesem Problem. Wenn wir uns entschließen, eine Balanced Scorecard zu erstellen und mit ihr zu arbeiten, beginnen wir damit, die für die Umsetzung unserer Mission und Vision wesentlichen Informationen von den weniger wesentlichen zu scheiden. Wir wählen ganz bewusst, ganz aktiv und in Kommunikation mit allen Beteiligten jene Informationen aus, die wir für die strategische Führung unseres Unternehmens für maßgeblich halten. Und weil wir sie für wesentlich halten, versuchen wir diese Informationen zu messen. Wir versuchen, sie wahrzunehmen, zu verarbeiten und in Kennzahlen zu kleiden.

Dabei müssen wir uns im Klaren sein, dass unsere Auswahl unvollkommen ist. Dass sie falsch sein kann. Dass sie im Verlaufe der Zeit falsch werden kann, weil sich die Lebensumstände verändern. Das ist in der Wirtschaft nicht anders als im übrigen Leben. Wir können uns in den falschen Partner verlieben. Und wir können die falschen Kennzahlen auswählen. Aber es gibt in diesem Zusammenhang einen wesentlichen Unterschied zwischen der passiven und aktiven Auswahl.

Der Unterschied besteht in der Möglichkeit, aus unseren Fehlern zu lernen. Bei einer passiven, unbewussten Auswahl fällt es uns schwerer, den Fehler zu identifizieren. Eben weil die Auswahl nicht bewusst erfolgte.

Um lernfähig zu werden, um lernfähig zu bleiben, um unsere Lernfähigkeit zu verbessern, sollten wir bestrebt sein, so weit wie möglich aktiv auszuwählen. Das geht nicht zu 100 %. Schon wegen der verschiedenen Ebenen der materiellen und informellen Welt. Auf der physikalischen, der chemischen und der biologischen Ebene können wir nicht bewusst auswählen. Das Bewusstsein ist ausschließlich eine Organisationsform der sozialen Ebene. Aber wir können versuchen, die Mechanismen der Auswahl auf den unbewussten Ebenen zu begreifen. Zu begreifen, inwieweit sie Einfluss ausüben auf unsere bewusste Auswahl. Je besser wir diese Zusammenhänge erfassen, um so eher sind wir in der Lage, unsere unbewussten Reaktionen bei unseren bewussten Aktionen einzukalkulieren.

4. Damit sind wir beim vierten Filter angelangt, dem **Verstehen** der wahrgenommenen, verarbeiteten und ausgewählten Informationen. Das Verstehen ist der wichtigste Filter. Es ist nicht nur der Schlusspunkt des Umsetzungsprozesses von Informationen in Handeln. Es beeinflusst zugleich auch alle vor ihm liegenden Filter.

   Das Verstehen setzt einen bestimmten Schatz an Erfahrungen und instinktiv bzw. kognitiv erworbener Regeln der Zuordnung voraus. Denn wir können nur einseitig einzelne Informationen aufnehmen (messen). Die informelle Welt aber ist wie die materielle komplex. Aus diesem Grund brauchen wir zum Verständnis der Welt Modelle, die aus den von uns empfangenen einzelnen Informationen die Komplexität der Welt ausreichend reproduzieren.

Wir bilden zu diesem Zweck in unserem Kopf kognitive Strukturen, innere Dispositionen, die an der Aufnahme und Verarbeitung von Informationen beteiligt sind. Sie haben die Eigenschaft von Bezugssystemen, in denen die einlaufenden Informationen identifiziert, bewertet und geordnet werden. Diese Strukturen existieren völlig unabhängig davon, ob wir uns ihrer bewusst sind oder nicht. Aber – wie schon mehrfach erwähnt – wir können und müssen uns entscheiden, ob und inwieweit wir versuchen, diese Strukturen zu erkennen und **aktiv** zu beeinflussen.

Dabei sind wir einer Reihe von Konfliktfeldern ausgesetzt, von denen wir drei kurz beleuchten wollen:

⇨ Unsere Erfahrungen können zufällig, unsere Modelle und inneren Strukturen unvollkommen oder falsch sein. Dann ist auch das Bild, das wir uns von der materiellen Welt erschaffen, zufällig, unvollkommen oder falsch. Dieser Gefahr können wir nicht entgehen, wir können ihr nur entgegenwirken, indem wir kritisch bleiben gegenüber uns selbst und allen Urteilen, die wir treffen. Und lernbereit. Bereit, beständig neue Erfahrungen aufzunehmen und unsere Modellstrukturen zu verändern.

⇨ Jeder Mensch hat seine individuellen Modelle. Aus diesem Grund hat jeder von uns seine eigene Sicht von der Welt. Das gilt im Großen wie in den ganz alltäglichen praktischen Dingen. Wir brauchen nur mit Freunden in ein Kino zu gehen und uns anschließend über den gesehenen Film auszutauschen. Alle haben den gleichen Film gesehen. Folgt man aber den Berichten darüber, kann man mitunter den Eindruck gewinnen, die verschiedenen Freunde seien in verschiedenen Filmen gewesen. Die Beispiele lassen sich fortsetzen.

  In der Wirtschaft ist es nicht anders. Unsere Erfahrungen im Zusammenhang mit der Ausarbeitung von Balanced Scorecards in sehr unterschiedlichen Unternehmen haben das immer wieder bestätigt. Selbst Manager und Controller großer Konzerne, die über detaillierte Ausarbeitungen zu ihrer Mission und Vision und ihren Strategien verfügen, kamen zu ganz verschiedenen Aussagen, wenn sie vor die Aufgabe gestellt wurden, die Strategie ihres Unternehmens konkret zu benennen. Dem können wir nur entgegenwirken durch Kommunikation. Durch Kommunikation über die gemeinsame Konkretisierung der strategischen Ziele in Kennzahlen. Durch Kommunikation über die Definition dieser Kennzahlen und die Methoden ihrer Messung. Durch die Nutzung einer gemeinsam erarbeiteten Balanced Scorecard.

⇨ Die realen Prozesse sind das Ergebnis des Zusammenwirkens verschiedener Faktoren, die oftmals gegenläufige Kräfte entfalten und deren Kräfteverhältnis einem beständigen Wandel unterliegt. Diese innere Dynamik führt dazu, dass es keine feststehenden Resultate gibt. Unsere „harten" Fakten – und wir bevorzugen harte Fakten in der Wirtschaft besonders gern – sind leider nur ein Produkt unseres Kopfes. Das gilt auch für die Vergangenheit. Denn wir interpretieren ja nur die Informationen, die wir aus der Vergangenheit aufnehmen, verarbeiten, auswählen und zu verstehen versuchen. Nicht umsonst sagt der Volksmund: „Das Hauptproblem der Historiker besteht darin, die Vergangenheit richtig vorherzusagen."

Die moderne Naturwissenschaft hat dies längst verinnerlicht und Abschied genommen von „feststehenden Fakten". In immer stärkerem Maße haben wir uns daran gewöhnt, mit Wahrscheinlichkeiten zu arbeiten. Selbst der Wetterbericht vermeldet uns nicht mehr, ob es regnen wird oder nicht, sondern er sagt die Regenwahrscheinlichkeit voraus – und kommt damit der Realität näher, als jedes „ja" oder „nein".

In der Wirtschaft haben wir mit der Wahrscheinlichkeit noch unsere Probleme. Aber allein der Gedanke, die Treffgenauigkeit von Budgetvorgaben zu bestimmen und in die periodische Berichterstattung einzubeziehen, wäre eine Überlegung wert. Der Gedanke könnte erweitert werden auf die Treffgenauigkeit betriebswirtschaftlicher Auswertungen, auf die Treffgenauigkeit letztlich jeder Kennzahl, mit der wir arbeiten.

An dieser Stelle wollen wir unseren philosophischen Ausflug beenden. Wir können für unsere Zwecke festhalten:

Erstens, dass wir die wirtschaftlichen Prozesse nicht direkt erfassen, sondern lediglich die dazu verfügbaren Informationen. Das erfolgt mit Hilfe der Basisdatenerfassung im und außerhalb des Unternehmens.

Und *zweitens*, dass wir immer nur jene Informationen messen, von denen wir meinen, dass wir sie brauchen, oder dass sie wichtig sind. Eben weil wir instinktiv oder bewusst Prioritäten setzen.

Wenden wir uns im folgenden diesen beiden Punkten zu.

3.1.3 Die Bedeutung der Basisdatenerfassung

Die Basisdatenerfassung im weitesten Sinne ist die Grundlage jeder Kennzahl, mit der wir arbeiten. Es werden aber in der Praxis oftmals die damit verbundenen Konsequenzen ignoriert oder zumindest nicht ausreichend beachtet.

Keine Kennzahl kann genauer sein als die Genauigkeit der Basisdatenerfassung

Aus der Mathematik kennen wir die sogenannte *Gauß'sche Glockenkurve*:

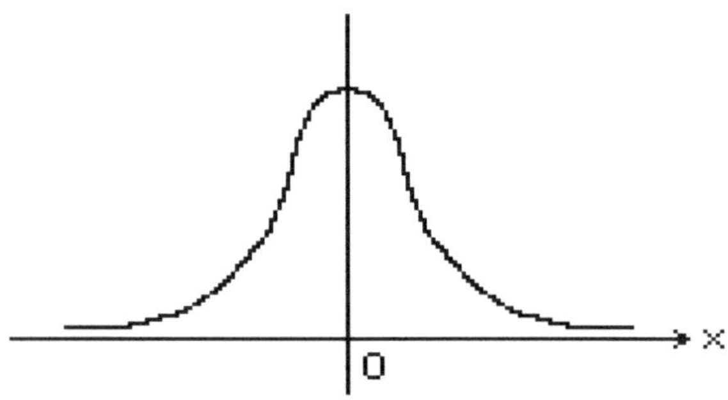

Abb. 9: Glockenkurve des Mathematikers Gauß

In grober Vereinfachung stellt die Glockenkurve die Begrenzung der Genauigkeit (Wahrscheinlichkeit) einer Aussage dar in Abhängigkeit von den positiven bzw. negativen Fehlern („Ungenauigkeiten") der ihr zugrunde liegenden Daten. D. h. eine Aussage ist nur dann „100 %ig wahr", wenn alle Messungen bzw. Datenerfassungen, auf denen sie beruht, mit 100 %iger Genauigkeit erfolgt sind. Das ist praktisch nicht möglich, da selbst die besten Messgeräte nur über eine begrenzte Messgenauigkeit verfügen. Die Konsequenz besteht darin, dass unsere Aussagen – auch wenn sie die Vergangenheit betreffen – grundsätzlich nur mit einer bestimmten Wahrscheinlichkeit zutreffend („wahr") sind. Die Grenzen dieser Wahrscheinlichkeit werden in Abhängigkeit von den kombinierten Fehlern (x) aller gewonnenen Daten durch die Glockenkurve abgesteckt.

Dies gilt analog für die Basisdatenerfassung. Wir haben uns daran gewöhnt, mit exakten Kennzahlen zu rechnen, ohne zu beachten, mit welchen Fehlern die ihnen zugrunde liegenden Basisdaten erfasst wurden. Dies gilt insbesondere für die sogenannten „harten" Kennzahlen im finanzwirtschaftlichen Bereich. Kein Controller würde auf die Idee kommen, bei der Abrechnung einer vergangenen Berichtsperiode[25] mit „Kosten- oder Ergebniswahrscheinlichkeiten" zu rechnen. Im Gegenteil wird er sie oftmals auf den Pfennig genau angeben – und damit eine Exaktheit vorspiegeln, die nicht gegeben ist.

Das kann bei der Preiskalkulation, bei der Einstufung strategischer Produkte oder ganzer Geschäftsfelder zu erheblichen Fehleinschätzungen und damit Fehlentscheidungen führen. Wir sollten daher so schnell wie möglich lernen, auch in der betrieblichen Kosten- und Leistungsrechnung mit der gegebenen Ungenauigkeit unserer Informationserfassung zu leben und zu akzeptieren, dass die harten Kennzahlen gar nicht so exakt sind und ihre Aussagen immer nur mit einer bestimmten Wahrscheinlichkeit zutreffen. Das gilt in wachsendem Maße, je komplexer eine Zahl zusammengesetzt ist.

> Vielleicht gelingt es uns dann auch eher, die Unschärfen der sogenannten „weichen" Kennzahlen als eine betriebswirtschaftliche Normalität zu betrachten. Bei näherer und ehrlicher Betrachtung sind die weichen Kennzahlen mitunter vielleicht exakter als die vorgeblich so genauen harten finanzwirtschaftlichen Kennzahlen. Vielleicht sollten wir uns von der Differenzierung in harte und weiche Fakten völlig trennen. Die damit verbundene „moralische Einstufung" führt zu einseitigen Denkstrukturen.

Keine Kennzahl kann aktueller sein als die Aktualität der Basisdatenerfassung

Wer kennt nicht das Szenario? Da werden regelmäßig Kosten berechnet als sogenannte Plankosten der IST-Produktion. Die produzierten Stückzahlen werden mit den hinterlegten Plankostensätzen multipliziert und schon kann das aktuelle IST vermeldet und dem Plan in einer Abweichungsanalyse gegenübergestellt werden.

Doch was gilt hier als IST? Gibt es nicht auch Plankostensätze, die schon zwei Jahre oder noch mehr alt sind? Wie aktuell ist das „IST", wenn in der

Zwischenzeit durch Rationalisierungs- oder sonstige Verbesserungsmaßnahmen die Verbrauchsgrößen geändert wurden?

In welchen Berichten unseres Unternehmens finden wir Hinweise auf die Aktualität der Basisdatenerfassung? Können wir als selbstverständlich voraussetzen, dass alle, die mit unseren Berichten arbeiten, über die Aktualität der darin enthaltenen Kennzahlen informiert sind?

Auch hier gilt der Grundsatz: „Lieber 80 % genau als 100 % daneben!" Wir können nicht alle Basisdaten tagesaktuell erfassen. Das ist weder sinnvoll noch praktisch realisierbar. Nur sollten wir diese Tatsache auch offen darstellen. Indem wir die daraus resultierende Ungenauigkeit abschätzen und in unseren Berichten dokumentieren.

Wir haben es demzufolge mit zwei verschiedenen Arten der Ungenauigkeit von Kennzahlen zu tun, jener aus der Begrenzung der Messgenauigkeit und jener aus der Begrenzung der zeitlichen Aktualität. Beide Ungenauigkeiten kombinieren sich in jeder Kennzahl. Und potenzieren sich, je komplexer eine Kennzahl aus einer Vielzahl von Basisdaten zusammengesetzt wird.

Der Informationsgehalt von Kennzahlen muss den Aufwand ihrer Erfassung rechtfertigen

An dieser Stelle mögen wir genug haben von den vielen Unschärfen. Schließlich führen wir ein Unternehmen. Und da muss man sich schon auf seine Kennzahlen verlassen können. Wozu erheben wir sie denn sonst? Also müssen wir genauer und häufiger messen.

Nur, genauere und häufigere Basisdatenerfassung gibt es nicht zum Nulltarif. Und die Wirkung einer Kennzahl sollte in ausgewogener Relation zum Erfassungsaufwand der ihr zugrunde liegenden Betriebsdaten stehen. Manche Veränderungen mögen dabei mit einfachen organisatorischen Maßnahmen im Rahmen des bestehenden Budgets zu bewältigen sein. Dann sollten wir sie tun! Andere Veränderungen kosten Geld, zusätzliches Geld, mitunter sehr viel zusätzliches Geld. Das ist an sich noch nichts Negatives. Jede Investition kostet Geld. Und wenn ihre Realisierung mehr Geld einbringt, als ihre Finanzierung kostet, dann ist es gut eingesetztes Geld (sofern es keine besseren Anlagealternativen gibt).

Worin aber besteht der Effekt einer genaueren und häufigeren Basisdatenerfassung? Wie wollen wir feststellen, ob sich eine derartige Investition rechnet? Da wir uns nicht die Mühe machen, den Grad der Unschärfe der von uns genutzten Kennzahlen auch nur abzuschätzen, können wir diesen Investitionseffekt nicht bestimmen. Wir entscheiden darüber rein intuitiv. Weil wir eben so fühlen. Oder wir entscheiden gar nicht darüber. Weil wir unser instinktives Wissen über die Ungenauigkeit unserer Basisdatenerfassung aus dem Bewusstsein verdrängen.

Halten wir also fest:

Die Erfassung unserer Basisdaten und die daraus abgeleiteten Kennzahlen sind mit einer Vielzahl von Ungenauigkeiten behaftet. Diesem Problem können wir nicht entgehen. Aber je schneller wir lernen, die Unschärfe als ein Grundprinzip unseres Seins zu akzeptieren, je konsequenter wir dementsprechend die Treffgenauigkeit unserer Kennzahlen erfassen und über die Zeit verfolgen und zielgerichtet als Steuerungsinstrument einsetzen, um so besser werden wir lernen, mit dieser Ungenauigkeit umzugehen. Werden wir lernen, unsere Strategien, unsere Pläne den sich verändernden Lebensbedingungen anzupassen. Es klingt zwar wie ein Widerspruch in sich: **Mit der Akzeptanz der Unschärfe werden wir realistischer**. Und wir werden kommunikationsfähiger, weil glaubwürdiger. Weil unsere Vorgaben weniger mit unseren Lebenserfahrungen kollidieren.

Nutzen wir diese Chance!

3.1.4 Messen wir die Informationen, die wir brauchen?

In diesem Zusammenhang ergibt sich die zwingende Frage nach der Auswahl jener Informationen, die wir erfassen und verarbeiten. Und die wir zu verstehen versuchen. Denn wir können nicht alle im Betriebsgeschehen anfallenden Informationen erfassen, verarbeiten und gar verstehen.

Diese Auswahl haben wir längst getroffen. Allerdings unterziehen wir uns selten der Mühe, die Sinnhaftigkeit unserer Auswahl zu hinterfragen. Sie ist aus der Tradition gegeben und wurde mit der elektronischen Datenverarbeitung extrem ausgebaut. Aber normalerweise erstellen wir keine Bedarfsanalyse für die Inhalte der betrieblichen Informationsverarbeitung. Wir geben viel Geld dafür aus. Weil es an der Notwendigkeit keinen Zweifel gibt! Nur, den Effekt dieser Geldausgaben messen wir im allgemeinen an technischen

Größen. An der Verbesserung der technischen Kapazitäten und Fähigkeiten unserer Datenverarbeitung. Wir messen ihn nicht daran, ob und inwieweit wir in die Lage versetzt werden, die für unsere Strategien wesentlichen Informationen zu verarbeiten. Und darauf bezogen unnötigen Aufwand zu vermeiden.

Jeder Controller kennt die zwei Maximen:

Die richtigen Dinge tun.

und

Die Dinge richtig tun.

Das gilt selbstverständlich auch für die Auswahl der Informationen, die wir in Form von Kennzahlen verarbeiten. Zuallererst müssen wir entscheiden, welches die richtigen Dinge, die richtigen Informationen, die richtigen Kennzahlen sind. Dass uns dabei die Balanced Scorecard ein probates Hilfsinstrument sein kann, haben wir schon gelernt. Wenn wir aber mit ihrer Hilfe die wesentlichen Informationen ausgewählt haben, sollten wir im zweiten Schritt „die Dinge richtig tun".

Die Dinge richtig tun heißt in diesem Zusammenhang zweierlei:

⇨ Die mit Hilfe der Balanced Scorecard getroffene Entscheidung kann den Anstoß geben, unser gesamtes System der Informationserfassung und -verarbeitung zu überdenken und zu rationalisieren. Wenn wir das Wesentliche vom Unwesentlichen, sozusagen Weizen vom Spreu getrennt haben, gilt es zu entscheiden, wie wir mit den verschiedenen Kategorien weiter verfahren wollen.

Das soll nicht heißen, auf jegliche im Rahmen einer Balanced Scorecard nicht enthaltenen Kennzahlen zu verzichten. Sie sind auch weiterhin wichtig bzw. können es sein. Sie erhalten strategisch bedingt eine andere Priorität im Informationsgefüge des Unternehmens. Aber die Prioritäten können sich im Verlaufe der Zeit auch wieder verändern. Insofern darf man in ihrer Bedeutung abgestufte Informationen nicht vorschnell ausblenden.

Allein, die Frage nach dem Aufwand, den wir für die Erfassung und Verarbeitung weniger wichtiger Informationen treiben, muss gestellt werden. Und das in diesem Bereich vorhandene Rationalisierungspotential kann hoch sein. Es zu erschließen, ist eine der vielen Möglichkeiten der Balanced Scorecard. Sofern wir uns dieser Aufgabe stellen.

⇨ Die Balanced Scorecard soll uns helfen, Strategien fassbar zu machen. Fassbar mit Hilfe von Kennzahlen. Strategien weisen in die Zukunft. Somit stellt sich die Frage nach der **Messbarkeit von Zukunft**.

Und Strategien haben finanzielle und nichtfinanzielle Aspekte. Sie in ihrer Komplexität zu erfassen und zu strukturieren ist eine der Zielstellungen der Balanced Scorecard. Daraus resultiert eine weitere Frage, die nach der **Messbarkeit nichtfinanzieller oder sogenannter immaterieller Erfolgspotentiale**.

Den im letzten Punkt genannten Fragestellungen wollen wir uns im Folgenden kurz zuwenden.

3.1.4.1 Können wir Zukunft messen?

Zukunft ist vorweggenommene Gegenwart. Denn Entwicklung verläuft in Prozessen. Zukunft beginnt heute. Und diese Zukunft ist morgen Gegenwart und erneut Ausgangspunkt für Zukunft. Für die Zukunft von übermorgen. Das ist banal.

Aber das gesamte Problem der Frühwarnung, das Bestreben, Zukunft zu messen, reduziert sich auf diese banale Frage.

Wenn wir Zukunft messen wollen, müssen wir jene Prozesse analysieren, die in die Zukunft führen. Wir müssen versuchen, die logischen Ketten zu erfassen, die zum Erfolg führen. Die Ketten aus gesetzten Ursachen und resultierenden Wirkungen. Und wir müssen lernen, diese Ketten in ihrem zeitlichen Zusammenhang zu erfassen und zu verstehen (s. Abb. 10 S. 66).

Das ist ein weites Feld und in der Praxis in vielen Unternehmen nicht zufriedenstellend gelöst. Denn wir verwenden zu wenig Zeit und Kraft darauf, diese Ketten zu erkennen. Und vergeben damit Potentiale, unser Firmenschiff sicherer und zielgerichtet in die Zukunft zu steuern. Etwas drastischer ausgesprochen heißt das nicht anderes als: Wir wissen nicht, was wir tun!

Dabei können die ersten Schritte – insbesondere in kleineren und mittleren Unternehmen – relativ einfach sein. Das Bundesministerium für Wirtschaft

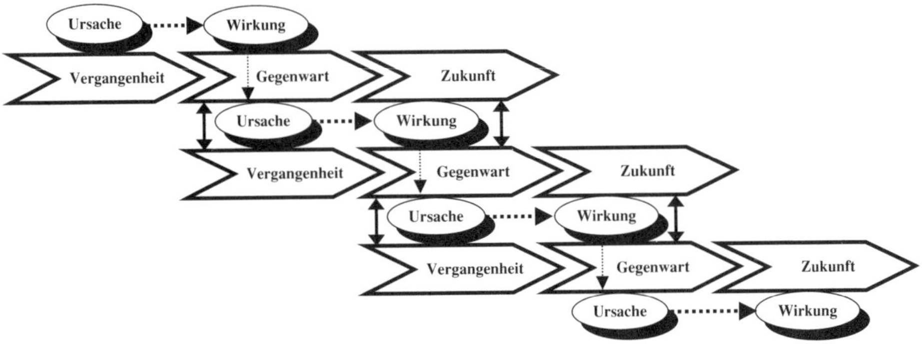

Abb. 10: Verflechtung logischer und zeitlicher Ketten

hat in einem Arbeitsheft[26] zu Fragen der Früherkennung von Chancen und Risiken z. B. eine „Früherkennungstreppe"angeregt. Sie besteht aus neun Fragen, die in ihrer Abfolge von der Früherkennung über die Späterkennung bis zur Zuspäterkennung reichen:

- ⇨ Haben Sie neue Geschäftsideen?
  - ⇨ Haben Sie neue Produkte und/oder Dienstleistungen?
    - ⇨ Haben Sie genug neue Kunden gewonnen?
      - ⇨ Ist Ihr Betriebsergebnis wirklich gut?
        - ⇨ Steigt Ihr Umsatz?
          - ⇨ Haben Sie Ihre Kosten im Griff?
            - ⇨ Reicht Ihr flüssiges Geld aus?
              - ⇨ Gibt Ihnen die Bank noch Geld?
                - ⇨ Vermeiden Sie erfolgreich die Pleite?

Bereits etwas komplexer ist die im selben Heft vorgestellte Früherkennungsmatrix (Abb. 11, S. 67):

Sie stellt nichts anderes dar als eine einfache Form der Balanced Scorecard. Sie zeigt auf einfache Weise, dass uns auch in dieser Frage die Balanced Scorecard eine wirksame Hilfe sein kann. Weil sie die für unsere Strategien wesentlichen Strukturen abbildet und dadurch ermöglicht, logische und zeitliche Verknüpfungen der einzelnen Strukturelemente zu definieren.

Wenn wir aber diese Ketten erst einmal definiert haben, können wir durch die Messung der in der Abfolge früher gelegenen Faktoren die Zukunft der später folgenden messen.

Unternehmerische Maßnahme	Zukunft	Leistung	Kunden	Finanzen
Zukunft gestalten	Ziele verwirklichen	Neue verbesserte Leistung	Neue Kunden werben	Finanzielle Reserven schaffen
Leistung verbessern	Niedrige Gewinnschwelle	Leistung steigern	Kundennutzen steigern	Leistung preisgünstig anbieten
Kunden zufriedenstellen	Mehr Kunden	Kundengerechtere Leistung anbieten	Marktstellung betonen	Kundenkredite vergeben
Finanzen beherrschen	Finanzielle Überraschungen vermeiden	Kosten sparen	Forderungen absichern	Liquidität sichern

Abb. 11: Früherkennungsmatrix[27]

Es mag eingewandt werden, dass die genannten Beispiele simpel sind und den komplizierten Strukturen unseres Unternehmens nicht gerecht werden. Das kann durchaus sein. Jeder Lernprozess fängt simpel an. Den einfachen Schritten folgen die schwierigeren. Und Schritt für Schritt nähern wir uns der komplexen Realität. Nur, anfangen müssen wir!

Es mag eingewandt werden, dass der Algorithmus innerhalb der Kette nicht eindeutig bestimmt werden kann. Das ist richtig. Wir werden uns mit Szenarien behelfen müssen, mit Zielbereichen und anderen geeigneten Methoden zur Eingrenzung der Wahrscheinlichkeit, der Treffgenauigkeit unserer Zukunftsmessung. Das Problem kennen wir schon. Es ist die Unschärfe, die unser gesamtes Leben begleitet. Wir begegnen ihr nicht nur bei der Messung der Zukunft. Wir begegnen ihr ebenso bei der Messung der Gegenwart und der Vergangenheit. In anderer Form, in anderem Maße. Aber das Problem ist dasselbe. Es ist nur der Grad der Unschärfe, der sich im Verlaufe unserer Messungen verändert.

Und es mag eingewandt werden, dass wir die Kette falsch definieren können. Auch das ist richtig. Und auch das Problem kennen wir schon. Wir müssen immer Zusammenhänge definieren, da wir die Komplexität der Umwelt aus den von uns aufgenommenen einzelnen Informationen stets durch Modelle in unserem Kopf reproduzieren. Das gilt für die Zukunft ebenso wie für die Gegenwart und die Vergangenheit. Wir können diesem Problem zu keinem Zeitpunkt unseres Lebens entgehen. Das einzige, was wir tun können, ist aus unseren Fehlern zu lernen. Dann können unsere Modelle, unsere Definitionen genauer, zutreffender, realitätsnäher werden. Der Lohn unserer Mühen besteht schließlich in der höheren Treffgenauigkeit der Vorhersagen – nicht mehr, aber auch nicht weniger!

3.1.4.2 Messen immaterieller Erfolgspotentiale

Mit der Frage der immateriellen Erfolgspotentiale sind ein gedankliches und ein psychologisches Problem verbunden. Wir trennen gedanklich zwischen jenen Erfolgspotentialen, die wir konkret durch einfaches Zählen bzw. mit mehr oder weniger geeigneten apparativen Messmethoden erfassen und finanziell bewerten können und allen anderen, denen wir uns ausschließlich mit gedanklichen Messmethoden nähern müssen.

Erstere bezeichnen wir als „materiell“ oder auch „hart“. Letztere als „immateriell“ oder „weich“. Diese Einteilung ist historisch gewachsen und gilt als gegebene Tatsache. Allein, sie wird dadurch nicht besser. Denn sie orientiert unser Denken falsch. Das ist ein Problem unserer Psyche, weil die Konvention uns lehrt, materielle und harte Fakten zu bevorzugen. Das wäre an sich noch nichts Verwerfliches. Aber damit vergeben wir Führungspotential!

Wir haben bereits erfahren, dass unsere harten Fakten gar nicht so hart sind. Dass ihre Aussagen ebenso ungenau sein können wie die Aussagen sogenannter weicher Fakten. Aber auch die Unterscheidung in materiell und immateriell trifft nicht zu. Eine Sache ist nicht deswegen materiell, weil man sie sehen und anfassen oder weil sie physikalisch oder chemisch gemessen werden kann. Sie ist materiell im Unterschied zu den Informationen, die wir über sie erfahren können. Und in diesem Sinne sind technologische Verfahren, Software, Kundenbeziehungen oder Befähigungen von Mitarbeitern ebenso materielle Dinge. Das gilt gleichermaßen für die daraus erwachsenden Erfolgspotentiale.

Worum es eigentlich geht, ist die Unterscheidung zwischen **finanziellen** und **nichtfinanziellen** Erfolgspotentialen. Wir haben uns angewöhnt, wirtschaftliche Tatbestände, die einer finanziellen Bewertung zugänglich sind, als materiell zu bezeichnen. Das beginnt schon bei jeder Bilanz mit der Position „immaterielle Vermögensgegenstände" und setzt sich im gesamten wirtschaftlichen Alltag fort. Dahinter steht die in Jahrhunderten gewachsene buchhalterische Erfahrung. Dahinter steht die Erfahrung, dass es zum Schluss bei jeder wirtschaftlichen Tätigkeit darauf ankommt, mehr Geld einzunehmen, als man ausgibt. Und Geld kann man zählen, auf den Pfennig genau!

Das ist auch nach wie vor richtig. Zum Schluss muss jeder Unternehmer Geld verdienen. Anderenfalls hat sein Unternehmen keine Zukunft. Allein, zur Bestimmung der **Erfolgspotentiale** in der modernen Wirtschaft sind Buchhalterik und Geldzählen nicht die probaten Mittel. Man kann auf beides nicht verzichten. Aber die Erfolgspotentiale liegen ganz woanders. Sie liegen in den Kundenbeziehungen, in den innovativen Fähigkeiten der Mitarbeiter, in der Kooperation mit den Lieferanten, in dem so vielfältigen Beziehungsgeflecht, mit dem der betriebliche Prozess der Leistungserstellung jedes Unternehmens konfrontiert ist. Die darüber verfügbaren Informationen aufzunehmen, sinnvoll zu verarbeiten und zu verstehen lernen, ist heute wichtiger denn je. Je besser wir das beherrschen und auf der Grundlage dieser Informationen zielgerichtet auf das bestehende Beziehungsgeflecht einwirken, um so erfolgreicher werden wir Geld verdienen.

Beziehungsgeflechte lassen sich aber nur zum Teil finanziell erfassen. Wir können z. B. ausrechnen, wieviel Geld uns durchschnittlich die Akquisition eines neuen Kunden oder die Gewinnung, Bildung und Befähigung eines neuen Mitarbeiters kostet.

Den wesentlichen Teil müssen wir mit nichtfinanziellen Methoden widerspiegeln. Mit Umfragen, Portfolioanalysen, Stärke-Schwächen-Diagrammen und ähnlichem mehr. Sind die auf diese Weise abgebildeten Beziehungsgeflechte deswegen immateriell? Sind die so gewonnenen Informationen und die daraus konstruierten Kennzahlen weich?

Die nichtfinanziellen Messmethoden mögen noch nicht so ausgereift sein, wie die finanziellen. Sie werden erst seit einigen Jahrzehnten systematisch angewandt und ausgebaut. Finanzielle Messmethoden kennen wir seit Jahrhunderten. Allein, die Erfahrung ist nicht der einzige Maßstab für die Eignung. Die technischen Erfolge des 20. Jahrhunderts haben uns das Gegenteil gelehrt. Erfahrung ist unverzichtbar. Aber neue Herausforderungen erfordern neue Gedanken, neue Methoden und gebären damit auch neue Erfahrungen. Und die Wandlungen in unserer Gesellschaft, die Veränderungen im Umfeld unserer betrieblichen Leistungserstellung sind eine solche Herausforderung. Sie haben dem internen und externen Beziehungsgeflecht der Unternehmen einen früher in dieser Weise nicht gekannten Stellenwert verliehen. Die Kommunikation dieser Beziehungen ist zu einem erstrangigen Erfolgsfaktor geworden.

Und gerade deswegen sollten wir die diese Beziehungsgeflechte abbildenden Kennzahlen nicht schon von vornherein durch unsere Wortwahl diskreditieren. Wir sollten zukünftig nicht mehr unterscheiden zwischen materiell und immateriell, zwischen hart und weich. Wir sollten unterscheiden zwischen finanziell und nicht finanziell – seien es nun Fakten, Kennzahlen, Erfolgspotentiale, Messmethoden oder ähnliches mehr. Und wir sollten uns bewusst sein:

⇨ Finanzielle wie nichtfinanzielle Größen sind gleichermaßen sinnvoll und für unsere wirtschaftliche Tätigkeit von Nutzen.

⇨ Und finanzielle wie nichtfinanzielle Größen sind gleichermaßen unscharf und fehlerbehaftet.

Es kommt immer darauf an, wie wir sie handhaben. Wie wir Prioritäten setzen und entsprechend auswählen. Welche Kraft wir auf die Entwicklung und Verfeinerung geeigneter Messmethoden legen. Dafür die richtigen Entscheidungen zu treffen, das ist der Punkt. Und die Balanced Scorecard ist die Entscheidungshilfe!

3.2 Führung mit Kennzahlen

Kennzahlen sind zunächst Zahlen. Zahlen in unserem Kopf, Zahlen in einem Computer, Zahlen auf einem Blatt Papier. Es sind tote Zahlen. Sie bewirken nichts. Es sei denn, wir verbinden sie mit Maßnahmen, Verantwortung und Motivation. Maßnahmen, Verantwortung und Motivation erwecken tote Zahlen zum Leben; hauchen ihnen gewissermaßen jenen Odem ein, der uns in die Lage versetzt, unser Unternehmen **mit Kennzahlen zu führen**.

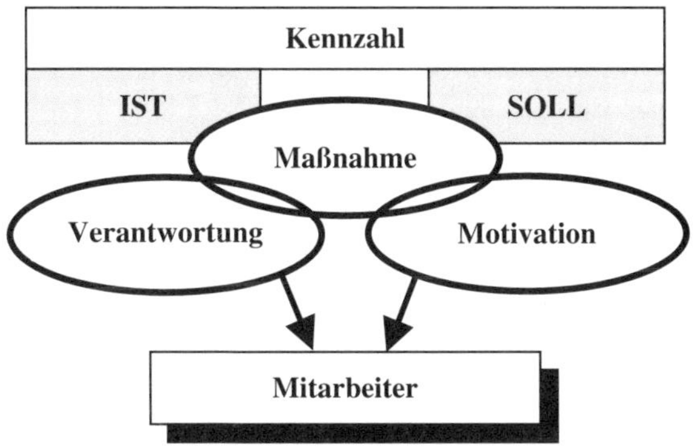

Abb. 12: Bausteine, die eine Kennzahl „zum Leben erwecken“

Das ist wieder eine der vielen Banalitäten, denen wir in diesem Buch begegnen. Allein auch diese Banalität wird im praktischen Wirtschaftsleben allzu oft negiert.

Machen wir uns nur einmal die Mühe, aus der Vielzahl der in unserem Unternehmen errechneten Kennzahlen jene herauszufiltern, für deren Entwicklung konkrete Personen konkret definierte Verantwortung tragen. Und für deren Entwicklung jene Personen auf geeignete Weise aktiv motiviert werden.

Alle anderen Kennzahlen stehen nur auf dem Papier oder im Computer. Sie sind tot. Sie füllen unsere Berichte. Aber wir brauchen sie nicht, denn wir gebrauchen sie nicht. Das in diesem Zusammenhang brach liegende Rationalisierungspotential sollte – wie bereits erwähnt – nicht unterschätzt werden!

3.2.1 Maßnahmen und Verantwortung

Sofern wir Kennzahlen ernst nehmen, verbinden wir sie mit Maßnahmen. Maßnahmen benötigen Zielstellung. Und Zielstellung im Zusammenhang mit Kennzahlen formulieren wir als SOLL. Allerdings reicht das SOLL nicht aus. Um Maßnahmen ableiten zu können, benötigen wir IST und SOLL.

In diesem Zusammenhang ist das Beziehungsgeflecht der Personen wesentlich, die das IST bestimmen sowie das SOLL und die vom IST zum SOLL führenden Maßnahmen vorschlagen, festlegen und realisieren. Aus diesem Beziehungsgeflecht ergibt sich die Verantwortung der handelnden Personen im Zusammenhang mit den Kennzahlen.

Nehmen wir einen mittelständischen Betrieb, 250 Mitarbeiter, 60 Mio. DM Jahresumsatz. Er hat 12 Haupt- und 5 Hilfskostenstellen. Für alle Kostenstellen werden in der Abteilung Rechnungswesen und Controlling Kennzahlen erarbeitet, geplant und abgerechnet. Aber nur für 3 Hauptkostenstellen existiert ein Kostenstellenverantwortlicher. Die Konsequenzen liegen auf der Hand. Nur diese 3 Kostenstellen werden wirklich geführt. Alle übrigen stehen auf dem Papier, in allen Plänen, in allen Berichten. Aber zuständig für ihre Entwicklung fühlt sich niemand. Wozu dann der Aufwand?

Ein extremes Beispiel? Wohl nicht.

Ein weiteres Konfliktfeld ergibt sich aus der Tatsache, dass im Allgemeinen vier Personengruppen an den Kennzahlen eines Unternehmens beteiligt sind:

- ⇨ die Mitarbeiter, von denen das SOLL und die Maßnahmen zu seiner Erreichung erarbeitet werden,
- ⇨ die Manager, die über SOLL und Maßnahmen entscheiden,
- ⇨ die Mitarbeiter, die mit den Kennzahlen arbeiten,
- ⇨ die Mitarbeiter, die das IST erfassen und abrechnen.

In kleineren Unternehmen sind diese Personengruppen zum Teil identisch. Mit wachsender Größe steigt jedoch der Trend zur organisatorischen Trennung. Und damit wächst das Erfordernis zur Kommunikation. Denn die Verantwortung für eine Kennzahl sollte nicht geteilt werden. Geteiltes Leid ist halbes Leid, aber geteilte Verantwortung ist gar keine Verantwortung. Weil im Ernstfall immer „der andere" zuständig ist.

Und verantwortlich für eine Kennzahl sollte immer derjenige sein, der mit ihr arbeitet. Wenn aber das Prinzip ungeteilter Verantwortung gelten soll, erfordert das seine Einbeziehung in die Arbeit und Entscheidungsfindung aller übrigen Personengruppen. Erfolgt diese Einbeziehung nur halbherzig, ist auch die Verantwortung entsprechend halbherzig. Mit allen negativen Folgen.

Das gilt natürlich auch für die Kennzahlen der Balanced Scorecard. Sie dürfen weder von der Geschäftsleitung noch von dazu beauftragten Teams ein-

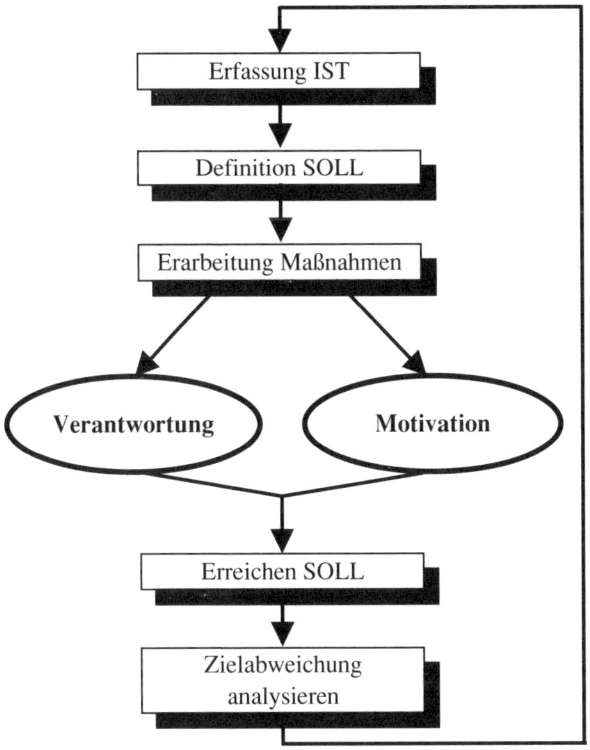

Abb. 13: Arbeiten mit Kennzahlen

fach „festgelegt" werden. Die so entstehenden Kennzahlen wären – wie schon einleitend erwähnt – tote Kennzahlen.

3.2.2 Verantwortlichkeit und Motivation

Verantwortung bewirkt im Normalfall allein durch ihre Übertragung Motivation. Verantwortung bedeutet Vertrauen, bedeutet als fähig angesehen zu werden, die Verantwortung auch tragen zu können.

Allein, das reicht nicht aus. Wer Verantwortung trägt, will und sollte das auch entsprechend vergütet bekommen. Finanziell oder nicht finanziell, das sei hier dahingestellt (das ist ein interessanter Gegenstand, aber nicht der Gegenstand dieses Buches). Auch in Unternehmen, Behörden etc., die an Tarife gebunden sind, ist es möglich, in dieser Frage entsprechende Weichenstellungen vorzunehmen. Hierzu gehören Mut und Augenmaß!

Wenn Vergütungssysteme an Kennzahlen geknüpft werden, bekommen diese Kennzahlen ein besonderes Gewicht. Genau genommen bekommen sie erst dadurch ihre wirkliche Existenzberechtigung. Denn erst von diesem Augenblick an beginnen sich konkrete Personen konkret mit jenen Kennzahlen und ihrer Entwicklung zu identifizieren.

Zugleich aber resultieren aus dieser Verknüpfung eine Reihe von Konfliktpotentialen, deren ungenügende Beachtung die Unternehmensführung erheblich beeinträchtigt. Konflikte können entstehen, wenn es unterschiedliche Auffassungen gibt

- ⇨ zu den Methoden der Erfassung und Berechnung der Kennzahlen,
- ⇨ zur Erreichbarkeit des festgelegten SOLL und der Art und Weise seiner Festlegung,
- ⇨ zur Genauigkeit des abgerechneten IST bzw. der Treffgenauigkeit des eingeschätzten voraussichtlichen IST.

Entscheidend für die Wirksamkeit der mit Kennzahlen verknüpften Motivation ist demzufolge die damit verbundene Kommunikation aller beteiligten Partner. Sie ist die Essenz des Lebens, also auch der Wirtschaft!

Konflikte entstehen aber auch aus der Einseitigkeit von einzelnen Kennzahlen.

Wenn wir beispielsweise die Vergütung eines Akkordlöhners auf dem Bau an seine abgerechneten Stunden binden, schaffen wir – ob gewollt oder nicht – ein nicht zu unterschätzendes Manipulationspotential. Stunden können „geschrieben" statt geleistet werden. Um dieser Gefahr zu entgehen, werden die abgerechneten Stunden gewöhnlich mit dem Aufmaß (der auf dem Bau üblichen Form der Leistungsbemessung) verbunden. Aber auch das Aufmaß ist zumindest bei länger laufenden Objekten zunächst nur eine Zwischeneinschätzung. Und damit wieder ein Manipulationspotential. Denn die Stunde der Wahrheit schlägt erst mit der Schlussrechnung. Erst jetzt stellt sich heraus, wie treffgenau die Aufmaße eingeschätzt wurden. Würden wir nun die Abrechnung der Stunden und des Aufmaßes zusätzlich mit der Treffgenauigkeit der Einschätzungen verbinden und damit eine dritte Kennzahl mit der Vergütung verknüpfen, entstünde ein geschlossener Regelkreis. Das verbleibende Manipulationspotential ist relativ gering.

Führung mit Kennzahlen erfordert, nach derartigen Regelkreisen zu suchen. Denn Motivation ist immer zielgerichtet. Und wenn wir nicht aufpassen, entsprechen Ziel und Richtung nicht unbedingt unseren Intentionen. Umgekehrt aber können durch geeignete Regelkreise Kräfte motiviert werden, die unser Unternehmen stärker voranbringen als das üblicherweise finanzielle Investitionen vermögen. Die Orientierung auf sinnvolle Regelkreise sollten wir daher in die Konstruktion einer Balanced Scorecard unbedingt einbeziehen.

Und gleichzeitig müssen wir beachten, dass Motivation durch Verknüpfung von Kennzahlen mit Vergütungssystemen nicht nur nach innen wirkt. Sie beeinflusst das Verhalten unserer Mitarbeiter nach innen wie nach außen – sofern wir sie ausreichend dazu befähigen.

Aber die Möglichkeiten reichen weiter. Wir motivieren durch die Verknüpfung von Kennzahlen mit Vergütungssystemen auch externe Personen, sich für unser Unternehmen zu engagieren. Dieses externe Vergütungssystem ist sehr vielfältig, sehr verzweigt, nicht immer legal und so alt wie das Wirtschaften selber. Wir mögen moralisch dazu stehen, wie wir wollen. Es ist ein realer, ein ernst zu nehmender Faktor. Und wir würden uns einen Bärendienst erweisen, ihn zu ignorieren oder zum „Top-Secret-Faktor“ zu deklarieren. Solange wir uns legaler Methoden bedienen, können und sollten wir diesen Faktor ganz bewusst und ganz offen als einen wesentlichen Führungsfaktor nutzen. Und ihn einbeziehen in unsere Balanced Scorecard.

18 Der Begriff „Information“ umschließt hier einerseits eine Nachricht im Sinne von übertragungsfähigen Daten, Signalen oder Signalfolgen sowie andererseits den Vorgang der Übertragung dieser Nachrichten durch ein Medium.

19 Im allgemeinen Sprachgebrauch bedeutet „informell“: a) knapp unterrichtend, der ersten Information (im Sinne von Wissensvermittlung) dienend bzw. b) nicht formell, ohne Formalitäten; hier wird der Begriff „informell“ wesentlich weiter bestimmt als Oberbegriff für informationell (die Information betreffend), informativ (eine Information vermittelnd) und informatorisch (der Information dienend).

20 In der Nachrichtentechnik werden elektrische Impulse genutzt. Ein elektrischer Impuls ist ein Strom- oder Spannungsstoß, der eine genau definierte Breite besitzt. Man unterscheidet dabei nach der Form in rechteckige, trapezförmige, sinus- und sägezahnförmige Impulse. Ihre gezielte Differenzierung ermöglicht es, Informationen zu verschlüsseln, zu übertragen und wieder zu entschlüsseln – sofern der Empfänger der Impulse den Schlüssel kennt.

21 Verarbeiten ist hier nicht im kognitiven Sinne gemeint. Es geht darum, dass materielle Teilchen z. B. in der Lage sind, bereits im Vorfeld von Reaktionen mit anderen Teilchen bestimmte Spannungszustände anzunehmen oder sich im Raum zu orientieren aufgrund von Informationen, die von den anderen Teilchen ausgehen.

22 Die Tatsache, dass wir diese Informationen oftmals nicht verstehen bzw. gar nicht wissen, dass es sie gibt (weil wir nur einen geringfügigen Teil der vorhandenen Informationen aufnehmen), führt immer wieder zu mystischen Deutungen dieser Wechselwirkung. Mit Mystik hat das alles jedoch nichts zu tun, denn Informationen – ob wir sie aufnehmen und verstehen können oder nicht – sind wie die materiellen Prozesse und in gleichem Maße Teil unserer Natur.

23 Es gibt Richtungen in der modernen Mathematik, die dieses Postulat aufheben. Das ist jedoch für die von uns genutzte Informationsverarbeitung nicht – vielleicht muss man auch sagen, noch nicht – relevant.

24 Schmerzhaft deshalb, weil mit dem Sprengen von Konventionen auch der damit verbundene Orientierungsrahmen verloren geht. Welche enormen Probleme damit verbunden sein können, haben die Wende im Osten Deutschlands und der Zusammenbruch des Ostblocks gezeigt.

25 Bei Zukunftsbetrachtungen ist das Arbeiten mit „Unschärfen“ (z. B. sogenannten Zielkorridoren oder Grenzvarianten) schon weiter verbreitet – gleichwohl ist es noch längst nicht generelle Praxis. Für die Vergangenheit sind derartige Überlegungen demgegenüber ein unausgesprochenes und strikt praktiziertes Tabu!

26 Nach: Bundesministerium für Wirtschaft, Arbeitsheft Früherkennung von Chancen und Risiken, 1998.

27 Ebenda.

4 Vorstellung beispielhaft ausgewählter Unternehmen

> Auf einen Blick:
>
> ⇨ In diesem Buch werden für die folgenden Unternehmen vollständige Balanced Scorecards entwickelt.
>
> ⇨ Die Beispiele sollen das Prinzip der Balanced Scorecard veranschaulichen, können aber nicht einfach übernommen werden.

Bevor wir einsteigen in die Kapitel über die praktische Arbeit an und mit der Balanced Scorecard wollen wir einige Unternehmen kurz vorstellen, die wir als Beispiele ausgewählt haben. Als Beispiele, die uns im Folgenden begleiten werden, um bestimmte Faktoren und Aspekte konkreter beleuchten zu können.

Als Beispiele sollen uns folgende, eher mittelständische Unternehmen dienen:

- ⇨ das uns schon bekannte regionale Kreditinstitut
- ⇨ ein Automotive-Zulieferer
- ⇨ eine Backshop-Kette
- ⇨ ein Küchenmaschinenhersteller
- ⇨ ein Hersteller von Kfz-Anhängern
- ⇨ eine Spezialitätenbrauerei

Wir werden gelegentlich auch andere Unternehmen anführen. Aber für diese sechs Firmen wollen wir – beispielhaft – Schritt für Schritt eine Balanced Scorecard erarbeiten. Und daher ist es wichtig, dass wir ein wenig mehr über sie erfahren, damit wir die Schritte nachvollziehen können.

An dieser Stelle sollte noch einmal darauf hingewiesen werden: Für jedes Unternehmen muss eine individuelle Balanced Scorecard entwickelt werden. Man kann zwar aus Erfahrungen anderer Anwender mit der Balanced Scorecard lernen und bereits definierte Strukturen übernehmen, aber jeder

Geschäftsführer/Inhaber eines Unternehmens und mit ihm die leitenden Angestellten müssen überlegen, definieren und aufschreiben, welche Ziele ihr Unternehmen hat, warum die potentielle Kundschaft gerade bei ihm Kunde werden soll etc.

Eine Vision und langfristige Strategien sollte jedes, auch noch so kleines Unternehmen haben. Diese sind Grundlage der Entwicklung einer eigenen unternehmensspezifischen Scorecard.

Die Umsetzung der Visionen und strategischen Ziele im Rahmen der Balanced Scorecard kann bei kleineren Unternehmen allein auf Unternehmensebene erfolgen. Größere Unternehmen oder Konzerne werden die Balanced Scorecard für jeden Geschäftsbereich und dann bis hinunter auf die Bereichs- oder Abteilungsebene erarbeiten, um für jeden Mitarbeiter im Unternehmen aus der Balanced Scorecard abgeleitete operative Ziele definieren zu können.

Die unten aufgeführten Beispiele sollen das Prinzip der Balanced Scorecard verdeutlichen, sollen beispielhaft Strukturen und Überlegungen darstellen. Sie stellen nur eine Auswahl der möglichen Kennzahlen dar, sollen anregen, sich für das eigene Unternehmen entsprechende Kennzahlen zu erarbeiten.

4.1 Kreditinstitut: Ihre schnelle Bank

Der neue Bankdirektor ist dem Leser schon bekannt. Aber lassen Sie uns noch einige Anmerkungen zu seinem Unternehmen machen:

Das Beispiel der Privatkundenbank beruht auf folgenden Annahmen:

1. Das Kundengeschäft kann nur mit Hilfe intensiven EDV-Einsatzes kostendeckend abgewickelt werden. Durch die Nutzung neuer elektronischer Techniken seitens der Kunden können Investitionen und laufende Kosten im Filialgeschäft reduziert/verringert werden. Es gilt also, alle Kunden mit der Bank-EDV vertraut zu machen. Haben Sie schon einmal in Ihrer Bank einen PC gesehen, an dem Bankgeschäfte mit Unterstützung der Mitarbeiter „geübt“ werden können? Kennen eigentlich „Banker“ die eigene, üblicherweise nur dem Kunden vorbehaltene Software? Denn sie selbst arbeiten mit einer anderen DV-Lösung.

2. Die Bank hat in einer Gegend mit viel privater Bautätigkeit ihren Geschäftssitz. Könnte man nicht hiervon profitieren? Bauherren haben zwar nur wenig Anfangskapital, aber häufig gute Berufsaussichten, sind also Kunden mit Zukunft. Und sind zumeist jung und damit der Nutzung von Home-Banking-Software gegenüber recht aufgeschlossen.

3. Mit schnellen Baukreditentscheidungen könnte sich eine Bank auch viele Folgegeschäfte sichern. Versuchen Sie einmal, innerhalb einer Woche einen Baukredit zu erhalten. Üblicherweise muss man das Institut mehrere Male aufsuchen, häufig unsinnige Formblätter ausfüllen und warten, warten, warten.

4. Warum kommt der Kreditsachbearbeiter nicht in das Haus des Antragstellers? Dort kann er sofort das wirtschaftliche Umfeld einschätzen und sollte auch sofort sein o.k. geben können. Und bekommt man seinen Kredit unverzüglich, schaut man auch nicht auf den $^{1}/_{10}$-Prozentpunkt – das Geschäft könnte also nicht nur kostengünstiger, sondern auch ertragreicher abgewickelt werden.

4.2 Automotive-Zulieferer: Good vibrations im Automotive-Bereich

Ein Unternehmen aus der Automotive-Industrie produziert schwingungsdämpfende Elemente für Dieselmotoren, die in Lkw, Schiffen und in Kraftwerken Verwendung finden. Zwar sind die Kosten ein permanentes Problem, aber die Erfahrung zeigt: Kosten allein sind nicht das wichtigste Argument, um im weltweiten Wettbewerb zu reüssieren.

Die Produktion von Dieselmotoren für Lkw wird weltweit voraussichtlich nicht stark steigen. Dies gilt insbesondere für den europäischen Markt, auf dem das Unternehmen bereits Marktführer ist. Unter hohen Anstrengungen wird daher versucht, auch überseeische Märkte, insbesondere in den Vereinigten Staaten zu erobern.

Aber die Entwicklung gerade in der Automotive-Industrie schreitet rasant voran: Der Pkw-Bereich mit seinen hohen Stückzahlen gibt einen Vorgeschmack auf die Entwicklung: Zulieferer werden zu Komponentenbauern, die häufig ihr Werk „an der Pforte“der Automobilwerke errichten. Dies wäre für unser Unternehmen nicht möglich. Aber kann man nicht Zusatzfunktionen integrieren? Und wie sieht es mit neuen Motorkonzeptionen aus, die langfristig auf den Markt kommen werden? Thema Brennstoffzelle! Um hier den Puls am Markt zu haben, muss die Entwicklung nicht nur beobachtet, sondern aktiv mitgestaltet werden. Und könnte man nicht auch strukturell ähnliche Produkte in Zusammenarbeit mit Universitäten und den Kunden entwickeln?

Nun sind dies hohe Entwicklungsziele, aber mit insgesamt gut 100 Mitarbeitern kann man sich keine große Entwicklungsabteilung leisten – wie diesen Spagat lösen?

4.3 Handwerk / Dienstleister: Ihr Backshop – schnell und knusprig

Hat es Sie nicht auch schon oft geärgert: Die frischen Brötchen sind nur kurze Zeit kross und locker, für frische Milch und die Morgenzeitung muss man außerdem noch in andere Läden – und das Bezahlen der kleinen Beträge kostet viel Zeit, Zeit, die man morgens eigentlich nicht hat. Unsere Backshop-Kette hatte sich dieses Problems angenommen:

Eine Kundenkreditkarte sichert die schnelle Abwicklung, bindet Kunden und ermöglicht die EDV-mäßige Verarbeitung der Umsätze: Man kann so ermitteln, in welchen Backshops zu welchen Verkaufszeiten welche Backwaren nachgefragt werden. Der Kunde bekommt daher die Brötchen seiner Wahl jederzeit frisch und kross.

Und auch Komplettangebote für das Frühstück, also Tageszeitungen, Milch und Butter erhöhen den Anteil zufriedener Stammkunden, ohne das Sortiment gleich ins Unermessliche auszuweiten. In guten Geschäftslagen wird in den ruhigeren Zeiten ab 9.00 Uhr das Snackgeschäft forciert.

4.4 Küchenmaschinenhersteller: Scharf auf alles, was zu schneiden ist

Als ostdeutscher Anbieter von Küchenmaschinen musste man sich nach der Wende neue Märkte suchen. Hier ist Nischenpolitik angesagt!

Größere Hotels und Gaststätten wurden als Zielgruppe identifiziert. Diese sind zu groß, um mit Haushaltsküchenmaschinen zu operieren, aber zu klein, um Großküchengeräte zu nutzen.

Aber auch für Universalgastrogeräte gibt es schon viele Anbieter: Man musste sich also noch mehr spezialisieren: auf Küchenmaschinen, bei denen man besonders viel technisches Know-how hat: Auf alles, was schneidet.

Neben den fleischverarbeitenden Geräten hat man eine weitere Marktlücke erkannt, die sogar europaweit besteht: Apfelschäl- und Apfelschneidemaschinen für Bäckereien. Bei beiden Produktgruppen sollten die Hersteller regionaler Spezialitäten besondere Zielgruppe sein: klein aber fein und mit besten Wachstumschancen.

4.5 Kfz-Anhänger-Hersteller: Mit uns bewegen Sie Ihre Last

Dieses mittelständisch geprägte Unternehmen im Fahrzeugbau hat sich auf Anhänger spezialisiert, wobei sich der Lkw-Anhänger-Bereich mit rund 60 % Umsatzanteil durch kundenspezifische Fertigung auszeichnet. Bei der Fertigung auf Kundenwunsch ist viel technisches Wissen gefragt, nicht nur in der Fahrzeugtechnik, sondern auch in der Anwendungsproblematik.

Mehr und mehr zum zweiten Standbein wird das Privatgeschäft, hier mit Pferdeanhängern. Ein stark expandierender Markt, regional wie überregional – aber auch hier muss man neue Ideen haben: Pferde gehen ungern rückwärts, also geht die Entwicklung hin zu Anhängern, die vorne eine zweite Tür haben.

4.6 Spezialitätenbrauerei: Ihr nationales Gsüffiges

Deutschland ist eine Nation der Biertrinker. So langsam kommt man auch dazu, nicht nur das klassische Pils oder das „Helle“ zu trinken, sondern auch Spezialbiere werden verstärkt in der Gastronomie und über den Handel abgesetzt.

Und es muss ja nicht immer Weißbier aus einer Stadt bei München sein! Unser Unternehmen produziert als Marktführer eine bislang nur regional getrunkene Spezialität. Als Spezialitätenbrauerei hat man einen nicht nur regional bekannten Namen, aber trotzdem nur regionale Absätze.

Wachstum über andere Biersorten ist nicht angesagt, dann ist man einer unter vielen. Aber als Marktführer seiner Spezialität könnte man doch andere Regionen beliefern...

Vertriebspolitisch ist es auch aus finanziellen Gründen fast unmöglich, den nationalen Markt aufzurollen. Daher hat man daran gedacht, als erstes bestimmte, wachstumsstarke Regionen anzugehen, in den dortigen Gastronomieverkauf einzusteigen und auch Plätze im Handel zu besetzen.

5 Die Balanced Scorecard

Auf einen Blick:

⇨ Kommunikation und Vertrauen sind Grundlage der Arbeit mit der Balanced Scorecard.

⇨ Zum Führen benötigt man Ziele!

⇨ Die obersten Unternehmensziele fasst man als Mission und Vision zusammen.

Mission: „Wie wollen wir gesehen werden?"

Vision: „Wo wollen wir in fünf bis zehn Jahren stehen?"

⇨ Mit Kennzahlen wird es ermöglicht, Ziele zu konkretisieren.

Steigen wir nun ein in die praktische Arbeit an und mit der Balanced Scorecard. Dabei sollten wir immer bedenken: Es gibt nicht die Balanced Scorecard. Jedes Unternehmen muss sich seine eigene Scorecard erarbeiten. Wir können im Folgenden daher nicht mehr als einige Anregungen geben. Anregungen, geboren aus den Erfahrungen in der Zusammenarbeit mit einer Vielzahl von Firmen.

5.1 Grundgedanken der Balanced Scorecard

Aller Anfang ist schwer. Denn wir wollen ja nicht einfach nur ein paar neue Kennzahlen erarbeiten und zu einem mehr oder weniger geeigneten System zusammenfügen. Soviel haben wir inzwischen gelernt. Wer eine Balanced Scorecard wirklich nutzen will, muss vom ersten Tag ihrer Erarbeitung an zwei Rahmenbedingungen konsequent durchsetzen:

⇨ Kommunikation aller Beteiligten

und

⇨ gegenseitiges Vertrauen.

5.1.1 Strategien durch Kommunikation umsetzen

Also müssen alle an einem Tisch. Alle, die Verantwortung tragen für die im breitesten Sinne aufgefasste Kette Lieferant – Unternehmen – Kunde. Alle, die diese Beziehungen kommunizieren, intern wie extern.

Natürlich nicht alle auf einmal. Die Erarbeitung einer Balanced Scorecard ist keine Massenveranstaltung. Aber im Verlauf der Zeit schließlich doch alle. Wir beginnen zweckmäßigerweise mit der obersten Führungsebene. Sie muss die Ziele setzen und die Wege definieren, auf denen die Ziele erreicht werden sollen. Sie erarbeitet die Scorecard für das Unternehmen insgesamt. Den Rahmen, die Orientierung für die anderen Führungsebenen, die Führungsebenen der wesentlichen Struktureinheiten des Unternehmens. Die dann eigenständige Scorecards erarbeiten.

Je nach Größe des Unternehmens und der Staffelung seiner Struktur entsteht so ein Netz, miteinander verknüpfter Geschäftsbereichs-, Hauptabteilungs- und Abteilungs-Scorecards unter dem Dach der Balanced Scorecard der obersten Führungsebene, des Gesamtunternehmens.

Damit dieses Netz auch wirklich zusammenpasst, ist es sinnvoll, die Verantwortlichen der jeweils nachgeordneten Ebenen (oder Struktureinheiten) in die Erarbeitung der Scorecard für die übergeordnete Ebene von Anfang an einzubeziehen. Denn sie müssen die Formulierung der Mission und Vision, die Ableitung der strategischen Wege, die Auswahl der Perspektiven, die Definition der zu nutzenden Kennzahlen sowie die Methoden ihrer Messung verstanden haben. Sie müssen das alles verinnerlichen, wenn die dann von ihnen für ihren jeweiligen Verantwortungsbereich zu erarbeitenden Scorecards passen sollen, sich einfügen sollen in das Netzwerk des gesamten Unternehmens.

Und schließlich sollen sie mit ihren Mitarbeitern Zielvereinbarungen abschließen, die sich an der entsprechenden Balanced Scorecard orientieren. Denn entscheidend sind zum Schluss die Mitarbeiter. Sie müssen es tun. Sie setzen die Vision in die Tat um – oder nicht.

Am Anfang steht also die Entscheidung, wie dieser verzweigte Kommunikationsprozess praktisch am wirksamsten, am effektivsten organisiert werden kann.

Dabei ist aber nicht nur zu beachten, dass das antizipierte Netzwerk kommunikatorisch untermauert wird. Es ist auch zu beachten, dass der Personenkreis, der jeweils in die Arbeit einbezogen wird, nicht zu groß ist. Nach unseren Erfahrungen sollte die Anzahl von 12 Personen möglichst nicht überschritten werden. Damit gestritten werden kann. Damit in kleinen Gruppen (mit immer wechselnder Zusammensetzung) einzelne Fragen debattiert und die Resultate der Debatten dem Plenum vorgestellt und erneut diskutiert werden können. Denn Kommunikation muss lebendig sein, muss alle Beteiligten beteiligen und alle Ebenen unserer Wahrnehmung, unserer Informationsverarbeitung, unserer Informationsauswahl ansprechen. Erst dann verstehen wir sie wirklich, können wir sie verinnerlichen.

Am Anfang steht damit auch die Entscheidung, sich Zeit zu lassen. Genügend Zeit zur Kommunikation. Das immer wieder anzutreffende Bestreben, „mal schnell eine Balanced Scorecard zu erarbeiten", ist kontraproduktiv. Sicherlich, vielleicht brennt uns das eine oder andere strategische Problem auf den Nägeln. Und nun haben wir uns schon durchgerungen, es mit Hilfe einer Balanced Scorecard zu lösen. Warum dann nicht mit einem Ruck? Wir haben ohnehin nur wenig Zeit bei all dem Alltagsstress.

Aber schon der Volksmund sagt: Gut Ding will Weile haben! Und das zu Recht. Denn Strategie muss durch unsere Köpfe. „Wat man nich im Kopp hat, hat man in de Beene" – sagt der Berliner. Und das will heißen, wenn wir nicht vorher bedenken, was wir tun, müssen wir nachher längere Wege gehen. Die Zeit, die wir anfangs zu gewinnen glauben, holt uns schnell wieder ein.

5.1.2 Führen mit Vertrauen

Und schaffen wir ein Klima des Vertrauens! Ohne Vertrauen verkümmert Kommunikation. Ohne Vertrauen wird strategisches Management schwieriger. Denn Strategie bringt immer Veränderung mit sich. Wir streben ein neues Ziel an, wollen neue Ufer erreichen. Wir wollen uns weiter entwickeln. Das heißt nichts anderes als: Wir wollen uns verändern.

Aber Veränderung bringt auch Verunsicherung. „Es liegt in der Natur des Wandels, das Gleichgewicht zu stören und sogar Angst auszulösen"[28]. Dieses psychologische Moment dürfen wir nicht außer Acht lassen, wenn wir wünschen, dass unsere Vision, unsere strategischen Ansätze auch umgesetzt werden. „Wenn man weiß, wie Mitarbeiter Wandel empfinden, wird dadurch auch klarer, welchen Hindernissen man während des Prozesses begegnet"[29].

Inwieweit kann uns die Balanced Scorecard hierbei helfen? Das hängt von uns ab. Wenn wir schon ein entwickeltes Klima des Vertrauens im Unternehmen haben, wird es die notwendigen Diskussionen fördern. Wir werden schneller in der Lage sein, das Wichtigste, in der Kommunikation von Mission und Vision und der daraus abgeleiteten Strategien liegende Potential der Balanced Scorecard zu erschließen. Und diese Kommunikation befördert ihrerseits das Vertrauen. Das Vertrauen in die Richtigkeit der gemeinsam erarbeiteten Zielstellungen und strategischen Wege. Das Vertrauen in die Kraft des Unternehmens, die damit verbundenen Veränderungen gemeinsam mit allen Mitarbeitern zu meistern. Das Vertrauen in die Zusammenarbeit mit den externen Partnern und deren Bereitschaft, die konzipierten Veränderungen mitzugehen.

Schwieriger wird es, wenn dieses Vertrauensklima nicht oder noch nicht existiert. Dann brauchen wir mehr Zeit, wenn wir es denn überhaupt wollen. Dann sollten wir uns Gedanken machen über unseren zukünftigen Führungsstil. Wir müssen uns entscheiden:

- ⇨ Suchen wir die Quellen zukünftiger Entwicklung vorrangig in der Ausschöpfung bisher ungenutzter Potentiale unserer Mitarbeiter? In ihren Fähigkeiten, neue Kundenwünsche zu identifizieren, in wirksame Leistungsangebote umzusetzen und so das Wirkungsfeld unseres Unternehmens zu erweitern? Oder wollen wir unsere Organisation verschlanken, uns auf Kernkompetenzen konzentrieren, also Mitarbeiter abbauen oder auf neudeutsch: outsourcen?
- ⇨ Suchen wir das Zusammenwirken mit unseren Mitarbeitern, unseren Kunden, unseren Lieferanten, damit sie unsere Vision als ihre eigene empfinden und verinnerlichen? Oder wollen wir unsere Vision, unsere strategischen Zielvorstellungen zelebrieren, verordnen, unters Volk bringen?
- ⇨ Suchen wir nach Möglichkeiten, mit Hilfe gemeinsam erarbeiteter Kennzahlen die Eigenständigkeit unserer Mitarbeiter und die Kooperation mit unseren externen Partnern zu entwickeln bzw. auszubauen? Oder wollen wir nur einige neue Kennzahlen, um unser Kontrollsystem effektiver zu gestalten?

Wenn wir Mitarbeiter abbauen, Zielvorstellungen verordnen, Kontrollsysteme ausbauen wollen, signalisieren wir Misstrauen. Misstrauen in die Fähigkeiten, die Loyalität, die Mitwirkungsbereitschaft unserer Mitarbeiter und externen Partner. Wenn wir diese im Grunde negativ geprägten Vorstellungen haben, dürfen wir von der Balanced Scorecard nicht all zu viel erwarten. Die Balanced Scorecard setzt positives Denken voraus. In einer negativen Atmosphäre verkümmert sie zu einem bloßen Zahlenwerk. Was wollen wir denn von einem System erwarten, das Entlassungen, Verordnungen und mehr Kontrolle zum Ziel hat? Kommunikation? Motivation? Sicherlich beides – aber negative Kommunikation, negative Motivation! Und das wird unsere negative Grundeinstellung bestärken. Es ist ein Teufelskreis.

Sollten wir uns aber dazu durchringen, den negativen Teufelskreis des Misstrauens zu durchbrechen, dann kann uns die Balanced Scorecard auf diesem Weg behilflich sein. Allerdings brauchen wir Geduld. Vertrauen entsteht nicht per Dekret. Vertrauen wächst allmählich. Das gilt es, im Kommunikationsprozess zu beachten.

Besonders komplizierte Situationen sind immer dann zu bewältigen, wenn sich Unternehmen in einer existenziellen Krise befinden. Allerdings ist auch oder gerade dann die Grundentscheidung gefordert. Die Grundentscheidung, auf welcher Basis wir aus der Krise führen wollen. Auf der Basis des Misstrauens oder des Vertrauens. Eine Krise kann das Klima eines Unternehmens endgültig vergiften. Dann nützt auch keine Balanced Scorecard mehr. Andererseits kann eine Krise durch gemeinsame Kraftanstrengung aller am ehesten gelöst werden. Diesen Zusammenhalt zu schaffen oder zu befördern ist zweifelsohne eine in der Balanced Scorecard liegende Möglichkeit. Denn eine Vision kann auch darin bestehen, ein Unternehmen zu retten, wieder auf gesunde Beine zu stellen. Eine solche Vision glaubhaft kommuniziert kann eine ganze Belegschaft beflügeln. Und der Glaube versetzt bekanntlich Berge.

Also machen wir uns auf den Weg. Suchen wir, unsere Ziele zu definieren und zu kommunizieren. Suchen wir nach den strategischen Erfolgspotentialen unseres Unternehmens. Die Balanced Scorecard soll uns auf diesem Weg begleiten und helfen.

5.2 Die Balanced Scorecard unterstützt Ihren Zielfindungsprozess

„Stell' Dir vor, es gibt Krieg, und keiner geht hin". Dieses Zitat aus dem gleichnamigen Gedicht von Bertolt Brecht beschreibt hervorragend die bei vielen Unternehmen bestehende Situation. Viele Mitarbeiter wissen nicht, wofür sie arbeiten. Fragt man diese, so erhält man häufig genug die Antwort: „Weil ich ja von etwas leben muss". „Na, aus Spaß bestimmt nicht". „Irgend etwas muss der Mensch ja tun." etc.

Und die Motivation für einen Job drückt sich aus in „möglichst viel Geld verdienen", „einen sicheren Arbeitsplatz haben und erhalten". Reicht das? Können wir es uns in unserer hochspezialisierten Welt leisten, derartig (un)motivierte Mitarbeiter zu beschäftigen?

Nein! Es ist die Aufgabe von Führungskräften, allen Mitarbeitern Sinn und Zweck ihrer Arbeit zu erläutern. Oberstes Ziel des Managements ist es, Ziele aufzuzeigen und zu kommunizieren, so dass alle Mitarbeiter, wir möchten betonen: **Alle** Mitarbeiter im Unternehmen wissen, wie sie an ihrem Arbeitsplatz mit dazu beitragen können, die Unternehmensziele zu erreichen.

Was sind Ziele ohne Kommunikation? Nichts! Ziele können nur weitergegeben werden durch Kommunikation. Aber Unternehmen benötigen mehr: Motivation. Nur die Verbindung von Motivation und Kommunikation erlauben den Einsatz aller für das gemeinsame Ziel. Und Motivation erreicht man nicht mit Anweisungen, hierzu ist ein Prozess notwendig, der Zeit und viel Kraft erfordert, aber reiche Früchte trägt.

5.2.1 Jedes Unternehmen benötigt Ziele

Leben ohne Ziele ist wie dahinvegetieren, ist kein Leben. Denn im Grunde genommen gibt es kein Leben ohne Ziele. Nur, wir sind uns der Ziele nicht immer bewusst! Wir setzen uns instinktiv immer Ziele. Der Mensch kann gar nicht anders leben, da er vernunftbegabt ist. Wir antizipieren in jedem Fall ein Ergebnis unserer Tätigkeit. Denn wir haben Erwartungen – ansonsten könnten wir nicht enttäuscht oder glücklich sein. In gewisser Weise ist die Zielorientierung durch Erwartungen ein Grundprinzip des Lebens überhaupt. Nur dass sich unterhalb der sozialen (bewussten) Ebene Erwartungen nicht in kognitiven Strukturen befestigen.

Dies gilt wie für jeden Menschen auch für jedes Unternehmen. Nur wenn es gelingt, Ziele zu setzen, können wir, können Mitarbeiter bewusst Werte schaffen.

„Ein Ziel ist ein angestrebter zukünftiger Zustand, der nach Inhalt, Zeit und Ausmaß genau bestimmt ist. ... Das Denken und Arbeiten mit Zielen ist eine Voraussetzung für wirksames Controlling. Führung durch Zielvereinbarung (Management by Objectives) und Controlling wachsen zusammen. ... In einer zielorientierten Unternehmenskultur qualifiziert sich diejenige Person als Führungskraft, die ihre Ziele genau plant und sie dann auch erreicht“[30].

Persönliche wie Unternehmensziele lassen sich zeitlich differenzieren, wobei wir unter kurzfristigen „operativen“ Zielen einen Horizont von maximal zwei Jahren verstehen. Langfristige „strategische“ Ziele gelten für einen Zeitraum von wenigstens fünf Jahren, diese werden aber durch das Setzen von Meilensteinen in kleinere Ziel- und Zeiteinheiten zerlegt.

In (fast) jedem Unternehmen werden die kurzfristigen operativen Ziele als Jahresbudgets erarbeitet und gelten als Vorgabe für die Tagesarbeit. Jedoch in wie vielen Unternehmen gibt es eine Verknüpfung der operativen mit den strategischen Zielen?

Häufig genug werden die Budgets aus den Zahlen des Vorjahres abgeleitet, im Kostenbereich um einige Prozente verringert, im Bereich der Erlöse gegenüber den Vorjahreszahlen verbessert. Alle Controller müssten ob dieser Analyse aufschreien, aber dies ist in vielen, allzu vielen Unternehmen geübte und eingefahrene Praxis. Kann dies als zukunftsorientierte Zielvorgabe angesehen werden?

Als Controller sollte man das „Knetverfahren“ anwenden: Grundsätzliche Vorgaben für das Unternehmen werden von der Geschäftsleitung erstellt, die (Kostenstellen-, Kostenträger- oder Projekt-)Verantwortlichen erarbeiten aus diesen Vorgaben und ihren Erfahrungen ihren Budgetentwurf, der Controller verdichtet die Zahlen aller Verantwortungsbereiche. Nun folgt die Knetphase, in der gemeinsam aus den Einzelplänen ein aufeinander abgestimmter Gesamtplan für das Unternehmen erarbeitet und miteinander kommuniziert wird.

Ein anderes, theoretisch interessantes, praktisch selten genutztes Verfahren zur Budgeterstellung ist das „Zero-Base-Budgeting“, bei dem man eben nicht vom bestehenden Kostengefüge ausgeht, sondern nach neuen und wirtschaftlicheren Wegen der Leistungserbringung sucht.

Insbesondere größere Unternehmen leisten sich eine eigene Abteilung „strategische Planung“. Hier werden langfristige Pläne angedacht, diskutiert und festgeschrieben. Aber wie häufig gibt es keine Verbindung zwischen den langfristigen strategischen und den kurzfristigen operativen Zielen! Es wird aus vielen Unternehmen kolportiert, dass die Zusammenarbeit der beiden Bereiche strategische und operative Planung faktisch nicht vorhanden ist.

Wie soll da eine Verknüpfung von strategischen Zielen mit dem operativen Tagesgeschäft erfolgen?

So manches Unternehmen hat sich ein Leitbild erarbeitet, das die Grundlage der Unternehmensführung darstellt. Leitbilder sollen den Mitarbeitern die Hauptziele und Rahmenbedingungen für das gesamte Unternehmensgeschehen verdeutlichen. Das Leitbild ist zugleich Ausdruck der Unternehmensidentität, also auch für die angestrebte Wirkung in der Öffentlichkeit wichtig.

Demnach hat ein Leitbild im Grunde zwei Funktionen:

⇨ Darstellung der internen Hauptziele unter den gegebenen gesellschaftlichen Rahmenbedingungen.

⇨ Beantwortung der Frage, wie man in der Öffentlichkeit gesehen werden will.

Dadurch werden zwei Sichten auf das Unternehmen definiert, eine externe Sicht, in Zukunft „Mission“ genannt sowie eine interne Sicht, die „Vision“, die für die Orientierung der Mitarbeiter wichtig ist.

Beiden Sichten ist gemeinsam, dass sie gleichgerichtet sein müssen und – nicht nur von den obersten Führungskräften, sondern von allen Mitarbeitern – vorgelebt werden! Zu den Gemeinsamkeiten gehört auch, dass die Quintessenz der Mission wie der Vision auf eine griffige Formel gebracht werden sollte, damit sie allen Mitarbeitern, aber auch allen Kunden und Lieferanten, ja der gesamten Öffentlichkeit im Gedächtnis bleibt und permanent Motor, Antreiber für die tägliche Arbeit ist, im täglichen Leben Einzug findet.

5.2.1.1 Die Mission – wie wollen Sie gesehen werden?

Jedes Unternehmen lebt von seinen Kunden. Und natürlich werden Kaufentscheidungen aus den verschiedensten Gründen gefällt. Wichtig für eine Kaufentscheidung ist der Bekanntheitsgrad des Unternehmens, häufig Ausdruck seiner Kompetenz. Nur, Bekanntheitsgrad allein reicht natürlich nicht, insbesondere muss die Bekanntheit in der Öffentlichkeit positiv sein.

Ein schönes Beispiel für eine Mission, den Slogan oder den Begriff, mit dem ein Unternehmen in der Öffentlichkeit positiv aufgenommen werden will, ist

„Otto find ich gut“.

Dieser Slogan formuliert, wie der Otto-Konzern in der Öffentlichkeit wahrgenommen werden will. Er ist kurz, prägnant, leicht in Werbekampagnen integrierbar und signalisiert Vertrauen in Unternehmen und Produkte.

Natürlich sind derartige leicht schwammige Missionen austauschbar, könnten auch von anderen Unternehmen genutzt werden. Daher ist es wichtig, diese Mission bei allen Geschäftsprozessen im Auge zu halten. Sonst kann eine kommunizierte Mission leicht – im wahrsten Sinne des Wortes – ins Auge gehen. So manches Beispiel aus den letzten Jahren ließ die Öffentlichkeit, angestachelt von der Presse, über Produkte und Unternehmen lächeln – und es waren erhebliche Anstrengungen notwendig, ein einmal verlorenes Vertrauen wieder zu gewinnen.

Natürlich kann ein mittelständisches Unternehmen nicht davon ausgehen, dass seine Mission in der gesamten Öffentlichkeit wahrgenommen wird. Aber Kunden und potentiellen Kunden sollte die Mission schon geläufig sein. Hierfür kann man sich der regionalen wie der Fachpresse, aber ebenso regionaler wie fachlicher Entscheidungsträger oder anderer Multiplikatoren bedienen.

> Auch für die Motivation der Mitarbeiter spielt der positive Bekanntheitsgrad der Mission eine wichtige Rolle. Jeder arbeitet gern in einem Unternehmen, das im Bekannten- oder Familienkreis gut angesehen ist

Missionen, für die Öffentlichkeit bestimmte Leitbilder könnten z. B. sein:

⇨ Ihre schnelle Bank	Kreditinstitut
⇨ Good vibrations mit XYZ	Automotive-Zulieferer
⇨ Ihr Backshop – schnell und knusprig	Handwerk/Dienstleister
⇨ Scharf auf alles, was zu schneiden ist	Küchenmaschinenhersteller
⇨ XYZ bewegt Ihre Last	Kfz-Anhängerhersteller
⇨ Ihr nationales Gsüffiges	Spezialitätenbrauerei

Weitere Beispiele für Missionen könnten sein:

⇨ Gut ist uns nicht gut genug	Handelshaus
⇨ Wir bewegen was	(innovativer) Kfz-Hersteller
⇨ Wir machen mobil	Funktelefon oder Kfz-Hersteller?
⇨ Wir geben Ihrer Zukunft ein Zuhause	Bausparkasse
⇨ Wir moderieren Zukunft	Beratung

Diese Liste ließe sich beliebig erweitern und soll Anregung geben, auch für das eigene Unternehmen eine griffige, kunden- und öffentlichkeitsorientierte Aussage zu erarbeiten.

5.2.1.2 Visionen braucht das Land

Visionen sind an und für sich etwas alltägliches. Schon „klein Fritzchen" arbeitet mit Visionen, wenn er „Autorennfahrer" werden will. Und Ludwig Erhart predigte Visionen, um den wirtschaftlichen Aufschwung in Deutschland zu realisieren. Aber heute scheint es keine Visionen mehr zu geben, jeder werkelt in seinem eng abgegrenzten Bereich.

Jedoch: Die deutsche Industrie hat in den letzten Jahren vorgemacht, zu welchen Ergebnissen man auch am Standort Deutschland mit Visionen kommen kann. Im Rahmen der Globalisierungsstrategien sind viele Unternehmen, insbesondere aus dem Automobilbereich gleichsam wie Phönix aus der Asche emporgestiegen, haben an Kosten, zu hohen Löhnen und „no future in Deutschland" gearbeitet und den Standort Deutschland wieder wettbewerbsfähig gemacht. Diese Unternehmen haben Visionen entwickelt und umgesetzt, um sich für den Weltmarkt fit zu machen.

Während der Begriff „Mission" den Versuch darstellt, (potentiellen) Kunden die Ziele des eigenen Unternehmens zu vermitteln, ist es Aufgabe der „Vision", den eigenen Mitarbeitern die langfristigen Unternehmensziele verständlich zu machen. Auch hier gilt die Feststellung, dass eine Vision zumindest in der Kurzform auf einen griffigen Slogan zusammengefasst werden sollte, den alle Mitarbeiter bei ihrer Arbeit im Hinterkopf haben können. „Dies tue ich, denn das ist unser gemeinsames Ziel, unsere Vision!".

Wenn DaimlerChrysler im Jahresbericht 1998 für seine Aktionäre ausführt

„WIR SIND ein weltweit tätiger Anbieter von Automobilen, Transportprodukten und Dienstleistungen. Wir schaffen hervorragenden Wert für unsere Kunden, unsere Mitarbeiter und unsere Aktionäre.

WIR WOLLEN zwei herausragende Automobil- und Transportunternehmen zu einem globalen Unternehmen zusammenführen – einem Unternehmen, das bis zum Jahr 2001 der erfolgreichste und angesehenste Anbieter von Automobilen, Transportprodukten und Dienstleistungen ist. Wir wollen unsere Kunden mit Produkten und Dienstleistungen begeistern, die sich durch hohe Qualität und Innovation auszeichnen – aufgrund hervorragender Prozesse, fähiger und motivierter Mitarbeiter und der Stärke unseres Portfolios."

so ist dies zwar eine hervorragende, zielgerichtete Vision, jedoch für den einfachen Werker am Band oder den Pförtner etwas hoch. Und auch diese gehören zum Unternehmen. Vielleicht ließe sich die Vision zu folgendem Slogan zusammenfassen:

> „Wir werden durch motivierte Mitarbeiter bis zum Jahr 2001 erfolgreichster und angesehenster Anbieter von hervorragenden Automobilen, Transportprodukten und Dienstleistungen."

Mit dieser Vision wird jedem Mitarbeiter klar, worum es mittel- und langfristig geht. Wenn jetzt diese Vision noch durch gemeinsam erarbeitete Strategien für die einzelnen Geschäftsbereiche inhaltlich erläutert wird, so ist ein erster Schritt zur Motivation aller getan.

Kurze, einprägsame Visionen zu formulieren fällt gewiss schwer: Vieles erscheint wichtig genug, um aufgenommen zu werden in diesen Slogan, der für die nächsten Jahre gelten soll. Aber auch hier gilt: Weniger ist mehr. Und es kommt schon ab und zu vor, dass die Realität dank eigener Leistung und genutzter glücklicher Situationen am Markt die Vision einholt.

Anfang 1998 haben wir für ein Unternehmen im Automotive-Markt folgende Vision diskutiert: „Durch Innovation zum Weltmarktführer". Das Unternehmen, ein mittelständischer Berliner Hersteller mit gut 100 Mitarbeitern, hatte bereits auf dem europäischen Markt die Führerschaft erreicht. Es fehlte der große Brocken des nordamerikanischen Marktes. Mit viel Verhandlungsgeschick gelang es jedoch, bei dem größten US-amerikanischen Anwender Alleinlieferant zu werden – der Weltmarktanteil stieg hierdurch von gut 20 % auf gut 40 %, die Vision war erreicht.

Also auch für Visionen gilt: Erreichbar müssen sie im Planungshorizont sein, aber sehr sehr strecken sollte man sich schon ...

Natürlich ist es für einen „Gemischtwarenkonzern" schwieriger als für ein auf einen Markt ausgerichtetes Unternehmen, eine Vision für alle zu formulieren. Als Ausweg werden dann gern eher finanzwirtschaftliche Werte als Vision formuliert:

„Wir wollen auf allen unseren Geschäftsfeldern eine um drei Prozent höhere Rendite als unser Wettbewerb erreichen."

Schön, aber ob man damit Begeisterung wecken kann? Dies mag vielleicht für US-amerikanische Unternehmen gelten, die eher als europäische Unternehmen auf rein finanzielle Ziele fixiert sind. (Soziale) Verantwortung für Mitarbeiter, Kunden und Staat sind Werte, die zumindest im Unterbewusstsein mit angesprochen sein sollten.

Visionen, für die Mitarbeiter im Unternehmen bestimmte Leitbilder könnten z. B. sein:

⇨ Wir werden die profitabelste Regionalbank	Kreditinstitut
⇨ Weltmarktführer für Schwingungstechnik	Automotive-Zulieferer
⇨ Wir haben zufriedene Kunden und starkes Unternehmenswachstum durch schnelles Zusatzgeschäft	Handwerk/Dienstleister

⇨ Wir wollen in Europa der Spezialist für regional spezifische Schneidetechnik im Großküchenbereich sein	Küchenmaschinenhersteller
⇨ Wir bewegen jede Last	Kfz-Anhängerhersteller
⇨ Wir werden bis 2002 die Nr. 1 in Deutschland	Spezialitätenbrauerei

Andere Beispiele für Visionen könnten sein:

⇨ Unsere Kunden wachsen schneller als der Wettbewerb	Beratung
⇨ Wir verkaufen Qualität zu günstigen Preisen	Handelshaus
⇨ Mit neuester Technik 20 % p. a. wachsen	(innovativer) Kfz-Hersteller
⇨ Wir wachsen bei gleichbleibender Rendite doppelt so schnell wie der Markt	Funktelefonhersteller
⇨ Keine Bausparkasse wächst schneller	Bausparkasse
⇨ Moderation, das können wir	Beratung

Eher als Missionen sind Visionen meist schon recht unternehmensbezogen, also nicht austauschbar. Natürlich wird man für die Entwicklung der Vision bei ähnlich strukturierten Unternehmen der gleichen Branche Anleihen machen können, aber wichtig ist auch hier: Durch Diskussion und interne Kommunikation im obersten Führungszirkel muss ein gemeinsames, von allen getragenes Leitbild geschaffen werden, das als Handlungsmaxime für die nächsten Jahre im Unternehmen eingesetzt werden soll.

Also erarbeiten wir ehrgeizige Ziele für Management und Mitarbeiter, Ziele, die Mitarbeitern wie Kunden eine Identifikation mit dem Unternehmen erlauben. Ohne Ziele geht nichts, mit Zielen fängt die Arbeit erst an!

5.2.1.3 Strategien – Wege zur Zielerreichung

Erst wenn ein Ziel festgelegt worden ist, kann mit der Erarbeitung der Wege dorthin begonnen werden. Es gilt, die Erfolgspotentiale des Unternehmens auf den anvisierten Geschäftsfeldern zu definieren. „Die richtigen Dinge richtig tun“ lernt der Controller in seiner Ausbildung. Also geht es bei der Entwicklung der Strategien darum, die „richtigen Dinge“ zu identifizieren.

Erinnern Sie sich an unseren Banker aus dem 1. Kapitel, der vor die Aufgabe gestellt wurde, dem Kreditinstitut neue Impulse zu geben? Mit seinem Controller und der übrigen Geschäftsleitung hatte er sich darauf verständigt, die für die Kunden geltende Mission mit dem Slogan „Ihre schnelle Bank“ zu beschreiben. Diese Mission verknüpften sie mit der für die Mitarbeiter bestimmten Vision „Wir werden die profitabelste Regionalbank“. Nun muss der Weg dorthin gefunden werden. Der Weg, formuliert als Strategien für seine Bank.

In Diskussionen mit der Leitungsebene der Bank wurden folgende zwei strategischen Ansätze als Ziel für die nächsten vier Jahre festgelegt:

⇨ Als Kundengruppe mit erheblicher Finanzkraft und Wachstumspotential wollen wir uns auf Kunden konzentrieren, die Hausbesitzer werden. Die potentiellen Kunden sind über schnelle Entscheidungswege im Baukreditgeschäft zu gewinnen. Dazu müssen die Mitarbeiter entsprechend ausgebildet, die Entscheidungswege im Unternehmen radikal verkürzt werden.

Das 1. strategische Ziel lautet: Kreditentscheidungen für Baukredite treffen wir innerhalb von 24 Stunden.

⇨ Das alltägliche Bankgeschäft wird immer kostenträchtiger. Wenn wir über den ersten strategischen Ansatz neue und finanzkräftige Kunden gewinnen, sollten wir versuchen, diese überwiegend junge Kundschaft an das kostengünstigere Electronic Banking zu gewöhnen. Hierzu müssen wir auch unsere Mitarbeiter an dieses Medium gewöhnen, damit diese den Kunden kompetent Hilfe, Unterstützung und Zuspruch bei den anfänglichen Schwierigkeiten geben können. In jeder unserer Filialen sind PC aufzustellen, an denen unsere Kunden zusammen mit unseren Mitarbeitern an das Electronic Banking herangeführt werden. Und wir sollten nach spezifischen Softwarelösungen, nicht nur für das Baukreditgeschäft, suchen, die wir unseren Kunden als besondere Leistung anbieten können.

Das 2. strategische Ziel lautet: In vier Jahren wollen wir mit unseren Kunden mindestens 50 % aller Transaktionen über das Electronic Banking abwickeln.

Diese definierten strategischen Ansätze mögen für diese Regionalbank richtig, für andere hingegen vollkommen falsch sein. Die Strategie hängt von so vielen internen wie externen Faktoren ab, dass die strategischen Ansätze für jedes Unternehmen wohl einmalig sein dürften.

Für unsere weiteren Beispielunternehmen wurden folgende Strategien angedacht, um die Vision mit der dazugehörigen Mission umzusetzen:

Strategien des Automotive-Zulieferers

1. Umsatzverdoppelung in 4 Jahren

   Der Markt für die Zulieferteile ist begrenzt: In jeden Dieselmotor wird üblicherweise nur ein zugeliefertes Teil eingebaut. Aber eine Umsatzausweitung ist doch möglich:

   a) Auch wenn man inzwischen Weltmarktführer ist, kann doch in einem oligopolistischen Markt (mit wenigen Anbietern) der eine oder andere Wettbewerber noch verdrängt werden. Ziel ist es insbesondere, auch auf dem US-amerikanischen Markt Marktführer zu werden!

   b) Dieselmotoren werden auch in Pkw eingebaut – aber warum werden nur Lkw- und Schiffsdiesel mit dem Zulieferteil ausgestattet. Könnte man nicht versuchen, auch im Pkw-Bereich dank Know-how-Führerschaft zumindest bei Diesel-Pkw der Luxusklasse in den Markt zu kommen?

   c) Das Komponentengeschäft wird auch in der Lkw-Sparte Einzug finden. Könnte man nicht hier für große Lkw-Hersteller Vorreiter werden?

2. 50 % Umsatzanteil von neuen Produkten

   a) Auch in dieser prinzipiell über 100 Jahre alten Dieseltechnik sind ständige Innovationen notwendig, um den Kunden weitere Wertangebote machen und deren Kosten senken zu können.

   b) Für neue Produktideen in einem klassischen Markt ist es gerade für ein mittelständisches Unternehmen notwendig, mit den Entwicklern der Kunden permanent zusammen zu arbeiten, um Neues gemeinsam zu entwickeln und um Bindungen zu schaffen.

   c) Aber auch in anderen Märkten gibt es schädliche Schwingungen – wäre hier nicht ein Potential?

Strategien für das Handwerk/den Dienstleister

1. Neue Techniken in Produktion und Vertrieb befähigen uns, jährlich unseren Umsatz zu verdoppeln – insgesamt und insbesondere mit unseren Stammkunden.
   a) Aggressives Wachstum ist im Filialgeschäft unbedingt notwendig!
   b) Insbesondere die Stammkunden wollen gepflegt und gehegt werden; sie sind die Stütze des „schnellen Umsatzes".
   c) Dank Einsatz von DV und neuen Backtechniken werden die Kunden schneller bedient und mit frischeren Backwaren versorgt.

Warum viele Strategien, wenn mit einer Strategie die Vision erreicht werden kann?

Strategien des Küchenmaschinenherstellers

1. Wir wollen die Kommunikation mit Interessenten und Kunden erheblich intensivieren.
   a) Wie bei vielen ostdeutschen Unternehmen sind auch hier das Marketing und der Vertrieb Schwachpunkte. Hierzu gehören insbesondere Instrumente zur direkten Verkaufsunterstützung.
   b) Auch das Gespräch mit Kunden und Interessenten muss gesucht werden, um neue, weitergehende Anwendungswünsche zu identifizieren und zur Produktreife zu führen.
2. Unser Innovationspotential wird durch Zusammenarbeit mit externen Entwicklern ausgebaut.
   a) Gerade mittelständische Unternehmen, so auch dieses, sind geprägt durch technisch orientierte geschäftsführende Gesellschafter/Inhaber, die auch Stärken im Vertrieb aufweisen. Wachsen diese Unternehmen, fehlt es gerade auf diesen beiden, für Unternehmen so wichtigen Feldern: Vertrieb und Entwicklung. So ist es zwangsläufig, dass die beiden Strategien gerade in beide Bereiche zielen. Nur, der Ausbau der eigenen F&E-Abteilung erhöht die Strukturkosten, stellt einen Fixkostenblock dar, der nicht gewünscht ist. Daher wird die Zusammenarbeit mit externen Entwicklern, ob aus kleineren „Entwicklergaragen" oder aus dem universitären Bereich, gesucht.

Strategien des Kfz-Anhängerherstellers

1. Unser Vertriebsnetz wird erheblich ausgeweitet, damit wir deutschlandweit bekannt werden als Hersteller von Spezial-Lkw-Anhängern.
   a) Auch hier begegnen wir einem Vertriebsproblem: Das Unternehmen fertigt exzellente Qualitäten zu günstigen Preisen, ist aber nur regional bekannt. Ein großer Anteil der Produktion wird noch unter anderem Namen im Auftrag produziert. Mit Marketingmaßnahmen ist der Bekanntheitsgrad des Unternehmens zu verbessern.
   b) Damit einhergehend muss das Händlernetz ausgebaut werden, damit verstärkt unter eigenem Namen gefertigt werden kann.
2. Umsatzausweitung durch neue Anwendungsgebiete
   a) Jedes Unternehmen sollte die Unabhängigkeit steigern durch ein Kundenmix. Anhänger werden ebenfalls außerhalb des klassischen Transportbereiches genutzt, so z. B. im wachstumsstarken Hobbymarkt. Anhänger zum Transport von Pferden könnte ein zweites Standbein werden. Aber auch andere Anwendungsgebiete, andere Nischen sind denkbar und sollten in Zusammenarbeit mit Interessenten diskutiert werden.
   b) Natürlich muss hierfür vertriebsmäßig eine andere Zielgruppe bearbeitet werden.

Strategien der Spezialitätenbrauerei

1. Wir wollen der beste/größte Partner für den Getränkefachgroßhandel in unserem regionalen Raum sein und mindestens einen Fachgroßhandel in allen deutschen Ballungsgebieten neu gewinnen.
   a) Sehr sympathisch: Trotz des Versuchs, überregionaler Anbieter von Spezialbieren zu werden, wird dem regionalen Markt weiterhin größte Aufmerksamkeit gegeben. Die Region ist nicht nur die Cash-cow des Geschäfts, sondern auch ein wichtiger Werbeträger für den nationalen Gang.
   b) Die Präsenz in den deutschen Ballungsgebieten muss hergestellt werden. Dies erfolgt über den Fachgroßhandel.

2. Die Abverkaufsmenge je Outlet muss verdoppelt werden.
   a) Der regionale Biermarkt ist geprägt von scharfem Wettbewerb. Nicht nur überregionale Pilsbiere, teilweise zu niedrigsten Preisen, drängen auf den Markt, auch regionale Wettbewerber mit Spezialbierangeboten versuchen, die Stellung des Unternehmens anzugreifen.
   b) Dem Verkauf in Getränkefachmärkten kommt hierbei eine große Bedeutung zu. Durch vertriebliche Maßnahmen ist der Absatz in diesen Fachmärkten erheblich zu steigern – aber nicht durch Preisverfall!

Für ein Unternehmen kann es natürlich viele strategische Ansätze zum Bestehen im Wettbewerb geben. So manches Unternehmen hat dann zehn, fünfzehn Strategien entwickelt und versucht, diese mit den Mitarbeitern zu kommunizieren. Die Folge: Die Strategien kamen nicht an – oder man suchte sich das Richtige aus. Daher sollte man sich beschränken auf zwei bis maximal fünf als wirklich wichtig eingeschätzte Strategien zur Zielerreichung, die mit allen Mitarbeitern kommuniziert werden können – und müssen.

> Natürlich bedeutet dies nicht, dass für bestimmte Unternehmensbereiche, Abteilungen etc. nicht doch weitere oder sogar andere Strategien erarbeitet werden. Für bestimmte Funktionsbereiche im Unternehmen wie Marketing/Vertrieb, Forschung und Entwicklung, Personal, Finanzen etc. sind durchaus eigene spezifische Strategien erforderlich. Aber diese haben das Ziel, die übergeordnete Unternehmensstrategie zu unterstützen. Jeder Bereich kann unterschiedliche Ansätze zur Umsetzung der Gesamtstrategie, des richtigen Weges, der „richtigen Dinge“ wählen.

Getrennt marschieren, gemeinsam gewinnen, denn kaum ein Ziel ist nur eindimensional zu erreichen!

Jedoch ist auch hier Beschränkung auf das Wesentliche eine wichtige Tugend! Natürlich gilt dies in Mischkonzernen nur bedingt, da deren strategische Geschäftseinheiten durch eigenständige Produkt-Markt-Strategien, also selten durch gemeinsame strategische Merkmale charakterisiert sind.

5.2.1.4 Diskrepanz zwischen Strategie und Budget

Mehr als 50 % der Manager in europäischen Unternehmen kennen nicht die Vision, die strategischen Ansätze, die von der Geschäftsführung ausgegeben worden sind. Häufig, weil es überhaupt keine Strategien gibt. Aber mehr noch kann man die Erfahrung machen, dass die Vision und die strategischen Ansätze in den Köpfen des innersten Führungszirkels bleiben, nicht an die unteren Hierarchien weitergegeben worden sind.

Und so kann natürlich das Management eine Verbindung von Strategie und operativem Budget überhaupt nicht herstellen. Hinzu kommt, dass die Strategien – sofern vorhanden – häufig abgehoben von der realen Situation sind, da die praktischen Erfahrungen der nächsten Hierarchieebenen nicht in die Entwicklung eingeflossen sind. Ein Feedback, die Überarbeitung und ggf. Neufassung der strategischen Ansätze durch die Geschäftsführung findet natürlich auch nicht statt, da es keine strategische Diskussion im Unternehmen gibt.

5.2.1.5 Unterstützen Ihre operativen Ziele Ihre Strategien?

Und wenn strategische Planungen im Unternehmen durchgeführt werden, ist dies trotzdem noch keine Gewähr für die Umsetzung, denn allzu häufig gibt es keine Verbindung zwischen strategischer und operativer Planung. Der Fünf- oder sogar Zehnjahresplan ist die eine, das operative Budget die andere Welt. Wie häufig erlebt man sogar in großen Konzernen, dass die Mitarbeiter in der Abteilung „Strategische Planung“ überhaupt keine Verbindung zu den die operative Planung abstimmenden Controllern haben.

So driften Budget und Strategie häufig auseinander, ein Bezug zwischen den beiden Planungsprozessen findet nicht statt.

Selten genug sind die erfolgsabhängigen Gehaltsanteile des Managements mit den strategischen Zielen verknüpft, zumeist aber mit der operativen Zielerreichung. Kein Wunder, dass strategische Ziele so wenig umgesetzt werden!

5.2.2 Top down oder bottom up?

Strategische Inhalte müssen zentral und in Abstimmung mit der höchsten Unternehmensebene erarbeitet werden. Die Form der Umsetzung richtet sich jedoch nach den Erfordernissen der jeweiligen Bereiche. Dieses Grundprinzip der Unternehmensplanung gilt auch für die strategischen Grundlagen, auf denen die Balanced Scorecard basiert.

Immer wieder werden wir von Controllern um Rat gefragt: „Können wir nicht beginnen, die Balanced Scorecard entwickeln, die Strategien unseres Unternehmens kennen wir doch eigentlich".

Aber meistens lautet unsere Antwort: „Nein, eine Strategie und ein darauf aufbauendes strategisches Kennzahlensystem kann nur entwickelt werden, wenn ein von der Geschäftsführung erarbeitetes langfristiges Unternehmensziel (Mission und Vision) festgelegt wurde, hinter dem jedes Mitglied der Unternehmensleitung steht." Und sinnvollerweise wird die Unternehmensstrategie bzw. werden die Strategien von der Geschäftsführung zusammen mit der nächsten Hierarchieebene und mit Unterstützung des Controllerdienstes erarbeitet.

5.2.2.1 Zielfindung – Kommunikation – Motivation

Denn spürbare Veränderungen im Unternehmen gelingen erst dann, wenn neue Lösungen nicht nur gemeinsam entwickelt und anschließend umgesetzt, sondern auch allgemein akzeptiert und in einer Organisation „gelebt" werden. Dazu bedarf es der gemeinsamen Zielfindung, der damit verbundenen Kommunikation und der daraus erwachsenden Motivation!

Diesem Schlüsselsatz wird die Balanced Scorecard gerecht, da sie nicht einfach die Umsetzung von weiteren neuen Kennzahlen, sondern die gemeinsame Arbeit an der Umsetzung der Visionen und Strategien in Kennzahlen zum Inhalt hat. Das zu entwickelnde Kennzahlensystem ist hierbei als „Transmissionsriemen" des Umsetzungsprozesses zu verstehen. Die Balanced Scorecard ist eben – und darauf können wir nicht oft genug hinweisen – nicht ein aus verschiedenen Perspektiven erarbeitetes Kennzahlensystem, sondern eine ganzheitliche Managementmethode zur Umsetzung strategischer Ansätze im Unternehmen mit Hilfe von Kennzahlen.

Die Motivation, die erarbeiteten strategischen Umstrukturierungsprozesse zielgerichtet durchzuführen, erwächst dabei aus der intensiven, Bereichs- und Hierarchiegrenzen überschreitenden Kommunikation. Sie ist das A und O der Arbeit an und mit der Balanced Scorecard.

5.2.2.2 Hindernisse in der Praxis

Die Umsetzung eines strategischen Ansatzes für ein Unternehmen wird in der Praxis vielfach erschwert durch folgende Faktoren:

- Die Konkretisierungsbarriere

Wie häufig sind Visionen und daraus abgeleitete Strategien eine Wunschformulierung! Natürlich will jede Firma größtes, bestes, kostengünstigstes, ertragsstärkstes etc. Unternehmen werden. Aber der Wunsch allein reicht nicht aus. Die Trauben sollen hoch, aber nicht zu hoch gehängt werden. Das Ziel muss erreichbar sein, die Wege dorthin müssen gangbar sein, also konkretisiert werden können. Für jedes Unternehmen gibt es nur wenige beschreitbare Wege, auf denen das anvisierte Ziel erreicht werden kann.

- Die Implementierungsbarriere

Üblicherweise ist das Berichtssystem von Unternehmen auf das nächste Quartal bzw. das laufende Jahr fixiert; eine Orientierung auch auf einen strategischen Zeitraum (fünf bis zehn Jahre) erfolgt nicht – kein Wunder, dass sich da keine strategischen Erfolge einstellen.

- Die Commitmentbarriere

Unternehmen, die die Balanced Scorecard einsetzen, wissen sehr wohl, dass die Umsetzung strategischer Ziele auch über die Einbindung von strategischen persönlichen Zielen in das Entlohnungs- bzw. Prämiengefüge erfolgt.

> Wenn das Management allein an operativen Zielen gemessen wird, ist es keine Überraschung, dass die Erreichung strategischer Ziele unwahrscheinlich ist.

- Die operative Barriere

Auch wenn strategische Ansätze im Unternehmen vorhanden sind, so sind doch selten genug Verknüpfungen mit dem operativen Budget, aber auch mit den kurzfristigen Investitionsplänen gegeben. Der Budgetierungsprozess darf nicht vom strategischen Planungsprozess getrennt werden.

- Die Kommunikationsbarriere

Schön sind die gesetzten Ziele, machbar die Anstrengungen, um diese zu erreichen. Es fehlt jedoch ein Ansatz, diese Ziele und Strategien den Mitarbeitern zu vermitteln. In vielen Unternehmen, gerade wenn diese hierarchisch geführt werden, gibt es Kommunikationsprobleme. Die Mitarbeiter, die zur Umsetzung beitragen müssen, sollten nicht nur informiert, sie müssen auch motiviert sein, um ihren Beitrag zur Zielerreichung leisten zu können.

Die wichtigste Barriere im Prozess der Umsetzung von Vision und Strategien ist die fehlende Kommunikation zwischen allen Beteiligten, zwischen allen Mitarbeitern im Unternehmen. Veränderungsbereitschaft bedingt als Grundlage Kommunikationsfähigkeit!

5.3 Wie messen wir die Zielerreichung?

Nun haben wir also eine Mission definiert. Und eine Vision. Und wir haben die Strategien abgeleitet, die Wege bestimmt, auf denen wir unsere Vision erreichen wollen. Das ist schon viel. Aber dennoch erst der Beginn. Denn wir wissen jetzt wahrscheinlich, was und wohin wir wollen. Und das mag uns beflügeln. Nur, es sollen alle beflügelt werden, alle, die intern wie extern mit unserem Unternehmen in Beziehung stehen.

Also müssen wir unsere Gedanken transparent machen. Transparent durch Konkretisierung, durch Konkretisierung in Form von Kennzahlen. Und das ist – ganz nebenbei – auch gut für unser eigenes Denken. Es zwingt uns, die Gedanken zu ordnen und auf den Punkt zu bringen.

5.3.1 Kennzahlen führen zu transparenten Strategien

Kennzahlen verlangen mehrere Dinge von uns:

1. Wir müssen sie definieren, ihren Inhalt bestimmen. Das mag kein Problem sein für übliche Kennzahlen wie Umsatz und Gewinn. Aber schon bei Größen wie Cash-flow oder Marktanteil finden sich in verschiedenen Unternehmen unterschiedliche Definitionen. Wer einmal die Systeme des Rechnungswesens ehemals eigenständiger Firmen einander angleichen musste, kann ein Lied davon singen. Ganz kompliziert wird es jedoch bei spezifischen Kennzahlen, die Unternehmen für strategische Steuerungen nichtfinanzieller Größen auswählen.

> In unserer praktischen Arbeit an verschiedenen Balanced Scorecards wurden wir mit Kennzahlen wie „Haltbarkeit eines Kunden“ oder „Produktnutzungsquote“ konfrontiert. Hier ist der Definitionsbedarf unbestritten. Im ersten Fall suchte ein Verlag zu erfassen, wie lange ein Kunde durchschnittlich ein periodisch erscheinendes Produkt nutzt. Im zweiten Fall war es der uns bekannte Banker: Er wollte den Anteil der Kunden erfassen, die bereits jene über das Internet angebotenen Leistungen der Bank wie Electronic Banking nutzen.

2. Wir müssen uns darauf verständigen, nach welcher Methode wir welche Basisdaten erfassen und wie wir diese Basisdaten zu der von uns gewählten Kennzahl kombinieren. Nutzen wir beispielsweise für die Bestimmung des Marktanteils ausgewählter Produkte die Erhebungen der Gesellschaft für Konsumforschung oder Verbandszahlen oder statistische Erhebungen unserer Hausbank oder eigene Quellen? Wie werden Daten verschiedener Einzelprodukte zu Produktgruppen zusammengefasst? Wie soll mit saisonalen Schwankungen verfahren werden? Sind sie zu berücksichtigen oder werden sie geglättet?

> Diese Fragestellungen mögen im Zusammenhang mit der großen Strategie als recht kleinlich anmuten. Aber nichts diskreditiert eine Kennzahl mehr als eine nicht akzeptierte oder auch nicht verstandene Bestimmungsmethode. Deshalb sollte in dieser Frage ein höchstmöglicher Konsens angestrebt werden.

3. Es gilt, das aktuelle IST zu erarbeiten und konkrete SOLL-Zielstellungen abzustimmen. Dazu gehören auch entsprechende Maßnahmen, die das Erreichen der SOLL-Ziele gewährleisten sollen. Hier erscheint alles klar und einfach. Aber bereits die Erfassung der IST-Daten erweist sich mitunter als kompliziert:

   - Wie soll etwa mit außerordentlichen Geschäftsvorfällen verfahren werden? Sie können das Bild verfälschen und uns zu unnötigen oder gar kontraproduktiven Maßnahmen verleiten. Es gibt aber auch Situationen, in denen außerordentliche Geschäftsvorfälle ein solches Gewicht erreichen, dass wir sie nicht mehr ausblenden dürfen.

   - Und die Formulierung der SOLL-Ziele? Wie genau soll die Zielvorgabe sein? Wählen wir einen Zielbereich? Einen Entwicklungskorridor? Differenzieren wir stärker oder weniger stark? Wenn wir eine hohe Treffgenauigkeit unserer Kennzahlen anstreben, müssen wir an dieser Stelle solide Vorarbeit leisten.

4. Es muss festgelegt werden, wer für diese Kennzahl und ihre Entwicklung verantwortlich zeichnet. Denn Kennzahlen ohne Verantwortliche für ihre Entwicklung sind tote Kennzahlen. Aber wir wissen auch: Für jede Kennzahl sollte es nur einen Verantwortlichen geben. Denn geteilte Verantwortung ist keine Verantwortung.

Und an dieser Stelle wird es kompliziert, weil die meisten der von uns verwendeten Kennzahlen komplexe Gebilde darstellen. Sie sind das Resultat der Berechnung aus einer Vielzahl von Quelldaten, die gegebenenfalls selber eigenständige Kennzahlen bilden. Es entsteht daher ein Netz von Verantwortlichen – sofern wir die Arbeit mit Kennzahlen ernst nehmen. Dieses Netz gilt es zu bedenken, das Beziehungsgeflecht zu organisieren. Damit die Kommunikation auch funktioniert, die Verantwortung wahrgenommen werden kann.

5. Wir müssen die Art und Weise definieren, wie die Vergütung des Verantwortlichen an die Entwicklung der Kennzahl gebunden werden soll. Beim Geld hört bekanntlich die Freundschaft auf. Und auch wenn die Vergütung in nichtfinanzieller Form erfolgt, so ist die Güte der damit mobilisierbaren Motivation davon abhängig, inwieweit diese Verknüpfung zwischen Entwicklung einer Kennzahl und bestimmten Vergütungsleistungen von allen verstanden und akzeptiert wird.

Fehlende Klarheit und Transparenz in dieser Frage führen sehr schnell zum Geruch von Vetternwirtschaft und Mauschelei. Und die davon ausgehende Motivation ist normalerweise in hohem Grade kontraproduktiv!

Bereits diese kurze Aufzählung zeigt: Jetzt hören die Hochglanzbroschüren auf. Jetzt wird es konkret! Und spätestens an dieser Stelle wird die Balanced Scorecard ausgesprochen spezifisch für jedes Unternehmen. Selbst wenn die Kennzahlen dem äußeren Namen nach noch denen anderer Firmen ähnlich sein können:

- die dem eigenen Informationsverarbeitungssystem angepasste Definition,
- die Messmethoden,
- die Bestimmung von IST und SOLL,
- das Maßnahmenpaket,

- das Netz der Verantwortlichen und schließlich
- das Vergütungssystem,

all das muss und kann jedes Unternehmen nur für sich selbst erarbeiten.

Und die Aufzählung legt noch eine weitere Empfehlung nahe. Es sollten nicht zu viele Kennzahlen sein! Ansonsten droht die Gefahr, dass jene Transparenz, die wir durch die Konkretisierung unserer Strategien mit Hilfe von Kennzahlen erreichen wollten, durch die Vielzahl der Kennziffern wieder verloren geht.

5.3.2 Strategisch führen mittels Kennzahlen

Einem sechsten Punkt sollten wir besondere Aufmerksamkeit schenken, wenn wir mit den von uns gewählten Kennzahlen strategisch führen wollen: Wir brauchen eine Brücke zum Budget. Denn strategisch führen heißt in die Zukunft führen. Heißt, einen Zeitraum von fünf bis zehn Jahren zu steuern. Aber so, dass eine enge Verbindung zur Gegenwart, zum Budget besteht und gewahrt bleibt.

Wir werden also mit der Zeitschiene konfrontiert, mit dem prozessualen Charakter der in Kennziffern gefassten Unternehmensentwicklung. Diesem Charakter zu genügen, erfordert Kennzahlen unterschiedlicher zeitlicher Indikation. Wir sind beim Thema Früh-und Spätindikatoren.

5.3.2.1 Frühindikatoren

Den Grundgedanken der Frühindikatoren hatten wir schon erläutert (s. Kap. 3.1.4.1). Die Funktion von Frühindikatoren können etwa folgende Kennzahlen übernehmen, die von unseren Beispielunternehmen ausgewählt wurden:

- Kreditinstitut: *gewonnene Homebanking-Kunden pro Baukredit*

  Der Controller unserer Bank hatte diese Kennzahl vorgeschlagen, um eine frühzeitige Verknüpfung der beiden strategischen Grundlinien der Bank messen und dadurch steuern zu können.

- Automotive-Zulieferer: *Teilnehmer an einem vom Unternehmen jährlich zu organisierenden Vibrationskongress*

  Eine sehr spezifische Kennzahl für den Automotive-Hersteller, der seine Position als Know-how-Führer in diesem Bereich und damit seine Marktposition weltweit ausbauen und langfristig absichern will.

- Handwerk/Dienstleister: *Umsatzwachstum Spontanartikel*

  Die Backshop-Kette will mit dieser Kennzahl ihre strategische Ausrichtung auf Wachstum durch schnelles Zusatzgeschäft verstärken.

- Küchenmaschinenhersteller: *Wachstum der Anfragehäufigkeit* in Kombination mit

  - *Wachstum der Angebotshäufigkeit und*
  - *Erhöhung der Auftragswahrscheinlichkeit* (h Angebotserarbeitung/ DM Auftragsvolumen)

  Mit dieser Kombination beabsichtigt der Küchenmaschinenhersteller, seine Vertriebsprozesse deutlich effektiver zu gestalten. Der Steuerungseffekt soll noch dadurch erhöht werden, dass die Kennzahlen nach Zielregionen differenziert werden.

- Kfz-Anhängerhersteller: *Konstruktionsänderungsanteil*

  Dieser Indikator signalisiert dem Hersteller von Kfz-Anhängern, inwieweit bereits bei der Auftragsabsprache die Wünsche und Erwartungen des Kunden erforscht und dem Kunden die Möglichkeiten der individuellen Fertigung bekannt waren. Damit soll die kundenorientierte Serviceleistung des Unternehmens und darauf aufbauend seine Marktposition entwickelt werden.

- Spezialitätenbrauerei: *Wachstum der Anzahl vertraglich gebundener Fachhändler*

  Diese Kennzahl wurde von dem regionalen Brauereiunternehmen gewählt, das seinen Umsatz durch die Eweiterung des Fachhändlernetzes in andere Regionen ausdehnen will.

Ein weiterer interessanter Frühindikator ist beispielsweise die Kennzahl *Wachstum des Anteils an Wiederkäufern.*

Das ist ein Frühindikator, den ein Kfz-Hersteller als wesentlich für die Charakteristik der Entwicklung seiner Marktposition bestimmt hat, um sein strategisches Wachstumsziel zu erreichen. Dieser Indikator eignet sich generell für jene Unternehmen, die ihre Stammkundschaft verstärken wollen.

Die Beispiele zeigen, worum es geht. Derartige Kennzahlen bereiten heute den Boden für die Entwicklung von Umsatz und Cash-flow, für die Kapitalverwertung oder entsprechende andere Zielstellungen in den zukünftigen Zeiträumen. Sie stellen Aufgaben für die Gegenwart, für das Budget und sind doch zugleich zukunftsorientiert. Es sind strategische Kennzahlen.

5.3.2.2 Spätindikatoren

Spätindikatoren gibt es außerordentlich viele. Die üblicherweise verwendeten Kennzahlen wie Umsatz, Cash-flow, Gewinn oder auch Return on Investment (ROI), Return on Capital Employed (ROCE) sind Spätindikatoren. In gewisser Weise sind es auch Kennzahlen wie Kundenzufriedenheit, Mitarbeiterzufriedenheit oder Entwicklung der Durchlaufzeiten ausgewählter Produkte.

Mit Spätindikatoren definieren wir die Endpunkte oder besser Endbereiche, die wir im Verlauf der Zeit anstreben. Allerdings sind diese Endbereiche auch nur wieder Durchgangsstationen in der Entwicklung unseres Unternehmens. Daher ist es zweckmäßig, eine Kette von Durchgangsstationen, sogenannte „Meilensteine“, zu knüpfen. Der zeitliche Abstand der Meilensteine sollte nicht zu groß sein, damit wir die Orientierung nicht verlieren. Und wenn wir die zeitlichen Abstände klein halten, schaffen wir die direkte Anknüpfung an das Budget. Spätindikatoren verbinden wir am besten mit dem Budget über periodische Wachstumsraten.

Nur, je weiter wir in die Zukunft schauen, um so unschärfer wird das Bild. Die Zahl der Unwägbarkeiten nimmt zu. Also sollten wir uns angewöhnen, unsere Kennzahlen mit der Angabe von Treffgenauigkeiten zu versehen. Die kontinuierliche Verfolgung der Treffgenauigkeit über längere Zeiträume schärft unsere Sinne für die Entwicklung der Fähigkeiten zur Antizipation.

Sie zwingt uns, genauer nachzudenken, ehe wir SOLL-Ziele für Kennzahlen vorgeben.

Um Treffgenauigkeiten zu bestimmen, bedarf es der Definition entsprechender Bedingungen. Bedingungen, die den Prozess charakterisieren, der zu den anvisierten Meilensteinen führt. Und damit sind wir wieder bei den Frühindikatoren. Beide, Früh- und Spätindikatoren bedingen sich, bilden ein System logisch (im Sinne von Ursache und Wirkung) und zeitlich (im Sinne der Abfolge) verbundener Größen. Wie es bei einem Prozess nicht anders zu erwarten ist.

Mit dem Prozesscharakter ist noch ein weiteres Phänomen verbunden: **Die Einstufung einer Kennzahl als Früh- oder Spätindikator ist relativ**. Sie hängt davon ab, aus welcher zeitlichen Position wir einen Prozess betrachten. Abbildung 14 (S. 112) soll diese Relativität verdeutlichen.

- Die Entwicklung der Durchlaufzeiten neuer Produkte beispielsweise ist aus der Sicht der betrieblichen Leistungserstellung ein Spätindikator, während für diesen Prozess die **vorgelagerte** Entwicklung der Mitarbeiterfähigkeiten oder die Veränderung der Relation zwischen allgemeiner Kapazitätsauslastung und Engpasskapazitäten Frühindikatoren darstellen.
- Aus der finanziellen Perspektive, beispielsweise für den Cash-to-Cash-Zyklus[31] neuer Produkte, ist die Entwicklung der Durchlaufzeiten ein Frühindikator.
- Aber auch der Cash-to-Cash-Zyklus kann die Funktion eines Frühindikators übernehmen, eines Frühindikators für die Entwicklung der liquiden Mittel.

Zum Zeitpunkt t_0 löst eine von uns gesetzte Ursache einen Prozess aus, der zu einem Zeitpunkt t_1 eine bestimmte Wirkung zeigt. Jene Kennzahl (Indikator A), die diese Wirkung widerspiegelt, ist zum Zeitpunkt t_1 ein **Spätindikator**. Ein Spätindikator, weil sie den Endpunkt, das Ergebnis des abgelaufenen Prozesses charakterisiert.

Wenn wir aber an diesem Punkt nicht stehenbleiben, sondern bis zum Zeitpunkt t_2 schauen, werden wir feststellen, dass die einmal erreichte Wirkung ihrerseits zur Ursache eines Prozesses werden kann. Eines Prozesses, der zum Zeitpunkt t_2 seine entsprechende Wirkung zeigt. Indikator B spiegelt diese Wirkung wider.

Zum Zeitpunkt t_2 charakterisiert Indikator A nicht mehr den Endpunkt eines Prozesses, sondern eine Zwischenstation. Er bleibt nach wie vor das Ergebnis eines Prozesses – sonst könnten wir ihn nicht messen – ist aber aus der Sicht des Indikators B das vorgelagerte Ergebnis eines vorgelagerten Prozesses.

Definieren wir jetzt mit einer gewissen Treffgenauigkeit den Zusammenhang zwischen A und B, dann kann Indikator A uns frühzeitig signalisieren, in welchem Bereich wir zukünftig Indikator B erwarten dürfen. A ist zu einem **Frühindikator** geworden.

Das Bemühen um die Aufdeckung des wechselseitigen Charakters von Kennzahlen als Früh- und Spätindikatoren verschafft uns einen tiefen Einblick in jene strategisch bedeutsamen Prozesse, die wir steuern wollen. Es befähigt uns, über der Suche nach geeigneten Perspektiven auf unser Unternehmen, über dem Arbeiten mit den verschiedenen Kennzahlen den Gesamtzusammenhang nicht aus den Augen zu verlieren.

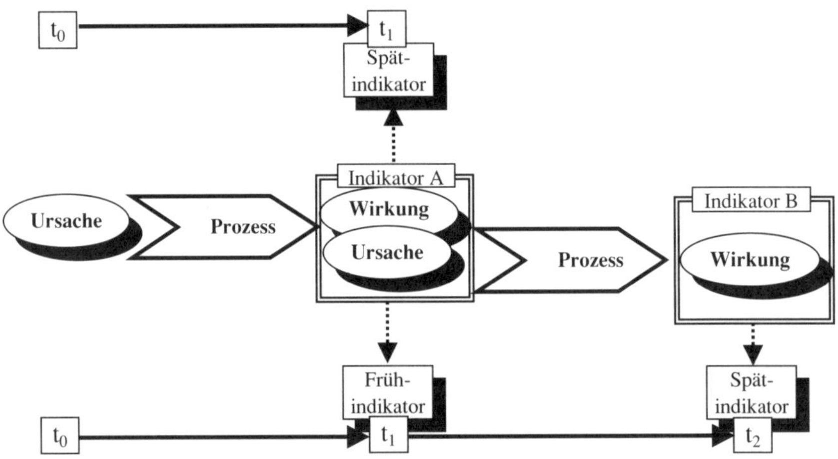

Abb. 14: Relativität von Spät- und Frühindikatoren

28 Harvard Management Update, Dezember 1998, S. 2.

29 Ebenda.

30 Aus: Controller-Wörterbuch: die 100 wichtigsten Begriffe der Controllerarbeit, International Group of Controlling IGC.

31 Zeitraum zwischen der Ausgabe und der Einnahme von Geld.

6 Kennzahlen für die Kundenperspektive

Auf einen Blick:

⇨ Die Kennzahlen der Kundenperspektive sollen die Sicht des Kunden auf das Unternehmen beschreiben.

⇨ Die Kundenperspektive umfasst folgende Spätindikatoren zur Charakterisierung der Marktstellung:

Kundenzufriedenheit, Kundentreue, Neukundenakquisition, Kundenrentabilität und Marktanteil.

⇨ Besonders zukunftsorientiert sind Kennzahlen für Produkt- und Service-Eigenschaften, für die Qualität und Beständigkeit der Kundenbeziehungen und für Image der Produktmarken, die Reputation des Unternehmens.

Üblicherweise wird bei der Balanced Scorecard von vier Perspektiven gesprochen, den Perspektiven
- der Anteilseigner (Finanzebene),
- der Kunden,
- der internen Geschäftsprozesse und
- der Entwicklung (Mitarbeiter und Informationssystem).

Wir werden im Folgenden auch auf diese vier Perspektiven eingehen. Aber wir haben bereits oben ausgeführt, daß die Anzahl der Sichten auf ein Unternehmen von diversen firmenspezifischen Faktoren abhängt.

Da im Unternehmen die Kennzahlen individuell für jede Perspektive erarbeitet werden, sollte vorab überlegt werden, welche weitere Sicht für das Unternehmen wichtig ist.

Ein Institut, das im Auftrag eines Bundeslandes an der Umsetzung der Forschung zu Produkten arbeitet, hat z. B. keine Kunden im üblichen Sinne, also kann man eventuell auf eine Kundenperspektive verzichten. Äußerst wichtig sind aber die Verbindungen zu anderen Grundlagenforschern sowie zu den finanzierenden Institutionen. Also könnte man sich in diesem Fall überlegen, als vierte Perspektive mit einer Kommunikationsperspektive und mit einer fünften „Perspektive der Finanzierungsinstitutionen“ zu arbeiten.

Wir wollen mit diesem Buch die Diskussion, die Kommunikation in Ihrem Unternehmen anregen, so auch empfehlen, sich mit möglichen weiteren für Sie wichtigen Sichten auf Ihr Unternehmen zu beschäftigen!

Beginnen wir mit der Kundenperspektive.

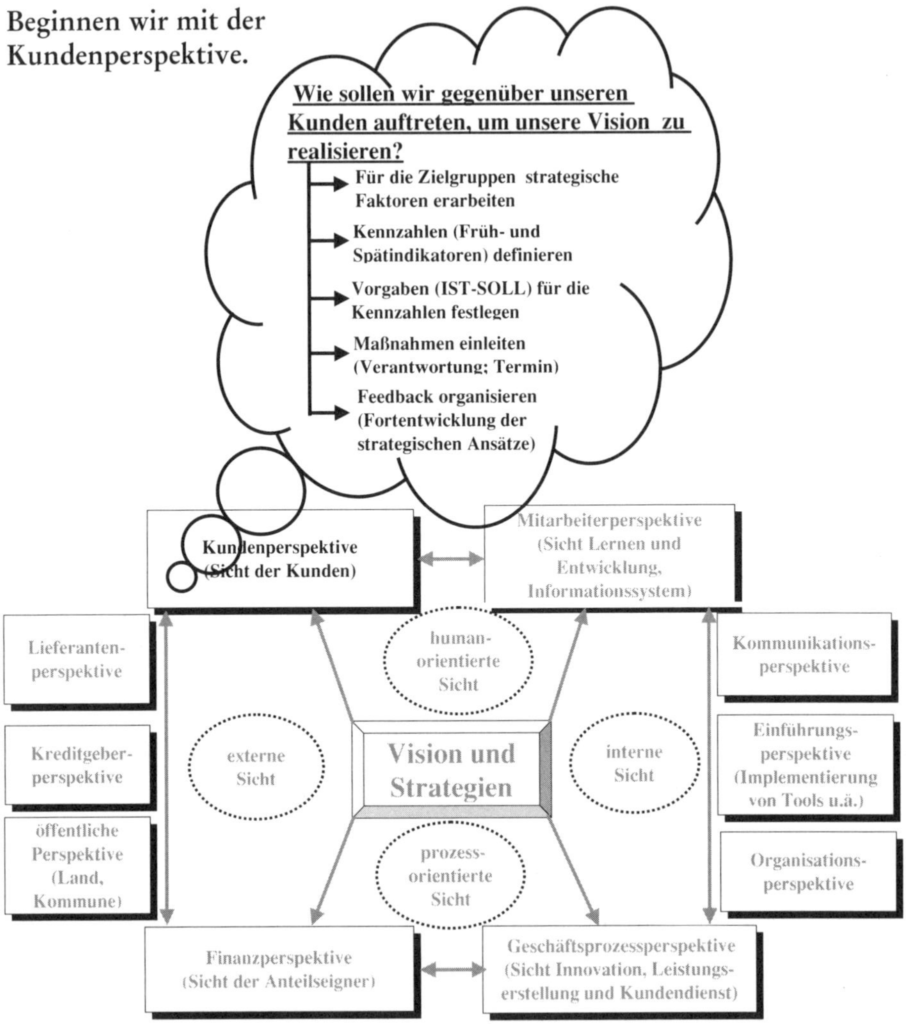

Abb. 15: Die Kundenperspektive

Starten Sie in Ihrem Unternehmen eine Umfrage: „ Wer bezahlt Ihr Gehalt?“ Sicher wird das Ergebnis zu mehr als 90 % lauten „die Firma“, „der Chef“ etc. Haben Sie in Ihrem Unternehmen schon darüber nachgedacht, dass die Kunden die Gehaltszahlungen ermöglichen?

Dieses Bewusstsein, dass das Unternehmen erst einmal den Zweck hat, die Bedürfnisse des Kunden zu befriedigen, wird gerade in deutschen Unternehmen bei den Mitarbeitern nicht genügend geweckt. Und entsprechend sind die Ergebnisse: Von Kundenorientierung, von Service und der Bereitschaft, voll für den Kunden da zu sein, keine Spur.

Was nutzen technische Höchstleistungen, hervorragende Prozesse, wenn diese vom Kunden nicht benötigt werden? Die Technik liefert schöne Beispiele für den Unsinn, der produziert wird, obwohl nur die wenigsten Kunden Bedarf dafür haben, schlimmer, am eigentlichen Bedarf wird vorbei produziert.

Inzwischen ist es vielerorts so, dass Produkte, die den Kundenwünschen entsprechen, überhaupt nicht mehr produziert werden: Wer kann all die Funktionen bedienen, die heutzutage ein Standardautoradio aufweist?

> Wenn man hierbei noch argumentieren kann, die selten oder nie genutzten Funktionalitäten schaden doch nicht, so gilt der Einwand im Telefonmarkt, insbesondere bei Funktelefonen nicht mehr. Viele Bürger können mit diesen Handys, noch schöner, noch kleiner, noch mehr Funktionen, gar nicht mehr umgehen – was für ein potentieller Markt!
>
> Der Zielmarkt für all diese, für die meisten Käufer nutzlose Innovationen umfasst vielleicht 25 % aller potentiellen Nutzer, aller Kunden. Aber die Industrie entwickelt weiter...

Mit der Kundenperspektive sollen die Kunden- und Marktsegmente identifiziert werden, in denen das Unternehmen konkurrenzfähig ist bzw. sein soll. Durch die Fokussierung auf wenige Bereiche, auf wenige Kunden- und Marktsegmente wird das Management gezwungen, seine Ressourcen strategisch einzusetzen.

6.1 Früh- und Spätindikatoren der Kundenperspektive

Viele europäische Unternehmen arbeiten bereits mit Kennzahlen für die Kundenperspektive. Aber zumeist handelt es sich dabei um Spätindikatoren oder „Kernkennzahlen“, wie sie von Kaplan und Norton genannt werden. Frühindikatoren („Leistungstreiber“ bei Kaplan/Norton)[32] sind aber mindestens ebenso wichtig, wenn nicht sogar wichtiger zur Steuerung des Unternehmens, geben sie doch heute Bescheid über Ergebnisse, die in der Zukunft liegen.

Spätindikatoren der Kundenperspektive sind gewöhnlich in ihrer Grundform für alle Unternehmen gültig, können daher – zumindest von ihrer Bezeichnung her – häufig in analoger Weise übernommen werden. Hingegen sind Frühindikatoren zumeist schon in ihrem Ansatz recht unternehmensspezifisch zu definieren.

Der *Marktanteil eines Unternehmens* wird üblicherweise als Spätindikator bezeichnet. Mit erfolgter Messung weiß man, was gewesen ist. Zukunftsorientiert scheint das wenig zu sein. Aber: Misst man den Marktanteil, am besten sogar das Wachstum eines Marktanteils in einem neuen, stark steigenden Produktbereich, hat man die Zukunft viel eher im Griff, kann man häufig erkennen, ob der Zug in die richtige Richtung geht. Aus dem Spätindikator Marktanteil kann so ein Frühindikator für das Unternehmen werden.

Aber auch eine identische Kennzahl kann in dem einen Fall ein Spät-, bei einem anderen Unternehmen ein Frühindikator sein: Nehmen wir folgendes Beispiel: *Wachstum des Marktanteils am deutschen Versandhandel mit Damenoberbekleidung*:

⇨ Für das Versandhaus Quelle dürfte dies eher ein Spätindikator sein. Man hat – um eine Zahl zu nennen – 20 % Marktanteil, eine jährliche Steigerung des Marktanteils um 0,5 %, also ein Wachstum des Marktanteils um 2,5 % wäre in einem stagnierenden Markt ein toller Wert. Jedoch zukunftsorientiert und strategisch dürfte diese Kennzahl keine große Bedeutung für das Großversandhaus Quelle haben, auch Auswirkungen auf andere Kennzahlen sind eher unwahrscheinlich.

⇨ Ganz anders bei dem innovativen DOB-Unternehmen „Chic o Bello“, das im dritten Jahr seines Bestehens das Versandgeschäft als strategische

Größe sieht, um aus dem regionalen Markt auszubrechen. Mit Hilfe von ganzseitigen Anzeigen in Modezeitschriften werden extravagante DOB-Modelle beworben. Innerhalb von fünf Jahren will man einen Marktanteil von 1 % erreichen und so ein zweites Absatzstandbein aufbauen. Für „Chic o Bello" ist ein *Wachstum des Marktanteils* von jährlich 100 % als strategisches Ziel definiert.

Auch klassische Spätindikatoren können zu Frühindikatoren werden, wenn mit ihnen Meilensteine auf dem Weg zu weiteren Zielen, beispielsweise zur strategischen Neuausrichtung von „Chic o Bello" gemessen werden.

Eher als Spätindikatoren der Kundenperspektive zu betrachten sind Kennzahlen, die

1. Kundenzufriedenheit,
2. Kundentreue,
3. Neukundenakquisition,
4. Kundenrentabilität und
5. den Marktanteil

messen.

Durch ihre Folgewirkungen auf die Ausrichtung des Angebots an den Kunden sind Kennzahlen, die folgende Wertangebote der Kundenperspektive messen, eher als Frühindikatoren zu sehen:

1. Produkt- und Serviceeigenschaften
2. Kundenbeziehungen
3. Image und Reputation

6.2 Spätindikatoren der Kundenperspektive

Lassen Sie uns aber erst mit den Spätindikatoren beginnen, die bei zahlreichen Unternehmen als Kennzahl bereits existieren.

6.2.1 Kundenzufriedenheit

Die Kundenzufriedenheit misst den Erfolg eines Unternehmens – aber zufriedene Kunden bedeuten noch keinen Unternehmenserfolg!

Der für unseren Erfolg entscheidende Effekt der Kundenzufriedenheit besteht darin, den Kunden zu halten, ihn zu bewegen, bei der nächsten Kaufentscheidung wieder Kunde zu sein.

Unzufriedene Kunden kaufen nicht mehr beim gleichen Unternehmen. Schlimmer noch, sie berichten statistisch gesehen 5- bis 10-mal von ihren schlechten Erfahrungen (der zufriedene Kunde aber nur 1- bis 3-mal!).

Aber Zufriedenheit allein reicht nicht aus. Es muss schon eine sehr große Zufriedenheit herrschen, damit ein Kunde langfristiger Wiederkäufer wird bzw. bleibt. Hinzu kommen noch weitere Faktoren wie die Frühindikatoren Ruf und Image von Produkt und Marke.

Die wirkliche Kundenzufriedenheit zu messen ist relativ schwer: Umfragen, am besten in gewissem zeitlichen Abstand vom letzten Kontaktdatum, lassen sich zwar relativ kostengünstig insbesondere im Dienstleistungs- und Investitionsgüterbereich durchführen. Für Konsumgüterproduzenten ist z. B. ein Gewinnspiel ein probates Mittel, Zufriedenheit festzustellen. Aber genaue Fragestellung und verwertbare Auswertung erfordern ein hohes Maß an psychologischem Geschick und Know-how.

Beispiele für Kennzahlen der Kundenzufriedenheit können sein

⇨ *Umfrageergebnis allgemeine Kundenzufriedenheit*

⇨ *Anteil Weiterempfehlungen*

⇨ *Anzahl positiver Anwenderberichte, Rückmeldungen etc.*

Ausruhen kann man sich auch bei besten Ergebnissen nicht: Zu schnell schwenkt ein Kunde um,

⇨ wenn er einmal unzufrieden war,

⇨ wenn das Produkt nicht seinen Erwartungen entsprochen hat,

⇨ wenn das Image eines Unternehmens durch z. B. schlechte Öffentlichkeitsarbeit ins Gerede gekommen ist.

Daher haben wir es hier – aus der Sicht der Kundenperspektive – mit einem ausgesprochenen Spätindikator zu tun, der nur bedingt Aussagen über die Zukunftsfähigkeit eines Unternehmens zulässt.

Handelt es sich jedoch um ein innovatives, zukunftsträchtiges Produkt, für das wir Kundenzufriedenheit messen, so bewegen wir uns wieder in Richtung Frühindikator. Frühindikator für das angestrebte Umsatzwachstum mit neuen, innovativen Produkten.

6.2.2 Kundentreue

Der teuerste Kunde ist der Neukunde. Dieser Spruch aus dem Vertrieb sollte jedem Unternehmer zu denken geben. Wie häufig wird alles versucht, um Neukunden zu gewinnen – der treue Altkunde wird jedoch sträflich vernachlässigt! Ermitteln wir einmal, wieviel die Akquisition eines Neukunden (als Ersatz für den Verlust eines Altkunden) im Durchschnitt kostet. Wir erhalten damit eine Richtschnur für Aufwendungen, die wir uns – ohne Mehrkosten zu verursachen! – für die Kundenbindung leisten können. Meist reicht aber schon ein Bruchteil aus.

Auf die Bestandskunden sollte also viel mehr Wert gelegt werden. Ein sehr wichtiges Ziel für den Vertrieb. Auch als Frühindikator lässt sich die Kundentreue hervorragend nutzen, wenn man die Kaufbereitschaft bestehender Kunden für ein neues Produkt, eine neue zukunftsorientierte Sparte misst.

Da der Anteil der Bestandskunden auch qualitative Aussagen auf Image und Ruf, auf die Qualität der Produkte wie des Kundendienstes, auf die Vertriebskosten, bezogen auf den Umsatz, zulässt, sollte man dieser Kennzahl eine hohe Priorität in der Balanced Scorecard zubilligen. Und sie ist relativ einfach und kostengünstig zu ermitteln:

⇨ *Umsatzanteil Bestandskunden*

⇨ *Wachstum des gewährten Wiederkäuferrabatts*

⇨ *Anteil Kaufvolumen der Wiederkäufer*

> Die letzte Kennzahl ist recht interessant. Sie versucht zu messen, welchen Teil des Kaufpotentials von Wiederkäufern, also der treuen Kunden, man gewonnen hat.

6.2.3 Neukundenakquisition

Gewonnene Neukunden sind eine wichtige Ursache für Umsatzsteigerungen! Richtig, aber nur, wenn die Neukunden auch mit den Produkteigenschaften zufrieden sind und in der Folge als Bestandskunden durch exzellente Produktqualität gehalten werden können.

Die Ausweitung des Kundenpotentials wird gern im Bereich des Vertriebs als Kennzahl genutzt und gibt dort als tendenzieller Frühindikator u. a. Aufschluss über den Erfolg der Vertriebsbemühungen. Ein besseres Kriterium als die absolute Zahl der Neukunden oder der Anteil der Neukunden an den Kunden gesamt ist das Umsatzvolumen bzw. der Umsatzanteil mit Neukunden.

Es ist zu empfehlen, bei der Definition einer entsprechenden Kennzahl zur Neukundenakquisition auch die Umsatzhöhe mit einfließen zu lassen:

⇨ *Anteil der Neukundenumsätze an den Umsätzen insgesamt*

⇨ *Wachstum der Neukundenabschlüsse*

⇨ *Durchschnittlicher Umsatz der Neukunden im ersten Jahr*

⇨ *Gewonnene Neukunden, bezogen auf alle Interessentenmeldungen, Mailing-Reagenten etc.*

6.2.4 Kundenrentabilität

Für jeden Kaufmann ist es eine Binsenweisheit: Umsatz muss man machen, aber der daraus resultierende Gewinn bzw. Cash-flow ist – zumindest langfristig – die wichtigere Größe. Das Gleiche gilt für die Kunden. Mögen sie noch so zufrieden sein, so treu und dem Unternehmen zu wachsenden Marktanteilen verhelfen; mögen sie alle auf die Produkte „fliegen“, eines gilt doch: Rentabel muss das Geschäft sein.

Aus strategischen Gründen kann ein Produkt oder eine Kunden(ziel)gruppe für einen begrenzten Zeitraum, eine bestimmte Entwicklungsphase ohne Rentabilität akzeptabel sein. Langfristig ist es unumgänglich, sich von seinen unrentablen Kunden und Produkten zu trennen. Je differenzierter die Kundenrentabilität erfasst wird, umso besser kann das Management entscheiden, welche Zielgruppen weiterhin zu bedienen sind. Aber wie bei neuen Produktmärkten auch, ist es notwendig, hierbei die strategischen Planungen des Unternehmens zu berücksichtigen.

Kennzahlen der Kundenrentabilität sollten auf Zielsegmentebene (Kunden wie Produkt) ermittelt werden, um zu aussagefähigen Ergebnissen zu kommen.

6.2.5 Marktanteil

Große, weltweit operierende Konzerne können diesen Begriff sicher und genau in Zahlen fassen: Der VW-Konzern wird monatlich wissen, wie hoch sein Marktanteil am Pkw-Absatz in Deutschland ist.

Schwieriger und aufwendiger zu ermitteln ist es schon, wenn man den Marktanteil auf strategische Zielgruppen bezieht: Welchen Marktanteil hat der VW-Sharan bei den Pkw-Käufen von Familien mit mehr als einem Kind und einem Haushaltseinkommen über 80.000 DM pro Jahr? Für die Ermittlung einer derartigen Kennzahl müsste schon ein Institut beauftragt werden. Und dies, regelmäßig gemacht, kann teuer werden.

Für VW mag sich das noch rechnen, aber wie kann ein mittelständisches Unternehmen da mithalten? Hilfsgrößen könnten genutzt werden, um die Verbesserung des Marktanteils zu messen. Eine kleinere Kette von markenungebundenen Kfz-Werkstätten z. B. dürfte jedoch keine Chance haben, ihren Marktanteil in der Region zu messen.

Aber durch kostengünstige Befragung der Kunden kann ermittelt werden, welchen Marktanteil die Kette an den Reparaturaufträgen der Kunden in den letzten beiden Jahren hatte. Diese Kennzahl – den „*Kundenanteil*“ – hatten wir schon im 2. Kapitel (s. S. 33) vorgestellt. Die Reparaturaufträge der letzten Jahre können – auch für den Kunden verständlich und sinnvoll – in einem Pkw-Datenblatt erhoben werden, das dem Kunden und der Werkstatt die Reparaturhistorie aufzeigt. Die Auswertung hinsichtlich des Marktanteils oder des Wachstums des Marktanteils fällt somit leicht.

Interessanter wird die Kennzahl „*Kundenanteil*“ noch, wenn das Unternehmen als strategische Zielgröße beispielsweise Kunden mit Pkw von DaimlerChrysler führt. Eine entsprechende Kennzahl gibt sofort Auskunft, ob der Marktanteil bei den als strategischen Zielkunden definierten „Daimler-Besitzern“ gestiegen ist.

Je präziser das Kunden- oder Markt-/Produktsegment unter strategischen Aspekten definiert wird, umso zielorientierter lassen sich Frühindikatoren für Marktanteile erarbeiten.

6.3 Frühindikatoren der Kundenperspektive

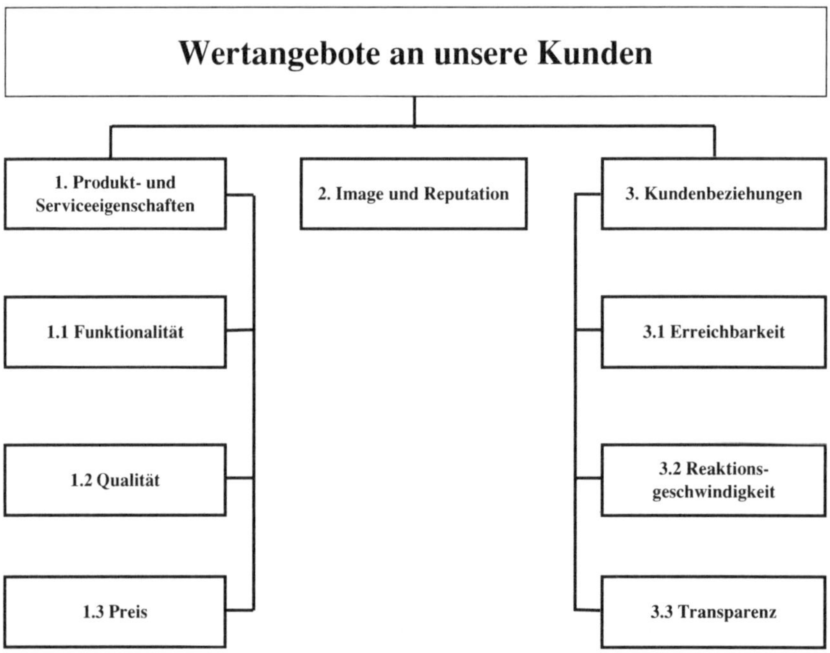

Abb. 16: Frühindikatoren für die Kundenperspektive

6.3.1 Produkt- und Serviceeigenschaften

Jeder Kunde hat Erwartungen an das Produkt, das er erwirbt. Zu diesen Erwartungen gehört auf jeden Fall die Erfüllung der (versprochenen) Produkteigenschaften, also Funktionalität und Qualität. Eigentlich sollte davon ausgegangen werden, dass diese erfüllt sind, dass Produktqualität nur noch als ein „Hygienefaktor" anzusehen ist.

Auch wenn die wissenschaftliche Literatur dies immer als selbstverständlich unterstellt, so zeigt doch die Praxis, dass dies häufig genug nicht der Fall ist. Aber auch zu den Produkteigenschaften ist ein Blick auf die Unternehmensstrategie notwendig: Will ich am Markt als Qualitäts- oder als Billiganbieter wahrgenommen werden? Diese notwendigen strategischen Entscheidungen haben gravierenden Einfluss auf die zur Verfügung gestellten Produkt- und Serviceeigenschaften.

Einen immer wichtigeren Wert neben den Produkteigenschaften Qualität, Preis, Fehlerquote bekommen die Serviceeigenschaften eines Unternehmens aber auch eines Produktes. Hierunter werden im Allgemeinen

- Lieferfähigkeit und -treue,
- Pünktlichkeit,
- Angebotsspektrum und
- Verfügbarkeit der Serviceeinheiten

verstanden. Es gehören aber auch Produkteigenschaften dazu wie einfache Montage und Bedienung oder unkomplizierte Möglichkeiten für kleinere Reparaturen. Und eine dem normalen, technisch eher unbegabten Konsumenten verständliche Gebrauchs- und Bedienungsanleitung!

Auch in Amerika, immer als Land des Kundenservices gelobt, kann man in der Beziehung noch viel lernen! Aber welche Möglichkeiten bieten sich in diesem Bereich dennoch für Unternehmen in Europa durch das Übernehmen von in den Vereinigten Staaten erfolgreich praktizierter Wege!

Folgende Kennzahlen geben u. a. Auskunft über Produkt- und Serviceeigenschaften:

⇨ *Anteil pünktlicher Lieferungen,*
⇨ *Anteil vollständiger Lieferungen,*
⇨ *Retourenquote,*
⇨ *Reparaturquote,*
⇨ *Serviceangebot,*
⇨ *Service-Verfügbarkeit und*
⇨ *Verständlichkeit von Gebrauchsanweisungen.*

6.3.2 Image und Reputation

Im Trend liegende Sportartikel und aktuelle Jugendmode machen es vor: Ein positives Image beim Kunden ist für ein Unternehmen von großem Wert. Auch wenn sich ein mittelständisches Unternehmen nicht mit Reebok (Sportschuhe) oder Tommy Hillfiger (Bekleidung) vergleichen kann, gibt es doch von deren Marketingstrategien viel zu lernen: Ein positives Image, die gute Reputation bei der Zielgruppe ist Gold wert.

Hierzu ist in den meisten Fällen kein Fernsehspot oder keine aufwendige Werbekampagne notwendig, auch kein Sponsoring teurer Veranstaltungen. Aber Klappern gehört seit alters her zum Handwerk – die Handwerker haben es wohl zuerst vergessen! Effektive Presse- und Öffentlichkeitsarbeit ist nicht teuer, viel mehr erfordert sie stetigen Einsatz gerade der Geschäftsführung. Umsatzmäßig direkt messbar sind Erfolge kaum, langfristig wirkt sich aber ein positives Image immer aus.

Image und Reputation können vielfältig gemessen werden – zumindest indirekt:

⇨ *Wachstum des Werbeetats*
⇨ *Anzahl der Namensnennungen in Presse und Rundfunk/Fernsehen*
⇨ *Anzahl Artikel in der Fachpresse*
⇨ *Anzahl Besucher bei Firmenveranstaltungen*
⇨ *Anzahl gesponsorter Veranstaltungen*

6.3.3 Kundenbeziehungen

Welche Erwartungen hat der Kunde von uns und unseren Produkten? Dies zu identifizieren, ggf. durch Marketingmaßnahmen zu steuern, auf die Kundenerwartungen einzugehen und/oder den vielleicht auch unausgesprochenen Kundenwünschen gerecht zu werden, gehört zur Pflege des Kundenpotentials.

Die Qualität der Kauferfahrung spielt hierbei eine wichtige Rolle. Der Kunde erwartet vom Anbieter einen gewissen Rahmen, der dem Image, dem Preis-Leistungsverhältnis und der Warenqualität entspricht. Es sei denn, man setzt sich bewusst darüber hinweg. Dann läuft man aber Gefahr, seine

Position am Markt zu verspielen und muss eine neue Marktstellung aufbauen.

Der Aufbau bzw. Ausbau des Beziehungsgeflechtes mit den Kunden ist eine Größe, die gravierenden Einfluss auf den Erfolg eines Unternehmens hat. Maßgrößen für Kundenbeziehungen, Erreichbarkeit und Reaktionsgeschwindigkeit sind:

- *Freundlichkeit der Mitarbeiter*
- *Anteil Verweilflächen/Gänge an der Gesamtverkaufsfläche*
- *Wartezeit an Kassen*
- *Wartezeit bei der Auftragsannahme*

6.4 Praktische Beispiele – Kennzahlen der Kundenperspektive

In unseren Beispielunternehmen wurden u. a. folgende Kennzahlen für die Kundenperspektive erarbeitet:

6.4.1 Kreditinstitut

Mission
- ❑ Ihre schnelle Bank

Vision
- ❑ Wir werden die profitabelste Regionalbank.

Strategien
- ❑ Kreditentscheidungen für Baukredite treffen wir innerhalb von 24 Stunden.
- ❑ In vier Jahren wollen wir mit unseren Kunden mindestens 50 % aller Transaktionen über das Electronic Banking abwickeln.

Kundenperspektive
- ❑ Neukunden für elektronisches Bankgeschäft (Neukundenakquisition)

  Erläuterung: Gravierende Auswirkungen auf die wirtschaftlichen Ergebnisse der Bank wird die Gewinnung von Kunden haben, die das Electronic Banking-Angebot nutzen.

Es gibt viele schöne Electronic Banking-Programme, aber zu wenige Kunden nutzen sie! Möglichst alle Kunden sollten Electronic Banking nutzen, damit zufrieden sein und zugleich die Kosten der Regionalbank senken. Hierzu gehören einerseits eine kundenorientierte Softwarelösung, aber auch Mitarbeiter, die diese Lösung im Kontakt mit den Kunden erläutern, „verkaufen" – also auch ein internes Schulungsproblem!

Noch wichtiger ist die Verfolgung dieses Ansatzes bei Neukunden. Für diese muss die Softwarenutzung einfach sein, sie müssen damit an den PC in den Filialen vertraut gemacht werden.

Maßstab: die Anzahl der in einer Periode gewonnenen Neukunden, die sich innerhalb Monatsfrist des Electronic Banking für ihre Geldgeschäfte bedienen.

- Kundengewinnung durch Empfehlungen

  Erläuterung: Als nicht gerade kapitalstarkes Unternehmen kann sich die regional operierende Bank keine intensiven Kundenwerbemaßnahmen leisten. Daher sind zufriedene Kunden, die andere Kunden werben, das beste Marketinginstrument – und außerdem eine gute Kennzahl für die Qualität und Kompetenz der Kundenorientierung aller Mitarbeiter.

  Maßstab: die Anzahl der Kunden, die sich bei der Kontoanmeldung auf Empfehlungen beziehen.

- Dauer des Kreditgespräches

  Erläuterung: Kreditgespräche finden zumeist nach vorheriger Terminabsprache statt. Wenn dem Interessenten vorab bereits mitgeteilt wird, welche Unterlagen für eine zügige Beratung notwendig sind, kann das Kreditgespräch relativ schnell erfolgreich abgeschlossen werden.

Maßstab: der benötigte durchschnittliche Zeitaufwand pro Kreditgespräch pro Filiale.

- Kreditabschlüsse beim Kunden

  Erläuterung: Kredite müssen abgesichert sein, sonst sind alle Anstrengungen der Bank um profitablere Geschäftsprozesse hinfällig.

  Im „Häusle-Geschäft“ ist die Besicherung relativ einfach, zumal, wenn man sich auf die Heimatregion beschränkt. Werden nun noch die Kreditnehmer zu Hause besucht, um ihnen den Aufwand zu minimieren, so hat das für das Institut neben dem positiven Aspekt für den Kunden noch einen weiteren Vorteil: Der Kreditsachbearbeiter kann leicht das häusliche Umfeld einschätzen, die Auskünfte der Schufa sind dann wahrscheinlich nur noch Nebensache.

  Maßstab: der Anteil der Baukreditvereinbarungen, bei denen ein Hausbesuch durchgeführt wurde.

6.4.2 Automotive-Zulieferer

Mission
- Good vibrations mit XYZ

Vision
- Weltmarktführer für Schwingungstechnik

Strategien
- Umsatzverdoppelung in 4 Jahren
- 50 % Umsatzanteil von neuen Produkten

Kundenperspektive
- Wachstum des Marktanteils an Dieselmotoren-Schwingungstechnik

  Erläuterung: Auch wenn man sich auf neue Produkte, mittelfristig auf den Bau von Komponenten und langfristig auf neue Motorenkonzepte orientieren wird, die derzeitigen Cash-cows sind die klassischen Produkte zur Vermeidung von Motorenschwingungen. Das bisherige Umsatzwachstum kann nur beibehalten werden, wenn es einerseits gelingt, geographisch neue Märkte zu erschließen, Weltmarktführer zu werden. Zusätzlich müssen neue Kundengruppen akquiriert werden, die bisher mit anderer Technik vom Wettbewerb beliefert wurden.

Maßstab: der weltweite Marktanteil an Dieselmotoren-Schwingungstechnik.

- Gemeinsame Kontakte von Vertrieb und Entwicklung zu Kunden, um Beziehungspartnerschaften aufzubauen

  Erläuterung: Um den Umsatzanteil mit neuen Produkten zu steigern, müssen die Kontakte zwischen der eigenen Entwicklungsabteilung und den Entwicklern der Kunden intensiviert werden. Sonst besteht die Gefahr, dass am Markt vorbei entwikkelt wird oder die Kunden eigene Entwicklungen nicht mitbekommen, daher auch nicht nutzen können.

  Damit diese Kontakte auch vertriebsmäßig genutzt und damit auch das technische Know-how des Vertriebs permanent verbessert wird, sind trotz höherer Kosten auch gemeinsame Reisen von Entwicklung und Vertrieb zu empfehlen.

  Maßstab: die Anzahl von Besuchskontakten zu Kunden-Entwicklern beim Kunden wie im Unternehmen, die gemeinsam von Mitarbeitern des Vertriebs und der Entwicklung wahrgenommen werden.

6.4.3 Handwerk/Dienstleister

Mission

- Ihr Backshop – schnell und knusprig

Vision

- Wir haben zufriedene Kunden und starkes Unternehmenswachstum durch schnelles Zusatzgeschäft.

Strategie

- Neue Techniken in Produktion und Vertrieb befähigen uns, jährlich unseren Umsatz zu verdoppeln – insgesamt und insbesondere mit unseren Stammkunden.

Kundenperspektive

- Umsatzanteil der „Kundenkreditkarten“

  <u>Erläuterung:</u> Der Umsatz kann in den wenigen Hauptumsatzstunden am frühen Morgen nur dann auch kostengünstig getätigt werden, wenn Datenerfassung und Zahlvorgang äußerst schnell erfolgen. Hierzu wird eine Kundenkreditkarte eingeführt, die von den Stammkunden für alle Geschäfte genutzt wird. Wird die Karte zusätzlich vorab „aufgeladen“, so erhält der Kunde einen Rabatt auf alle getätigten Käufe.

  Die Kundenkreditkarte führt zur Kundenbindung, erlaubt schnell getätigte Umsätze, erlaubt Spontankäufe und erhöht – in der Rabattversion – die Liquidität bei gleichzeitiger Kostensenkung.

  <u>Maßstab:</u> pro Filiale der Anteil der mit Kundenkreditkarten getätigten Umsätze am Gesamtumsatz.

- Umsatzwachstum pro Zahlvorgang

  <u>Erläuterung:</u> Die Kunden sollen ihren morgendlichen Einkauf schnell und umfassend in den Backshop-Filialen erledigen können. Dazu ist neben dem Komplettangebot für den Frühstückseinkauf (Backwaren, Tageszeitungen, Molkereiprodukte) auch ein Sortiment hochwertiger Artikel für Spontankäufe anzubieten.

Diese Spontanartikel werden in wöchentlichem Rhythmus angeboten.

Maßstab: der durchschnittliche Umsatz pro Zahlvorgang, bezogen auf die Vorperiode (Woche).

6.4.4 Küchenmaschinenhersteller

Mission

- Scharf auf alles, was zu schneiden ist

Vision

- Wir wollen in Europa der Spezialist für regional spezifische Schneidetechnik im Großküchenbereich sein.

Strategien

- Wir wollen die Kommunikation mit Interessenten und Kunden erheblich intensivieren.
- Unser Innovationspotential wird durch Zusammenarbeit mit externen Entwicklern ausgebaut.

Kundenperspektive

- Feedback auf die Produktunterlagen

  Erläuterung: Ein wichtiges Ziel ist es, das Gespräch mit den Kunden zu intensivieren, um aus deren Erfahrungen mit den Küchenmaschinen Anregungen für Weiterentwicklungen zu erhalten. Da viele Kunden direkt vom Fachhandel bedient werden, muss der eigene Kontakt zum Kunden aufgebaut werden. Hierzu werden allen Maschinen Registrierungskarten beigelegt. Der Kunde, der sich registrieren lässt, erhält periodisch Informationen über Neu- und Weiterentwicklungen und nimmt automatisch an einem Kundenwettbewerb teil – Hauptgewinn ist die Einladung zu einem Besuch der jährlichen Nahrungsmittel-Fachmesse Anuga.

  Maßstab: der Anteil der Registrierungen, bezogen auf alle Auslieferungen von Küchenmaschinen.

- Reaktionszeit auf Kundenreklamationen

Erläuterung: Kundenreklamationen – so ärgerlich sie für den Kunden sind – werden auch als Chance gesehen, direkt und unmittelbar mit dem Kunden in Kontakt zu kommen. Prinzipiell werden fernmündliche Reklamationen sofort zur Geschäftsführung, bei Abwesenheit derselben zur Entwicklung durchgestellt, um dem Kunden, aber auch im eigenen Unternehmen zu signalisieren: Wir nehmen unsere Kunden wichtig.

Der Kundendienst wird unverzüglich zur Fehlerbehebung zum Kunden geschickt bzw. Kontakt zum Händlerkundendienst aufgenommen. Die eigenen Reparaturarbeiten werden – wie die der Fachhändler-Kundendienste – technisch und statistisch ausgewertet.

Maßstab: die monatlich aufsummierte Zeitdauer zwischen Reklamationseingang und Reparaturabschluss, geteilt durch die Anzahl der erledigten Reparaturen.

6.4.5 Kfz-Anhängerhersteller

Mission
- XYZ bewegt Ihre Last.

Vision
- Wir bewegen jede Last.

Strategien
- Unser Vertriebsnetz wird erheblich ausgeweitet, damit wir deutschlandweit bekannt werden als Hersteller von Spezialanhängern für Lkw.
- Umsatzausweitung durch neue Anwendungsgebiete

Kundenperspektive
- Lieferzeit (als Wertangebot)

Erläuterung: Spezialanhänger werden immer auf Kundenwunsch hin gefertigt. Um zufriedene Kunden zu erhalten, ist eine exakte fachliche Abstimmung über den Kundenbedarf und daraus folgenden Eigenschaften der Anhänger notwendig. Erfolgt dies nicht, sind häufig Nacharbeiten mit hohem Aufwand notwendig.

Eine kurze Lieferzeit signalisiert nicht nur effektive Produktion, sondern auch gemeinsam erarbeitete technisch einwandfreie Vorgaben und Konstruktionen.

<u>Maßstab:</u> die durchschnittliche Zeit zwischen Auftragseingang und Abnahme durch den Kunden.

- ❑ Wachstum der Interessentenanfragen für die neue Produktgruppe Pferdeanhänger

  <u>Erläuterung:</u> Die Produkteigenschaften der neuen Produktreihe müssen einer vollkommen neuen Kundengruppe bekannt gemacht werden. Hierzu werden Anzeigen in Pferdesportzeitschriften geschaltet, regionale Sportveranstaltungen und Pferdemessen besucht.

  <u>Maßstab:</u> Wachstum der Anfragen, bezogen auf den Vormonat.

6.4.6 Spezialitätenbrauerei

Mission

- ❑ Ihr nationales Gsüffiges

Vision

- ❑ Wir werden bis 2002 die Nr. 1 in Deutschland.

Strategien

- ❑ Wir wollen der beste / größte Partner für den Getränkefachgroßhandel in unserem regionalen Raum sein und mindestens einen Fachgroßhandel in allen deutschen Ballungsgebieten neu gewinnen.
- ❑ Die Abverkaufsmenge je Outlet muss verdoppelt werden.

Kundenperspektive

- Anteil des Unternehmens am regionalen Absatz

  Erläuterung: Durch Kundenbefragungen wird ermittelt, welchen Spezialbiermarktanteil das Unternehmen beim Getränkefachgroßhandel hat. Diese monatlichen Umfragen werden persönlich von den Vertretern durchgeführt und erlauben auch Hinweise darüber, ob das Ziel „bester Partner“ erreicht worden ist. Die Gesprächsergebnisse werden in einem monatlichen Vertriebsgespräch miteinander ausgetauscht.

  Maßstab: keine exakten Zahlen, sondern eher Einschätzungen aufgrund von persönlichen Besuchen durch den Vertrieb. Hierzu wird für die überschaubare Zahl der Fachgroßhändler je ein Bewertungsbogen ausgefüllt, auf dem mit einer Skala von 1 bis 6 die Aspekte Qualität des Point of Sale, Marktanteil, Kundenservice und Lieferqualität gemessen werden.

- Anzahl Teilnehmer an Preisausschreiben

  Erläuterung: Alle drei Monate wird für die Endverbraucher ein Spezialbier-Preisausschreiben durchgeführt, wobei nicht nur der Endverbraucher, sondern auch dessen Händler bzw. Kneipier und zugleich der Fachgroßhandel des Endverbrauchers gewinnen.

  Hierdurch wird eine Bindung aller drei vertrieblichen Zielgruppen an das Unternehmen erreicht.

  Maßstab: die Teilnehmerzahl am Preisausschreiben.

32 Vgl. Kaplan, Robert S., Norton, David P.: Balanced Scorecard, Stuttgart 1997, S. 143 f.

7 Kennzahlen für die Geschäftsprozessperspektive

Auf einen Blick:

Die Kennzahlen der Geschäftsprozessperspektive sollen versuchen, die wesentlichen strategischen Punkte folgender vier Hauptkomponenten zu charakterisieren:

1. Identifikation und Umsetzung von Kundenwünschen (Innovationsprozess)
2. Betriebliche Leistungserstellung (vom Einkauf über die Fertigung bis zum Absatz)
3. Kundendienstaktivitäten, die über die reine Gewährleistungszeit hinausgehen
4. Kommunikation nach innen und außen

Wir haben gelernt, im Zusammenhang mit der Balanced Scorecard keine allgemein gültigen Sätze zu prägen. Dafür sind die Spezifika der verschiedenen Unternehmen oder Institutionen zu wichtig. Aber in unserer praktischen Arbeit sind wir noch keinem Fall begegnet, in dem die Perspektive der Geschäftsprozesse nicht eine herausragende Stellung hat und daher als eine unbedingt in die Balanced Scorecard einzubeziehende Perspektive betrachtet wird. Es fällt auch schwer, sich praktische Bedingungen vorzustellen, unter denen es gerechtfertigt wäre, die Verbesserung der Geschäftsprozesse aus der strategischen Unternehmensplanung auszuklammern.

7.1 Geschäftsprozesse als komplexes Ganzes

Wenn wir uns im Zusammenhang mit der Balanced Scorecard den Geschäftsprozessen zuwenden, geht es nicht allein um die herkömmliche Verbesserung derartiger Prozesse (z. B. mittels Benchmarking oder anderer in der wirtschaftlichen Literatur überaus vielfältig beschriebener Methoden). Dabei werden all zu oft nur einzelne Fragen oder Teilprozesse analysiert.

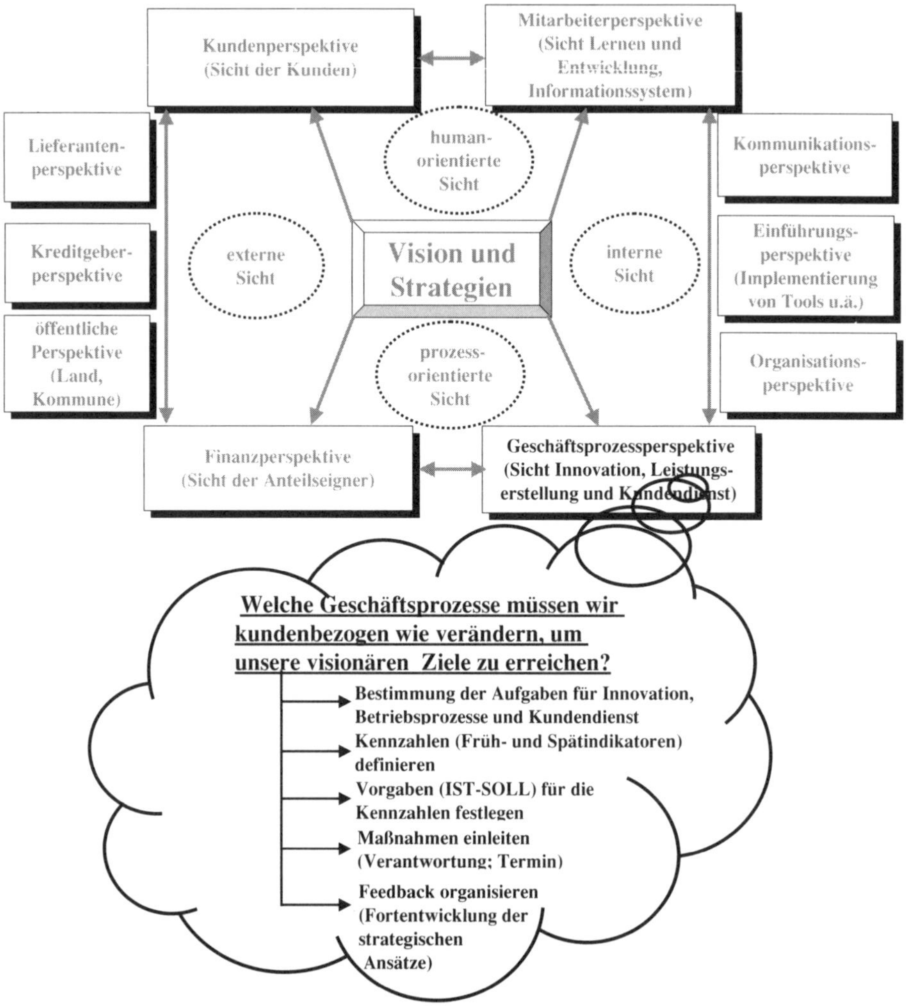

Abb. 17: Geschäftsprozessperspektive

Wenn wir die Geschäftsprozesse unter strategischen Gesichtspunkten analysieren, geht es vielmehr um den Gesamtprozess. Dieser Gesamtprozess besteht im Wesentlichen aus vier Hauptkomponenten:

1. der Identifikation und Umsetzung von Kundenwünschen (Innovationsprozess),
2. der betrieblichen Leistungserstellung (vom Einkauf über die Fertigung bis zum Absatz),
3. dem Kundendienst und
4. der internen und externen Kommunikation (hier im engeren Sinne als Geschäftsprozess verstanden).

Es beginnt mit der Identifikation der Kundenwünsche. Dieser Prozess sollte immer Ausgangspunkt sein und die Richtschnur bilden für den gesamten Prozess der betrieblichen Leistungserstellung. Leisten wir am Markt, an den Kundenwünschen vorbei, bleiben all unsere Kraftanstrengungen vertane Liebesmühen.

Und der Geschäftsprozess ist nicht mit dem Absatz der Produkte beendet. Über den Markterfolg entscheidet heute in starkem Maße auch der nachfolgende Kundendienst. Kundendienst im eigentlichen Sinne ist Nachsorge. Und Nachsorge schafft jene Kontakte, die uns die Identifikation weiterer oder eine bessere Identifikation bekannter Kundenwünsche ermöglichen.

Wir haben es demzufolge – bei effektiver Gestaltung – mit einem spiralförmig aufsteigenden Kreislauf zu tun. Voraussetzung ist – wie schon oft in diesem Buch betont – eine funktionierende Kommunikation zwischen allen Beteiligten (s. Abb. 18).

7.2 Innovation, Leistungserstellung, Kundendienst und Kommunikation – Teil einer Perspektive oder eigenständige Perspektive?

In der praktischen Arbeit werden wir oft mit der Frage konfrontiert, ob bei dieser Vielfalt die Geschäftsprozessperspektive nicht zu groß, zu umfangreich angelegt ist. Da ist etwas dran. In gewisser Weise reflektieren die Geschäftsprozesse die gesamte Scorecard auf ihre Weise. Alle Prozesse, die wir im Betrieb gestalten, sind in irgendeiner Weise auch zu organisierende Geschäftsprozesse. Es gilt daher abzugrenzen. Und das ist nun wieder eine unternehmensspezifische Frage bei jeder einzelnen Balanced Scorecard.

Abgrenzen sollten wir in zweifacher Hinsicht:

1. Gegenüber den anderen Perspektiven der Scorecard.

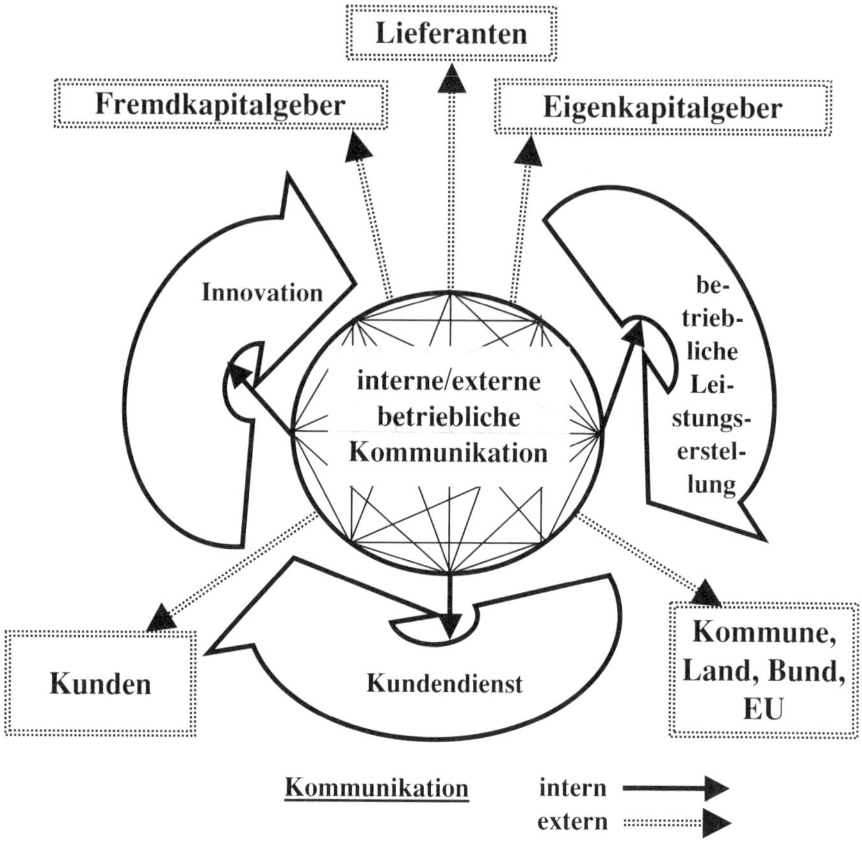

Abb. 18: Strategische Geschäftsprozesse

Wir haben die Komplexität des wirtschaftlichen Lebens gedanklich strukturiert, um sie besser messen, verstehen und steuern zu können. In der Realität lässt sich die Komplexität nicht auflösen. Daher sind die von uns künstlich gezogenen Abgrenzungen immer willkürlich und in den Grenzbereichen fließend. Überschneidungen lassen sich nicht vermeiden. Wir müssen Zuordnungen treffen und diese Zuordnungen abstimmen, damit alle Beteiligten unter denselben Begriffen dasselbe verstehen. Wir können es auch lassen. Nur, dann sind Missverständnisse, Fehlinformationen und in der Konsequenz Fehlentscheidungen die unausweichliche Folge!

2. Zwischen den Hauptkomponenten innerhalb der Geschäftsprozessperspektive.

Auch hier sind die Übergänge in den Grenzbereichen fließend. Darüber hinaus gilt es zu bedenken, welches Gewicht den einzelnen Komponenten in dem strategischen Gesamtkonzept zukommt. Es gibt Unternehmen, die bei dieser Überlegung zu dem Schluss kommen, die eine oder andere dieser Hauptkomponenten selber in den Rang einer eigenständigen Perspektive zu erheben, da sie aus der Sicht ihrer Strategien so wesentlich sind. So hat z. B. ein deutsches Elektronikunternehmen bei der Erarbeitung seiner Balanced Scorecard als fünfte eine Innovationsperspektive festgelegt[33].

Es gilt also, selber nachzudenken, eigene Lösungen zu finden. Lösungen, die der konkreten Umsetzung der eigenen Strategie am ehesten gerecht werden. Die so oft gewünschten allgemeinen Richtlinien können wir leider nicht geben – oder sie wären so allgemein, wären in einer Weise für alle gültig, dass niemand konkret etwas damit anfangen kann. Wie so häufig bei allgemeinen Erörterungen.

7.3 Früh- und Spätindikatoren der Geschäftsprozesse

Über den Charakter von Kennzahlen als Früh- oder Spätindikatoren haben wir schon gehört. Auch über die Relativität dieser Charakteristik.

Die *Anzahl neu identifizierter Kundenwünsche* in der Abbildung auf Seite 140 ist sicher ein ausgesprochener Frühindikator der Geschäftsprozessperspektive. In diesem Rahmen erhalten die nachfolgenden Kennzahlen immer stärker den Charakter von Spätindikatoren. Das gilt aber nur, solange man den Prozess nicht weiterführt. Betrachtet man jedoch den Gesamtprozess als aufsteigende Spiralbewegung, dann wird die Kennzahl *Anteil nachbetreuter Kunden* – als letzte in der Kette eigentlich ein ausgesprochener Spätindikator – zum Frühindikator für die Möglichkeit, neue Kundenwünsche zu identifizieren. Die *Anzahl neu identifizierter Kundenwünsche* erhält dadurch eher den Charakter eines Spätindikators.

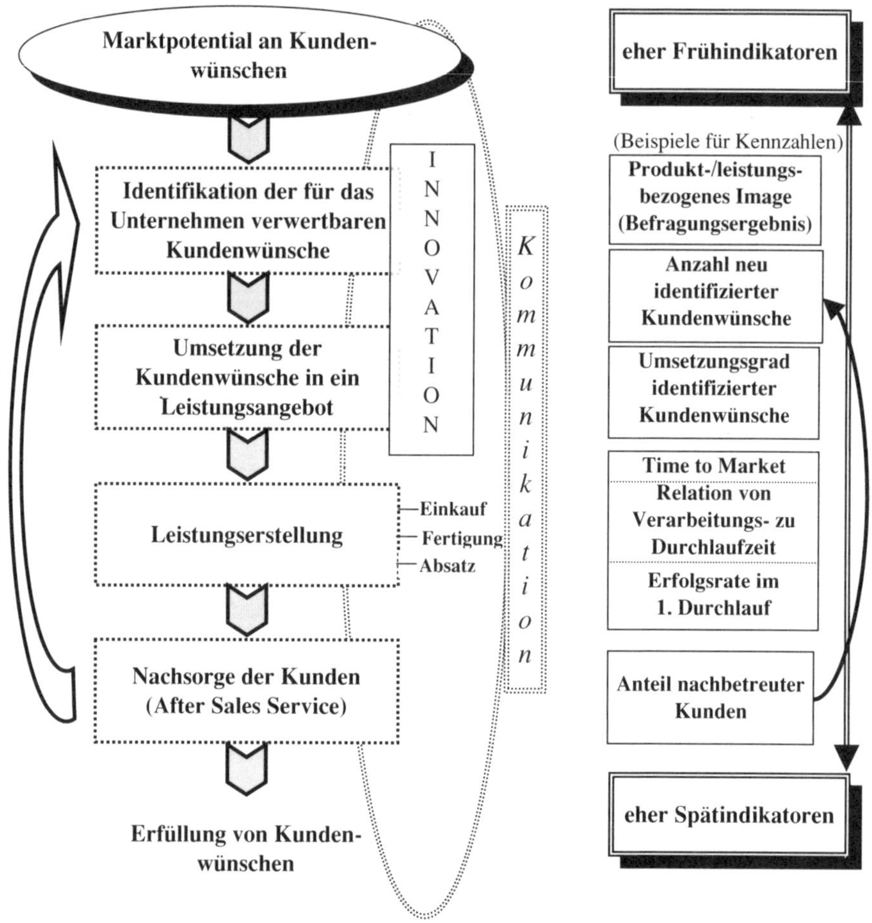

Abb. 19: Indikatoren der Geschäftsprozessperspektive

Die Kennzahlen der Geschäftsprozessperspektive sollten aber auch aus der Sicht der anderen Perspektiven betrachtet werden. Für die Finanzperspektive haben die Kennzahlen der Geschäftsprozessperspektive insgesamt eher den Charakter von Frühindikatoren, für die Mitarbeiterperspektive eher den Charakter von Spätindikatoren. Aber auch hier ist es wie in der Geschäftsprozessperspektive selbst. Es kommt immer darauf an, von welchem Punkt aus wir die ablaufenden Prozesse betrachten.

7.3.1 Indikatoren der Innovation

In vielen Unternehmen stößt man auf Denkschemata, die den Innovationsaspekt auf die Entwicklung neuer Produkte und/oder Technologien reduzieren. Damit verbunden ist eine gedankliche „Auslagerung" innovativer Prozesse in die Forschungs- und Entwicklungsabteilungen. Und oft genug trifft man vor allem in kleineren Unternehmen auf die Auffassung: „Innovation ist für uns nicht relevant!" Weil es keine eigene Forschung und Entwicklung gibt, oder weil bestenfalls nur wenig Anwendungsforschung oder Produktpflege betrieben wird.

Wir sollten uns an dieser Stelle äußerst kritisch prüfen. Diese Denkschemata sind weiter verbreitet, als man sich einzugestehen gewillt ist. Und sie sind ein erstrangiges Hemmnis für die Entwicklung jedes Unternehmens. Denn Innovation ist ein Prozess, der vom Geschäftsführer bis zum Pförtner alle Mitarbeiter in allen Unternehmen – gleich welcher Art – berührt.

Innovation im wirtschaftlichen Sinne hat zwei Grundelemente:

1. die Identifikation der für das Unternehmen verwertbaren Kundenwünsche aus dem Marktpotential an Kundenwünschen und
2. die Schaffung geeigneter Leistungs- und/oder Produktangebote für die Kunden.

7.3.1.1 Die Identifikation von Kundenwünschen

Die Lösung der ersten Aufgabe, die Identifikation der für das Unternehmen verwertbaren Kundenwünsche ist für ein Unternehmen existentiell. Je besser ein Unternehmen die Wünsche seiner Kunden kennt, umso besser kann es die Kunden an sich binden. Um so eher wird es in die Lage versetzt, ein preiswertes – nicht billiges, sondern „den Preis wertes“ – Angebot zu unterbreiten, das die Grundlage für ein beiderseits vorteilhaftes Geschäft bilden kann.

Und das verwertbare Potential an Kundenwünschen ist breit. Breiter und vielfältiger, als man auf den ersten Blick annehmen möchte. Dazu gehören beispielsweise auch die Erfüllung von Kundenwünschen,

⇨ wie der Kunde im Unternehmen empfangen wird (Stichwort: Pförtner, Empfang);

⇨ zu welcher Tages- (und Nacht-)zeit der Kunde seine Wünsche äußern kann (Stichwort: Nutzung des Internet für Electronic Commerce);

oder die Suche nach Kundenwünschen,

⇨ inwiefern nicht nur der Vertrieb, sondern auch die Mitarbeiter anderer Bereiche im Unternehmen, also z. B. aus Buchhaltung, Konstruktion und Arbeitsvorbereitung ihre Kundenkontakte dazu nutzen, verwertbare Wünsche der Kunden zu identifizieren. Das mögen bestehende Kundenkontakte sein; es könnten aber auch Mitarbeiter dieser Arbeitsgebiete gezielt zur Anbahnung von neuen Kontakten ausgebildet und motiviert werden;

⇨ wie die alltäglichen betrieblichen und auch privaten Gespräche dazu genutzt werden, mögliche Interessenten bzw. deren verwertbare Wünsche zu erkennen.

Hier kann eine Kennzahl *Anzahl neu identifizierter Kundenwünsche* die Ideen der verschiedenen Bereiche und Abteilungen durchaus beflügeln. Natürlich nur, wenn sie als „lebendige“ Kennzahl behandelt wird, d. h. verbunden wird mit IST und SOLL, mit Verantwortlichkeit und Motivation.

7.3.1.2 Die Identifikation von Möglichkeiten zur Erfüllung von Kundenwünschen

Die Lösung der zweiten Aufgabe, die Schaffung geeigneter Leistungs- und/ oder Produktangebote knüpft schon eher an jene Vorstellungen an, die landläufig mit dem Begriff „Innovation“ verbunden werden. Nur, auch hier ist die Palette breiter und vielfältiger, als man auf den ersten Blick annehmen mag. Analog zu den oben genannten Punkten könnten beispielsweise Lösungen gefragt sein,

⇨ wie der Eingangsbereich und das Gesamtbild des Unternehmens kundenfreundlich gestaltet werden kann. Dazu kann auch gehören, eine Art „Kundenleitsystem" zu entwickeln – wie häufig sind Unternehmen baulich wie organisatorisch derart verwinkelt, dass man sich im wahrsten Sinne des Wortes leicht verlaufen kann;

⇨ wie die Internet-Seiten des Unternehmens so gestaltet werden können, dass ein Kunde nach Eingabe seiner Kundennummer unmittelbar mit bestimmten Bereichen des Warenwirtschaftssystems verbunden wird, um Auskünfte erhalten oder Bestellungen eingeben zu können; oder einfach nur, wie die Homepage so strukturiert wird, dass sich die Wahrscheinlichkeit erhöht, auch „elektronische Laufkundschaft" zu erschließen;

⇨ wie die EDV-Systeme so angeglichen werden, dass eine elektronische Fakturierung (EDIFACT) oder ein elektronischer Datenaustausch für z. B. Konstruktion und Arbeitsvorbereitung möglich sind;

⇨ wie die Mitarbeiter allmählich, aber systematisch dazu befähigt werden, alltägliche Gespräche zur Identifikation von Interessenten- oder Kundenwünschen zu nutzen. Und wie diese Ideen im Unternehmen so kommuniziert werden, dass die geeigneten Fachleute daraus verwertbare Angebote für die Kunden entwickeln können.

In Anknüpfung an die und als Ergänzung zur Kennzahl *Anzahl neu identifizierter Kundenwünsche* könnte für diese zweite Aufgabe im Bereich der Innovation eine Kennzahl *Umsetzungsgrad identifizierter Kundenwünsche* kreiert werden.

Weitere mögliche Kennzahlen:

- *Projekterfolgsrate*

Da die Umsetzung von Kundenwünschen oftmals in Form von Projekten erfolgt, hat das bereits genannte Elektronikunternehmen (das mit der Innovation als fünfter Perspektive)[34] diese Kennzahl als Maßgröße gewählt.

- *Ideenverwertungsrate*

Diese Größe wird von einer Institution zur Förderung der angewandten Forschung eingesetzt, die Ergebnisse der Grundlagenforschung aufgreift und gemeinsam mit kommerziellen Interessenten verwertbare Anwendungen erarbeitet.

- *Anteil Zeit für gemeinsames Engineering*
Ein Motorenbauunternehmen hat sich der Aufgabe gestellt, zielgerichtet für bestimmte Partner spezielle Dieselmotoren zu entwickeln. Das gemeinsame Engineering erlangt dadurch strategische Bedeutung. Interessanterweise hat das Unternehmen diese Kennzahl mit einer weiteren kombiniert, dem *Umsatz je gemeinsamen Engineeringtag.*

- *Marktreife* oder auch *Time to Market*
Das ist eine häufig genutzte Kennzahl. Sie misst die Zeit, die vom Aufgreifen einer Idee bis zur Marktreife erforderlich ist.

7.3.2 Indikatoren der betrieblichen Leistungserstellung

In einer Zeit der offenen globalen Märkte erlangt die Orientierung aller Aktivitäten auf die Befriedigung der identifizierten verwertbaren Kundenwünsche wettbewerbsentscheidende Bedeutung. Es gilt daher, die Prozesse der betrieblichen Leistungserstellung – vom Einkauf über die Fertigung bis zum Absatz – unter diesem Aspekt zu strukturieren:

⇨ Fokussierung der Qualität auf die Kundenwünsche (Wertanalyse)

⇨ Gestaltung der Kosten und Termine entsprechend den Kundenwünschen (Target Costing)

Das sollte der gedankliche Leitfaden für die Bestimmung geeigneter Kennziffern in diesem Zusammenhang sein.

Dabei existiert eine enorme Vielfalt an Kennzahlen. Sie sind so vielfältig wie die Geschäftsprozesse selbst.

Wir wollen uns zwei Kennzahlen zuwenden, die in der praktischen Diskussion zur Balanced Scorecard immer wieder eine besondere Rolle spielen: die *Relation von Bearbeitungs- zu Durchlaufzeit* und die *Erfolgsrate im ersten Durchlauf.*

Beide Kennzahlen sind als strategisch geeignete Messgrößen für die Prozesszeit bzw. die Prozessqualität anzusehen.

7.3.2.1 Bearbeitungszeit versus Durchlaufzeit

Die Be- oder auch Verarbeitungszeit charakterisiert den Zeitraum, der für die Erstellung eines Produktes oder einer Leistung effektiv benötigt wird. Demgegenüber umfasst die Durchlaufzeit jenen Zeitraum, in dem das Produkt oder die Leistung im Unternehmen verweilt, beginnend mit der Bestellung und schließend mit der Auslieferung an den Kunden.

Abb. 20: Durchlauf- und Bearbeitungszeit

Die Fragezeichen in den beiden unteren Kreisen sollen verdeutlichen, dass es neben der reinen Bearbeitungszeit eine Vielzahl weiterer den Liefertermin verzögernder Teilzeiten geben kann.

Normalerweise ist die Bearbeitungszeit nur ein Bruchteil der Durchlaufzeit. Dabei wird sich deren Relation nur im Idealfall der Zahl 1 annähern. Das ist auch nicht in jedem Fall anstrebenswert. Wesentlich interessanter ist die Entwicklung dieser Zahl! Eine Verschlechterung der Relation deutet frühzeitig auf Probleme im betrieblichen Arbeitsablauf hin. Probleme, die in der Konsequenz Mehrkosten, Terminverzögerungen, Vertrauensverlust der Kunden und Umsatz- bzw. Cash-flow-Rückgang bedeuten können.

Die *Relation von Bearbeitungs- zu Durchlaufzeit* ist ein wirksamer Frühindikator. Sie ist einfach zu verstehen und relativ leicht zu messen – wenn man sich einmal auf die Definition der Begriffe, auf die Zuordnung und Abgrenzung der Bereiche verständigt hat.

Die Relation von Bearbeitungs- zu Durchlaufzeit ist im Übrigen nicht nur für Fertigungsbetriebe von Bedeutung. Diese Kennzahl eignet sich ebenso für Dienstleistungsunternehmen wie Non-Profit-Organisationen.

Sie eignet sich darüber hinaus insbesondere für Behörden. Allein die Berechnung der IST-Daten und ihr ämterübergreifender Vergleich (Benchmarking) wird erhebliche Rationalisierungspotentiale sichtbar werden lassen. Eine Vorgabe anspruchsvoller Steigerungsraten, verbunden mit wirksamen Maßnahmen, mit Verantwortlichkeit und Motivation kann so ein spürbarer Beitrag zur Senkung der Staatsausgaben sein.

7.3.2.2 Mit dem ersten Durchlauf erfolgreich sein

Über die Rolle der Produkt- oder Leistungsqualität im Wirtschaftsleben braucht heute nicht mehr philosophiert werden. Aber einige damit verbundene Problemkreise werden in der Unternehmenspraxis nach wie vor nicht oder nicht genügend beachtet.

Zum einen geht es um den Grad der Qualität der Produkte und Leistungen. Er soll dem Wunsch, der Erwartung des Kunden entsprechen. Nicht weniger, **aber auch nicht mehr**! Wieviel Aufwand, wieviel Kraft wird vergeudet in Qualitätsmerkmale, die der Kunde weder benötigt noch bezahlt. Darauf wurde bereits im Zusammenhang mit der Kundenperspektive eingegangen.

Zum anderen – und das interessiert an dieser Stelle – geht es um die Qualität der Fertigungs- oder Bearbeitungsprozesse. Da hat sich in den letzten Jahren Erhebliches getan. Die zahlreich realisierten Total-Quality-Programme und die Auditierung nach ISO 9000 haben nicht nur das Qualitätsbewusstsein geschärft. Das war in Deutschland schon traditionell recht gut entwickelt. Die TQ-Programme haben auch die Arbeitsabläufe überschaubarer und damit besser steuerbar gestaltet.

Trotz alledem gibt es immer noch zu viele qualitätsbedingte Ausfälle, zu viele Nacharbeiten, zu viele Verluste durch zu spät bemerkte Qualitätsprobleme.

Man realisiert es jedoch häufig erst dann, wenn bereits signifikante Mehrkosten oder negative Auswirkungen beim Kunden entstanden sind. Und dann ist die Wettbewerbsposition des Unternehmens manchmal schon ernsthaft beschädigt...

In dieser Beziehung kann die Kennzahl *Erfolgsrate im ersten Durchlauf* als ein kraftvoller Frühindikator wirksam werden. Mit ihr wird der Anteil jener Produkte (Teile) oder Leistungen (Teilleistungen) gemessen, der bezogen auf jede einzelne Stufe der Fertigung bzw. Leistungserstellung bereits im ersten Durchlauf der geforderten Kundenspezifikation gerecht wird. Wieviel Aufwand an Zeit und Geld kann vermieden werden, wenn diese Erfolgsrate erhöht wird? Und es sollte auch nicht allzu schwer sein, diese Kennzahl praktisch anzuwenden. Sie entspricht im Grundsatz dem Gedanken der TQ-Programme. Denn sie ist auf die Qualität des Gesamtprozesses orientiert.

Auch hier handelt es sich um eine Kennzahl, die in jedem Unternehmen – ob Fertiger oder Dienstleister, in jeder Institution, in jeder Behörde angewandt werden kann. Sicherlich müssen die Begriffe dem jeweiligen Unternehmen entsprechend angepasst werden. Und es gilt im Einzelfall zu prüfen, ob es sich lohnt. Aber bedenkenswert ist diese Kennzahl auf jeden Fall.

7.3.3 Indikatoren für den Bereich des Kundendienstes

Die Befriedigung der Kundenerwartungen und -wünsche ist in den meisten Fällen nicht mit der Auslieferung der Produkte bzw. der Leistungserstellung beendet. Der Prozess ist abzurunden durch kundenorientierte Garantien und Wartungsangebote. Der Kundendienst sollte jedoch nicht auf die Garantiezeit beschränkt werden, sondern in jedem Fall eine **Nachbetreuung** der Kunden einschließen, unabhängig davon, ob Garantie- und Wartungsleistungen erforderlich sind.

Der *Anteil nachbetreuter Kunden*, die *Reaktionszeit bei Anfragen und Beschwerden,* aber auch die *Dauer des Rechnungs- und Inkassozeitraums* könnten in diesem Bereich geeignete Kennzahlen sein.

7.3.3.1 Nachbetreuung statt Nachbesserung

In einem Unternehmen der chemischen Industrie steht in allen Produktionsräumen in großer Schrift zu lesen:

„Besser der Kunde kommt wieder als die Ware".

Dieser Wahlspruch macht auf eingängige Weise verständlich, worauf es ankommt. Den Kunden ernst nehmen und ihn achten, damit er wiederkommt und damit die Kundenbindung wächst. Denn ein Wiederkäufer erspart die Akquisition eines Neukunden. Und ein zufriedener Wiederkäufer wird im Laufe der Zeit zu einem kostenfreien, zum besten Werbefaktor.

Nachsorge muss nicht teuer sein. Sie erfordert zunächst Problembewusstsein und persönliches Engagement.

⇨ Wie oft werden Kunden nach ihren Erfahrungen mit den Produkten bzw. Leistungen gefragt?

⇨ Enthalten die Produktverpackungen Fragebögen, auf denen der Kunde Hinweise und Kritiken vermerken kann? Einen Teil wird man zurückerhalten, sofern glaubhaft vermittelt wird, dass man diese Hinweise auch nutzt.

⇨ Werden die Kunden ein oder zwei Wochen nach Leistungserstellung angerufen? Und das nicht nur, um die Bezahlung der Rechnung anzumahnen? Wird gefragt, ob die Kunden mit der Leistung zufrieden sind, was man vielleicht in Zukunft noch besser machen könnte? Vielleicht ist das der Anfang eines neuen Auftrags!

⇨ Wie oft werden Beschwerden und Reklamationen als kostenlose Verbesserungsvorschläge und als Ansatzpunkt zur Akquisition genutzt?

⇨ Ein Kunde, der sich beschwert, ist kein verlorener Kunde. Er ist noch aktiv am Unternehmen interessiert. Und er weist auf Schwächen hin, die die Marktposition beschädigen könnten. Alles in allem ein wertvoller Kunde!

Wenn der Kunde mit seinen Reklamationen und Beschwerden ernst genommen wird, wenn praktisch demonstriert wird, dass man bereit und fähig ist, eventuelle Schwächen zu bekämpfen, dann kann aus einem reklamierenden Kunden ein „Wiederkäufer" werden.

7.3.3.2 Den Kunden positiv überraschen

Hier schließt sich der Kreis. Oder besser, die Spirale kehrt auf höherem Niveau an ihren Ausgangspunkt zurück. Denn Nachbetreuung wird zu einem wirksamen Potential für die Identifikation verwertbarer Kundenwünsche.

Ein Unternehmen für technische Dienstleistungen führt regelmäßig Gespräche mit seinen Kunden, auch nach Beendigung der Aufträge. Diese Kontaktpflege, diese Nachsorge hat zu einer Reihe von Nachfolgeaufträgen geführt. Das ist an sich schon ein positives Ergebnis. Weil es von Vertrauen zeugt.

Aber die regelmäßige Nachsorge bewirkt noch mehr. Auf diesem Wege wächst das gegenseitige Verständnis. Der Dienstleister konnte so einigen seiner Kunden überraschende Problemlösungen vorschlagen. Überraschend, weil die Probleme in ihrer Tragweite vorher vom Kunden noch gar nicht erfasst wurden. Und überraschend in der Art und Weise des Lösungsvorschlages.

Dass auf diesem Wege die Kundenbindung steigt, braucht nicht lange betont zu werden. Denn auch hier gilt die Devise:

„Hilf deinem Kunden, erfolgreich zu sein, dann wird er dir treu bleiben."

Und kaum etwas bindet einen Kunden mehr, als die Fähigkeit eines Unternehmens, über Erwartungen hinauszugehen, unausgesprochene Bedürfnisse zu befriedigen. Dabei geht es nicht nur um technisch-sachliche Lösungen.

Eine kundenorientierte Preisfindung kann ebenfalls sehr effektiv zur positiven Überraschung beitragen. Kundenorientierte Preise zielen darauf ab, spezifischen Nutzen und spezifische Preisbereitschaft der Kunden effektiv miteinander zu verknüpfen.

Die BahnCard der Deutschen Bahn AG ist dafür ein sehr erfolgreiches und bekanntes Beispiel. Der Effekt resultiert aus der Verknüpfung von zwei verschiedenen Preiskomponenten. Anstatt einer (eindimensional durchkalkulierten) Fahrkarte erwirbt der Kunde mit dem Kauf der BahnCard einen 50 %igen Nachlass auf den Standard-Kilometerpreis. Daraus ergibt sich eine Mindestkilometerzahl als Äquivalent für den Preis der BahnCard. Jeder weitere Kilometer wird für den Kunden zum Geschäft, die Bahnfahrt für ihn oftmals günstiger als eine Autoreise.

Die Deutsche Bahn AG sichert sich auf diesem Weg eine höhere Grundlast und zugleich eine höhere Wettbewerbsfähigkeit gegenüber anderen Transportmitteln. „Inzwischen gibt es mehr als 3 Mio. BahnCard-Inhaber. Der jährliche, durch die BahnCard generierte Zusatzgewinn erreicht einen dreistelligen Millionenbetrag“[35].

Kundenorientierte Preise können nicht nur Großunternehmen realisieren. So haben z. B. kleinere Multi-Freizeitanlagen mit eigenen Club Cards gute Erfahrungen gemacht. Das Prinzip funktioniert wie bei der BahnCard. Mit der Club Card erwirbt der Kunde einen generellen Preisnachlass. Durch die Kombination dieser Komponenten wird er angeregt, die Anlage regelmäßig zu nutzen. Zusätzlich erhält er Sonderrechte, die seinen Status als Clubmitglied unterstreichen. Das Freizeitunternehmen profitiert durch die höhere Grundauslastung seiner Anlage und die wachsende Kundenbindung.

Eine kundenorientierte Preisfindung kann auch erreicht werden durch

⇨ Mengenrabatte (eine sehr häufig genutzte Methode)

⇨ Mehrpersonenrabatte (eine vorwiegend in der Weiterbildungs- und Freizeitbranche, aber auch von der Deutschen Bahn angewandte Methode. Sie beruht darauf, dass die zweite, dritte oder weitere Person weniger als die erste für eine identische Leistung zahlt)

⇨ Rabatte für Produkt- oder Leistungspakete (das Paket kostet weniger, als die Summe der einzelnen Komponenten)

⇨ Mehrmarkenstrategie (Einführung einer billigeren Zweitmarke, Nutzung von Sonderaktionen, Platzierung einer Marke im Niedrig-Preis-Sektor)[36].

Die Beispiele zeigen, dass hier der Phantasie keine Grenzen gesetzt sind. Intelligente Ideen sind gefragt.

Vielleicht kann man im eigenen Unternehmen jährlich einen Preis für die innovativste Kundenüberraschung ausloben? Und über eine Kennzahl die erreichten Erfolge messen?

7.3.4 Indikatoren für den Bereich der Kommunikation

In der betrieblichen Kommunikation liegt das innere Potential der Balanced Scorecard. Das wurde oft genug betont. Hier geht es nun um die Kommunikation als den zentralen Teil der betrieblichen Geschäftsprozesse.

Dabei gilt es zunächst einmal, die Kommunikation als wesentlichen Geschäftsprozess zu begreifen und zu managen. In vielen, wenn nicht den meisten Unternehmen existieren auf diesem Gebiet erhebliche Defizite. Kommunikation wird nebenbei erledigt, ist keine zentrale und funktionsübergreifende Aufgabe. Damit vergibt das Management nach innen Führungspotential und nach außen Marktchancen.

7.3.4.1 Interne Kommunikation oder „Wissen, wohin die Reise geht“

Aufgabe der internen Kommunikation ist es, allen Mitarbeitern die Mission, die Vision und die strategischen Ziele zu vermitteln. Um zu einer besseren Verständigung zu kommen, sollten diese Ziele mit Hilfe geeigneter Kennzahlen konkretisiert werden.

Wenn es aber erforderlich wird, die Entwicklung des Kommunikationsprozesses selbst als eine strategische Maßnahme zu führen, benötigt man auch dafür entsprechende Kennzahlen.

Viele Unternehmen nutzen zum Aufbau und als Grundlage für ihre interne Kommunikation eine Firmenzeitschrift. Damit ist ein potentielles Forum gegeben, bestimmte strategische Fragen weiter zu diskutieren. Sofern man zu dem Schluss kommt, dieses Forum gezielt zu entwickeln, könnte man in die Balanced Scorecard zwei eventuell miteinander verbundene Kennzahlen aufnehmen:

⇨ *Interne Verbreitung der Firmenzeitschrift*

⇨ *Anzahl Mitwirkende an der Firmenzeitschrift*

Ein weiteres wesentliches Problem und zugleich ein Ansatzpunkt für die interne Kommunikation ist die Gestaltung der Unternehmenskultur, des sozialen Klimas, in dem kommuniziert wird. Ist die Unternehmensorganisation misstrauens- oder eher vertrauensbasiert? Orientiert man sich vornehmlich an hierarchiebetonten oder kundenbetonten Strukturen? Welche Art von sozialer Kompetenz ist gefragt, entspricht dem vorherrschenden Klima?

Das sind keine einfach zu beantwortenden Fragen. Wenn man aber die interne Kommunikation vorantreiben will, muss man sich diesen Fragen stellen.

Dabei kann man den Prozess mit einer einfachen Kennzahl begleiten, die mehr aussagt als viele Worte:

Anzahl der in das Berichtswesen einbezogenen Kennzahlen (eventuell differenziert nach Organisationseinheiten). Die Anzahl der in das Berichtswesen einbezogenen Kennzahlen ist ein Indikator für den kommunikativen Zustand des Unternehmens. Ist sie groß, deutet sie auf einen eher misstrauensbasierten Charakter – und umgekehrt. Natürlich gibt es eine Mindestzahl. Wir sollten und können ein Unternehmen nicht gänzlich ohne Kennzahlen führen. Aber müssen es 50, 100 oder mehr sein? Oder reichen auch 12 bis 15 zentrale strategische Kennzahlen, in deren Rahmen jede selbständige Organisationseinheit ihre spezifischen Kennzahlen entwickelt?

Parallel dazu ist die Eigenverantwortung der Mitarbeiter ein wichtiges Kriterium für die Entwicklung der Unternehmenskultur. Hier wäre nach einer Kennzahl zur Erfassung des Entscheidungsspielraums der Mitarbeiter zu suchen.

In stärker gegliederten Organisationen ist daher folgende Kennzahl interessant: *Anzahl der Hierarchieebenen je 100 Mitarbeiter*.

Wenn man die Absicht hat, Hierarchien abzubauen, kann eine derartige Kennzahl behilflich sein.

Ist der kommunikative Aspekt von herausragender Bedeutung für die Erreichung der strategischen Ziele, so könnte die Kennzahl *Anzahl der Tage, die ein Mitarbeiter in anderen Bereichen arbeitet* genutzt oder die Kommunikation auch durch eine eigene Perspektive hervorgehoben werden.

7.3.4.2 Externe Kommunikation oder „Was wissen die Kunden von unseren Möglichkeiten?“

Die externe Kommunikation umfasst gewöhnlich drei Bereiche:

- Öffentlichkeitsarbeit

Hierbei geht es vorwiegend um die gezielte Arbeit mit Medien. Gerade kleinere Unternehmen, die keine umfangreichen Marketingetats haben, verfügen auf diesem Gebiet über erhebliche Möglichkeiten. Denn regelmäßige Pressekonferenzen, periodische Presseerklärungen, Fachartikel, Erfahrungsberichte oder andere Aktivitäten unter Einbeziehung der Medien erfordern weniger Geld als intelligente Ideen. Selbst die beiläufige Medienpräsenz hat bei gewisser Regelmäßigkeit mehr positive Auswirkungen auf die Bekanntheit und das Image eines Unternehmens als mitunter sehr aufwendige Werbekampagnen.

Zwei Kennzahlen können hier behilflich sein:

⇨ die *externe Verbreitung der Firmenzeitschrift* und

⇨ die *Anzahl der Erwähnungen des Unternehmens in relevanten Fach-, regionalen oder überregionalen Medien.*

- Werbung

Hierzu zählen Mailingaktionen, Kampagnen vielfältigster Art, Promotions u.ä.m. Werbung ist zumeist teuer[37] weil sie erst ab einem bestimmten Schwellenwert wirksam wird. Kleinere Unternehmen sollten daher eher ihre Möglichkeiten der Öffentlichkeitsarbeit ausschöpfen, ehe sie sich auf größere Werbeaktionen einlassen.

- Veranstaltungen

Darunter sind die Organisation von Veranstaltungen, Seminaren, Kongressen und Ähnliches zu verstehen, die das Image des Unternehmens und seine Verbindung zu entsprechenden Partnern stärken.

7.4 Praktische Beispiele – Kennzahlen der Geschäftsprozessperspektive

In unseren Beispielunternehmen wurden u. a. folgende Kennzahlen für die Geschäftsprozessperspektive erarbeitet:

7.4.1 Kreditinstitut

Mission	❑ Ihre schnelle Bank
Vision	❑ Wir werden die profitabelste Regionalbank.
Strategien	❑ Kreditentscheidungen für Baukredite treffen wir innerhalb von 24 Stunden.

- In vier Jahren wollen wir mit unseren Kunden mindestens 50 % aller Transaktionen über das Electronic Banking abwickeln.

Geschäftsprozessperspektive

- Zeitbedarf für Kreditgewährung

  Erläuterung: Das Ziel, Kreditentscheidungen innerhalb von 24 Stunden zu treffen, erfordert eine hocheffektive Organisation der Arbeitsabläufe. Die Zeit wird zu einem strategischen Faktor.

  Maßstab: die Zeit von der Antragstellung durch den Kunden bis zur Kreditzusage durch die Bankfiliale.

- Anteil abgelehnter Anträge

  Erläuterung: Diese Kennzahl soll die obige ergänzen. Es geht ja nicht nur darum, schnell zu sein. Eine Bank muss bei aller Schnelligkeit zu allererst solide bleiben. Mit der ersten Kennzahl werden die Mitarbeiter angeregt, zügig zu arbeiten. Die zweite Kennzahl orientiert sie darauf, möglichst nur aussichtsreiche Kreditanträge zu bearbeiten und alle bearbeiteten Anträge auch durch den Kreditausschuss zu bekommen.

  Maßstab: der Prozentsatz jener Kreditanträge, die vom Kreditausschuss nicht bewilligt wurden in Relation zu allen bearbeiteten Kreditanträgen.

- Durchschnittliche Kundenwartezeit

  Erläuterung: Die Kundenorientierung einer Bank zeigt sich auch darin, dass der Kunde auf ein Gespräch mit seinem Kreditsachbearbeiter nicht lange warten muss. Es gilt also, die Termine so zu legen, dass genügend Zeit für eine erfolgreiche Beratung inklusive Vor- und Nachbereitung bleibt, ohne den nachfolgenden Termin zu gefährden.

Maßstab: die Wartezeit; obligatorisch ist in jedem Gesprächsprotokoll die Wartezeit des Kunden zu vermerken.

7.4.2 Automotive-Zulieferer

Mission

- Good vibrations mit XYZ

Vision

- Weltmarktführer für Schwingungstechnik

Strategien

- Umsatzverdoppelung in 4 Jahren
- 50 % Umsatzanteil von neuen Produkten

Geschäftsprozessperspektive

- Zeitbedarf bis zur Produktionsreife

  Erläuterung: Wer einen 50 %igen Umsatzanteil neuer Produkte anstrebt, muss dem Zeitbedarf für die Umsetzung neuer Entwicklungen strategische Aufmerksamkeit widmen.

  Maßstab: der Zeitraum (in Tagen), der erforderlich ist vom Beginn eines Entwicklungsprojekts bis zur Einbindung der Projektergebnisse in den praktischen Fertigungsablauf.

- Anzahl Patente

  Erläuterung: Weltmarktführerschaft durch Know-how-Führerschaft, das ist das erklärte Ziel des Unternehmens. Deshalb kommt der Anzahl eigener Patente eine hohe Bedeutung zu.

  Maßstab: die Anzahl der eingereichten Patente je Quartal.

- Automatisierungsgrad

  Erläuterung: Eine Umsatzverdopplung in vier Jahren ist nur bei systematischer Erhöhung des Automatisierungsgrades realisierbar. Es ist der Königsweg sowohl für die notwendige Steigerung der Produktivität als auch der Prozesssicherheit und der Qualität.

Maßstab: der prozentuale Anteil des Buchwertes der automatisierten Technik am Buchwert der Maschinen und technischen Anlagen insgesamt.

7.4.3 Handwerk/Dienstleister

Mission

- Ihr Backshop – schnell und knusprig

Vision

- Wir haben zufriedene Kunden und starkes Unternehmenswachstum durch schnelles Zusatzgeschäft.

Strategie

- Neue Techniken in Produktion und Vertrieb befähigen uns, jährlich unseren Umsatz zu verdoppeln – insgesamt und insbesondere mit unseren Stammkunden.

Geschäftsprozessperspektive

- Zeitbedarf bis zur Filialeröffnung

Erläuterung: Die jährliche Verdopplung des Umsatzes muss auch durch die Erweiterung des Filialnetzes erreicht werden. Eine zügige Planung und Realisierung der einzelnen Standorte wird dabei vom Unternehmen als wichtige Steuerungsgröße eingeschätzt.

Maßstab: der Zeitraum (in Tagen), der erforderlich ist vom Beginn eines Erweiterungsprojekts bis zur Eröffnung der Filiale. Dieser Zeitraum umfasst die gesamte Kette von der Standortsuche über die Standortauswahl, die Architekten- und Planungsleistungen, die erforderlichen Genehmigungen, die baulichen Arbeiten, die Anwerbung und Anleitung des Personals bis zum Tag der Eröffnung.

Zusätzlich interessant wäre auch der Zeitbedarf von der Eröffnung bis zur Erzielung eines positiven Deckungsbeitrages der neuen Filiale.

- Umsatzanteil von „Spontanartikeln"

  Erläuterung: Auch in einem Backshop sind neue Ideen gefragt, wenn Kunden positiv überrascht und langfristig gebunden werden sollen. Das betrifft sowohl die Art und Weise der Zusatzgeschäfte als auch die Produktions- und Vertriebstechnologie. Die gewählte Kennzahl wird diesen Prozess nachhaltig unterstützen.

  Maßstab: der prozentuale Anteil des Umsatzes der wöchentlich neuen, zum Spontaneinkauf reizenden Produkte am Gesamtumsatz.

- Anzahl der Beschwerden und durchschnittliche Reaktionszeit

  Erläuterung: Das Unternehmen will zur Steigerung von Kundenzufriedenheit und Kundenbindung zielstrebig ein effektives Beschwerdemanagement aufbauen. Die Kennzahl ist darauf orientiert, Kunden zu Hinweisen anzuregen und gleichzeitig schnelle Reaktionen sicherzustellen.

  Maßstab: Jeder schriftliche Hinweis, jede Reklamation oder Beschwerde wird mit einem Begleitblatt versehen, auf dem neben den sachlichen Anmerkungen obligatorisch das Eingangsdatum und der Tag des Bearbeitungsabschlusses zu vermerken sind.

  Die einzelnen Blätter werden EDV-technisch erfasst und nach Anzahl und durchschnittlichem Zeitaufwand quartalsweise ausgewertet.

7.4.4 Küchenmaschinenhersteller

Mission

- Scharf auf alles, was zu schneiden ist

Vision

- Wir wollen in Europa der Spezialist für regional spezifische Schneidetechnik im Großküchenbereich sein.

Strategien

- Wir wollen die Kommunikation mit Interessenten und Kunden erheblich intensivieren.
- Unser Innovationspotential wird durch Zusammenarbeit mit externen Entwicklern ausgebaut.

Geschäftsprozessperspektive

- Wachstum der Anzahl der aus Kundenkontakten ermittelten Innovationswünsche und -ideen

  Erläuterung: Mit dieser Kennzahl werden alle Mitarbeiter motiviert, Kundenkontakte zur Identifikation von innovativen Ideen zu nutzen.

  Maßstab: das durchschnittliche prozentuale Wachstum der von den Mitarbeitern eingereichten Ideenblätter je Quartal und Bereich.

- Bearbeitungszeit/Durchlaufzeit

  Erläuterung: Wenn man sich in Europa als Spezialist für regional spezifische Schneidetechnik im Großküchenbereich durchsetzen will, muss der betriebliche Gesamtdurchlauf äußerst effektiv gestaltet werden. Darin eingeschlossen ist die schnelle konstruktive Umsetzung der individuellen Sonderanfertigungen.

  Maßstab: Jeder Auftrag hat eine Auftragsbegleitmappe. Darin werden erfasst alle Gesprächsprotokolle, die Angebots-, Kalkulations- und Auftragsdokumente, die Konstruktionsunterlagen, alle Rechnungen und Auslieferungsdokumente und die Zeiten, die in der Fertigung an diesem Auftrag gearbeitet wurden (Bearbeitungszeit).

Diese Zeiten ergeben sich aus der EDV-technischen Auswertung aller Wochenzettel, in denen jeder gewerbliche Mitarbeiter auftragsbezogen seine Arbeitszeit abrechnet. Die Durchlaufzeit wird ermittelt als der Zeitraum vom Beginn der Angebotserarbeitung bis zur Bezahlung der Abschlussrechnung.

❑ Interner/externer Aufwand für Konstruktion, bezogen auf den jeweiligen Umsatz

Erläuterung: Da die konstruktive Kapazität zielgerichtet durch Kooperation mit externen Partnern ausgebaut werden soll, wurde diese Kennzahl kreiert. Sinnvollerweise erfolgt der Bezug zum jeweils erzielten Umsatz. Es kommt ja nicht nur darauf an, externe Kapazitäten einzubeziehen. Daraus soll Umsatzwachstum generiert werden! Durch die separate Erfassung sowohl der extern als auch der intern ausgeführten Konstruktionsarbeiten wird ein Vergleich möglich zwischen der Umsatzwirksamkeit beider Konstruktionspotentiale.

Maßstab: der buchhalterisch auftragsbezogen erfasste Aufwand für interne und externe Konstruktion und der auftragsbezogene Umsatz.

7.4.5 Kfz-Anhängerhersteller

Mission

❑ YXZ bewegt Ihre Last.

Vision

❑ Wir bewegen jede Last.

Strategien

❑ Unser Vertriebsnetz wird erheblich ausgeweitet, damit wir deutschlandweit bekannt werden als Hersteller von Spezial-Lkw-Anhängern.

❑ Umsatzausweitung durch neue Anwendungsgebiete

Geschäftsprozess-perspektive

- Umsatzanteil neuer Produkte

  Erläuterung: Auch der Kfz-Anhängerhersteller hat diese Kennzahl gewählt, weil der Markt durch die Erschließung neuer Anwendungsgebiete ausgeweitet werden soll.

  Maßstab: der prozentuale Anteil des Umsatzes der neuen Produktsparte am Gesamtumsatz.

- Anteil der Aufträge mit konstruktiven Veränderungen nach der Auftragserteilung

  Erläuterung: Es geht darum, schon bei der Auftragsdurchsprache mit dem Kunden die Kundenwünsche ausreichend zu erfragen und dem Kunden die Möglichkeiten des Unternehmens zu verdeutlichen, die Lkw-Anhänger seinen individuellen Wünschen entsprechend zu fertigen.

  Konstruktive Veränderungen nach der Auftragserteilung haben nicht nur negative Auswirkungen auf den Einkauf und den Fertigungsablauf. Außerdem werden bei signifikanten Änderungen Nachverhandlungen zu Terminen und Preisen erforderlich, die das Image des Unternehmens beim Kunden negativ beeinflussen können.

  Maßstab: der prozentuale Umsatzanteil der Aufträge mit konstruktiven Änderungen nach Auftragserteilung am Umsatz der Aufträge insgesamt.

- Wachstum der Provisionssummen für neue Kunden (regional differenziert)

  Erläuterung: Die nach Regionen differenzierten Provisionssummen für neue Kunden signalisieren den Grad des erreichten Fortschritts bei der Umsetzung des strategischen Ziels, die Spezial-Lkw-Anhänger des Unternehmens deutschlandweit zu vertreiben.

Maßstab: die prozentualen Wachstumsraten der ausgezahlten Provisionssummen. Die Provisionssummen werden auftragsbezogen erfasst und mit Hilfe der Kundennummer regional zugeordnet.

- Wachstum der Provisionen für „Wiederkäufer-Umsätze"

  Erläuterung: Das Unternehmen will die Kundenbindung erhöhen. Daher geht es nicht nur darum, neue Kunden zu gewinnen. Genauso wichtig wird die Aufgabe eingestuft, bestehende Kunden zum Wiederkauf anzuregen. Je besser das gelingt, umso stabiler wird die Marktposition.

  Maßstab: die prozentualen Wachstumsraten der monatlich ausgezahlten Provisionssummen für Altkunden. Die Zuordnung erfolgt mit Hilfe der Kundennummer.

7.4.6 Spezialitätenbrauerei

Mission

- Ihr nationales Gsüffiges

Vision

- Wir werden bis 2002 die Nr. 1 in Deutschland.

Strategien

- Wir wollen der beste/größte Partner für den Getränkefachgroßhandel in unserem regionalen Raum sein und mindestens einen Fachgroßhandel in allen deutschen Ballungsgebieten neu gewinnen.
- Die Abverkaufsmenge je Outlet muss verdoppelt werden.

Geschäftsprozess-perspektive

- Anzahl der Produkt- und Verpackungsvarianten

  Erläuterung: Mit dieser Kennzahl will das Unternehmen seinen Innovationsprozess steuern. Die Erhöhung der Abverkaufsmengen ist langfristig auch über die Vielfalt und die Neuentwicklung von Produkt- und Verpackungsvarianten zu sichern.

Die Bierqualität deutscher Brauereien ist durchgängig hoch und weitgehend vergleichbar. Es kommt deshalb darauf an, immer wieder neue Ideen zu entwickeln, wie das Bier auf dem Markt dargeboten wird.

Produktvarianten ergeben sich beispielsweise durch neuartige Mischungen oder Anwendungsmöglichkeiten; neue Verpackungsvarianten sind z. B. veränderte Flaschen- oder Gebindeformen, Faßgrößen u.ä.m.

Maßstab: monatlich die Zahl der Varianten, der prozentuale Umsatzanteil aller Varianten und der prozentuale Umsatzanteil neuer Varianten am Gesamtumsatz.

- Lieferfähigkeit

  Erläuterung: Die kurzfristige Lieferfähigkeit ist eine Grundvoraussetzung für die Umsetzung der strategischen Zielstellung, der beste/größte Partner für den Getränkefachgroßhandel im regionalen Raum zu sein und mindestens einen Fachgroßhandel in allen deutschen Ballungsgebieten neu zu gewinnen. Das gilt insbesondere für saisonale Schwerpunkte.

  Maßstab: die Abweichung der Reichweite des Lagerbestands in Tagen vom Zielkorridor.

33 Vgl. Frankfurter Allgemeine Zeitung vom 23. August 1998.

34 Vgl. Frankfurter Allgemeine Zeitung vom 23. August 1998.

35 Harvard Management Update, Februar 1999, S. 8.

36 Vgl. Ebenda, S. 8.

37 Weniger aufwendige, aber dennoch werbewirksame Dinge wie Visitenkarten, kleinere Werbegeschenke, Firmenschilder etc. zählen in diesem Kontext eher zur Repräsentation als zur Werbung.

8 Kennzahlen für die Mitarbeiterperspektive

Auf einen Blick:

⇨ Die Mitarbeiterperspektive ist wegen ihrer langfristigen Wirkungen von besonderer Bedeutung für alle Unternehmen.

⇨ Mit den Kennzahlen der Mitarbeiterperspektive wird der Blick auf die Fähigkeiten und das Potential der Mitarbeiter, aber auch auf die Nutzung der Informationstechnologien geschärft.

⇨ Diese Perspektive umfasst als Spätindikatoren die Bereiche Zufriedenheit, Treue und Produktivität der Mitarbeiter.

⇨ Als überwiegend zukunftsorientiert können folgende Kennzahlen genutzt werden: Fort- und Weiterbildung, Motivation der Mitarbeiter und technologische Infrastruktur.

⇨ Befähigungen, also eher „weiche“ Faktoren lassen sich messen und somit beeinflussen.

Die Urteile über die Mitarbeiter – oder auch Lern- und Entwicklungsperspektive sind vielerorts gespalten. Manche Manager halten dies für Humbug, denn „Leistung erhält man durch – permanent erzeugten – Druck auf und – stetige – Kontrolle über die Mitarbeiter“. Lernen und Entwicklung der Mitarbeiter ist gefordert, aber wird als Privatsache der Mitarbeiter angesehen. Elektronische Datenverarbeitung muss sein, aber Entscheidungen werden aus dem Bauch heraus getroffen.

In unserer sich äußerst schnell entwickelnden Welt sind solche Ansichten unverständlich und antiquiert – aber dennoch leider weit verbreitet! Wegen der Komplexität bereits einfachster Prozesse sind immer mehr Spezialisten gefordert, an Projekten, Entwicklungen und im täglichen Job mitzuarbeiten. Die notwendige Arbeit sollte immer häufiger, kann eigentlich nur im Team erfolgreich abgewickelt werden. Dies erfordert soziale Kompetenz, Kommunikationsfähigkeit und -bereitschaft sowie permanentes Lernen.

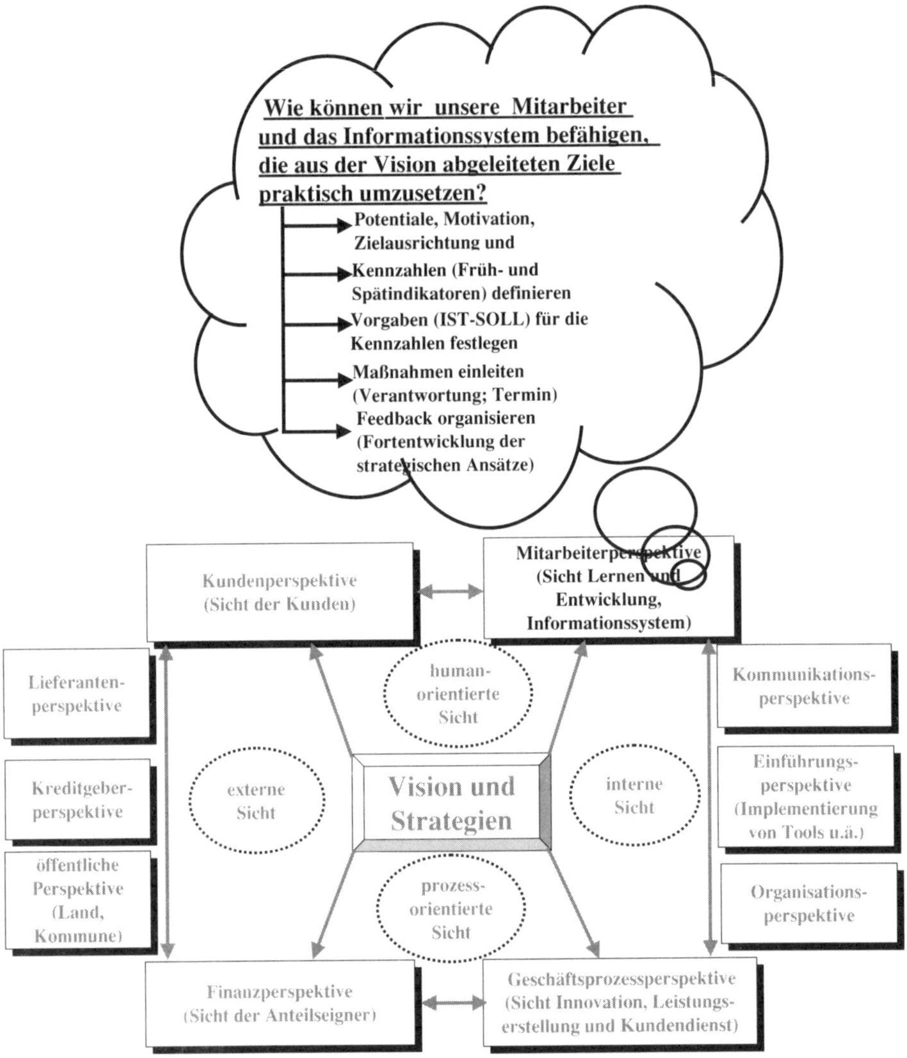

Abb. 21: Mitarbeiterperspektive

Die Mitarbeiterperspektive (s. Abb. 21) ist wegen der langfristigen Wirkung dieses Faktors auf die Entwicklung eines Unternehmens unseres Erachtens besonders wichtig. Sie ist zugleich aber auch die Perspektive, mit der am wenigsten Erfahrungen in Unternehmen bestehen. Investitionen in die Mitarbeiter bringen keinen kurzfristigen Ertrag, aber langfristig Erfolg! Wegen ihrer vielfältigen Wirkungen auf alle anderen Perspektiven haben wir es hier eher mit Frühindikatoren zu tun.

Die Kennzahlen für Mitarbeiterzufriedenheit, -treue und -produktivität sind jedoch tendenziell Spätindikatoren. Sie zeigen, ob die Entwicklung im Unternehmen stimmt, noch richtig ist. Als Frühindikatoren sind eher Kennzahlen zur Mitarbeiterfortbildung, -motivation und zur technologischen Infrastruktur geeignet.

Die Mitarbeiterperspektive lässt sich in die in Abb. 22 (s. Seite 166) dargestellten Kategorien unterteilen, die im Folgenden detaillierter beleuchtet werden sollen.

Vorab müssen wir jedoch noch ein Wort über die Messfähigkeit von Befähigung der Mitarbeiter, und darum geht es permanent bei dieser Perspektive, verlieren.

Kann man Befähigung messen?

Häufig wird argumentiert, dass man Motivation, innere und soziale Einstellungen der Mitarbeiter nicht messen könne. „Wie können wir z. B. die Teamfähigkeit mit der Kennzahl *Kommunikationsfähigkeit* der Mitarbeiter messen?“ – wenn die Teamfähigkeit in einem Unternehmen als ein gravierendes Manko angesehen wird.

Der Einwand, so berechtigt er im klassischen Sinne ist, zeigt das in alten Strukturen verhaftete Denken: Man muss gemeinsam analysieren, warum die interne Kommunikationsfähigkeit unzureichend ist. Allein dieser Prozess der gemeinsamen Analyse zeigt allen Beteiligten die Wichtigkeit der Problematik auf (der man in vielen Unternehmen eine eigene Perspektive gönnen sollte!).

Der zweite Schritt liegt in der gemeinsamen Diskussion, wie man das ändern kann. Und auch hier zeigt sich der Vorteil der gemeinsamen Arbeit am Thema. Es wird bewusst, wie man Schwächen abbauen könnte. Und dann ist es nur ein kleiner Schritt zur Messfähigkeit. Auch wenn man die Minuten Kommunikation, die Gesprächsanzahl in der Kaffeeküche und auf dem Flur, die Anzahl gemeinsamer Unternehmungen nicht praktikabel messen kann, so gibt es doch Möglichkeiten, tendenzielle Veränderungen oder Maßgrößen

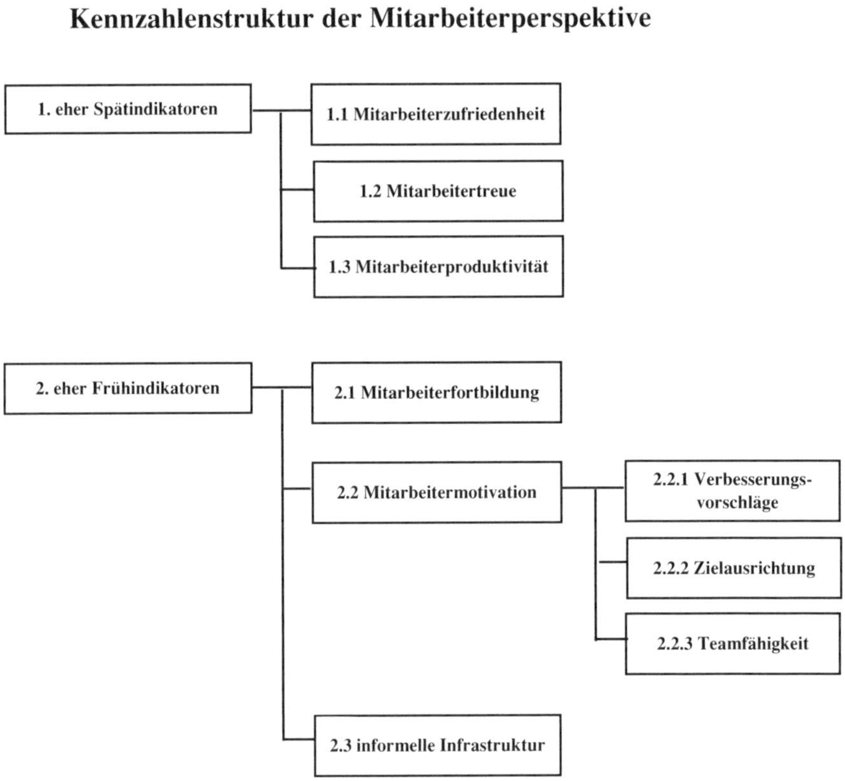

Abb. 22: Kennzahlen der Mitarbeiterperspektive

für Veränderungen zu messen: Die *Anzahl der offen stehenden Türen* in einer Etage kann so – zu einer willkürlichen Zeit von der Sekretärin aufgenommen – zu einer, vielleicht nicht optimalen, Hilfsgröße werden – hoffentlich nicht für das gesamte Unternehmen, sondern nur für eine Abteilung! Und für ein Unternehmen können die *Anzahl der emails*, die *Häufigkeit* (nicht die Länge!) *von internen Besprechungen* etc. Kennzahlen für interne Kommunikation und Teamfähigkeit sein.

8.1 Spätindikatoren der Mitarbeiterperspektive

Was für Potentiale stecken in unseren Mitarbeitern? Die Kunst des Managens liegt im Heben dieser meist verborgenen Schätze! Dies gelingt, wenn im Unternehmen ein Klima des gegenseitigen Vertrauens und der Achtung geschaffen wird, wenn jeder sein Know-how in das Unternehmen, in seine tägliche Arbeit einbringen kann.

War es noch vor wenigen Jahrzehnten im Rahmen der Massenproduktion wichtig, Mitarbeiter einzustellen, die eine genau spezifizierte Tätigkeit möglichst schnell und gut absolvieren können, so erledigt heute der Computer im Zusammenspiel mit ausgeklügelten Maschinen einen Großteil dieser Arbeiten.

Heute geht es vielmehr darum, möglichst flexible, gut ausgebildete Mitarbeiter zu beschäftigen, die die Fähigkeit sowie die Bereitschaft mitbringen, vorhandene Produkte permanent zu verbessern, neue Produkte zu entwickeln, um so den Kundenansprüchen immer mehr gerecht zu werden. Diese Fähigkeiten werden auch von den Mitarbeitern an der „Basis" verlangt, die zumeist den direkten Zugang zum Kunden haben. Durch die wachsende Arbeitsteilung und Spezialisierung hat das Management immer weniger diesen direkten Draht zum Kunden und entscheidet so häufig genug nicht im Sinne einer Kundenorientierung.

Das Know-how der „Basis" ist zu nutzen und durch geeignete Maßnahmen zu entwickeln und zu fördern – diesen Prozess können Kennzahlen für die Mitarbeiterpotentiale unterstützen:

⇨ *Mitarbeiterzufriedenheit*

⇨ *Mitarbeitertreue*

⇨ *Mitarbeiterproduktivität*

Jedoch, diese Kennzahlen sind überwiegend Spätindikatoren und sollten ergänzt werden durch Kennzahlen, die als Frühindikatoren die Motivation und Zielausrichtung der Mitarbeiter messen.

8.1.1 Mitarbeiterzufriedenheit

„Zufriedene Mitarbeiter danken es Ihnen...", so sollte der Wahlspruch für Manager lauten. Die Mitarbeiterzufriedenheit kann durch verschiedene Maßnahmen gefördert werden, basiert aber immer auf Vertrauen und Wertschätzung füreinander.

Wenn ein Manager das Heil in Kontrolle und Druck setzt, verspielt er viele Möglichkeiten, zufriedene Mitarbeiter zu gewinnen und damit zufriedene Kunden, denn zwischen Mitarbeiter- und Kundenzufriedenheit besteht eine hohe Korrelation. Die Mitarbeiterzufriedenheit wird durch folgende Faktoren entscheidend beeinflusst:

⇨ Übertragung von Verantwortung

⇨ Leistungsanerkennung

Beides wird natürlich unterstützt vom allgemeinen Arbeitsklima im Unternehmen und vom Potential der Mitarbeiter. Der in diesem Zusammenhang häufig genannte Faktor Arbeitsmoral ist Folge der Mitarbeiterzufriedenheit und führt zu erhöhter Produktivität.

Manche Unternehmen messen die *Mitarbeiterzufriedenheit* durch anonyme Umfragen im Unternehmen. Man könnte auch den *durchschnittlichen Krankenstand*, die *Bereitschaft zu unbezahlten Überstunden*, die *Steigerung von Stellenbewerbungen aus dem Bekanntenkreis von Mitarbeitern* etc. messen – aber gemessen werden sollte die Mitarbeiterzufriedenheit auf jeden Fall.

8.1.2 Mitarbeitertreue

Die Einarbeitung neuer Mitarbeiter ist ein gravierender Kostenfaktor und so kann sich die Mitarbeitertreue gravierend auf das Unternehmensergebnis auswirken. Jedoch ist in Zeiten hoher Arbeitslosigkeit die *Fluktuationsrate* der Mitarbeiter normalerweise keine gute Messgröße für zufriedene und demzufolge treue Mitarbeiter. In Branchen mit hoher Mitarbeiternachfrage – wie z. B. Informationstechnologie – wird diese Kennzahl jedoch seine Berechtigung haben.

Weitere Beispiele sind:

⇨ *Durchschnittliche Firmenzugehörigkeit in Jahren*

⇨ *Kündigungsquote bei den innerhalb der letzten fünf Jahre eingestellten Mitarbeitern*

⇨ *Anteil der Mitarbeiter, die Mitgesellschafter sind*

Aber man sollte bei der Mitarbeitertreue nicht allein den Kostenfaktor *Einarbeitungsaufwand für neue Mitarbeiter* betrachten. Viel wichtiger ist der Erfahrungs- und Kenntnisschatz der langjährigen Mitarbeiter, obwohl natürlich der Blick durch lange Jahre im Unternehmen auch etwas eingeengt ist und Innovationen zurückhaltend bewertet werden.

8.1.3 Mitarbeiterproduktivität

Je zufriedener Mitarbeiter sind, je mehr ihr Potential verbessert und genutzt werden kann, umso höher ist die Mitarbeiterproduktivität. Nur, wie misst man die Mitarbeiterproduktivität? *Umsatzwachstum pro Mitarbeiter* als Kennzahl reicht allein nicht aus, da die Kosten nicht Berücksichtigung finden. Also wäre der *mitarbeiterbezogene Deckungsbeitrag*, besser noch dessen Wachstum, eine angemessene Kennzahl.

Unter dem Aspekt, dass gute, hochqualifizierte und flexible Mitarbeiter auch höhere Gehälter beziehen, wäre das *Wachstum des Deckungsbeitrages*, bezogen auf die Gehaltssumme als Kennzahl, vorzuziehen. Auch hier gilt wieder: Die gemeinsame Diskussion einer Kennzahl muss erfolgen, um die richtigen Kennzahlen für das Unternehmen, den Geschäftsbereich, die Abteilung zu ermitteln.

Personenbezogene Produktivitätsmessungen sind in deutschen Unternehmen zumeist verpönt. Kaum jemand wagt es, die *Anzahl der täglichen Buchungen pro Mitarbeiter* zu erfassen (der Betriebsrat gibt wahrscheinlich hierfür auch keine Zustimmung). Aber wie steht es mit folgenden Kennzahlen:

⇨ *Anteil lebender Konten (bei denen es signifikante Bewegungen gibt und die einen Habensaldo aufweisen)*

⇨ *Sprachkenntnisse des Vertriebs*

- ⇨ *Gewonnene Prozesse vor dem Arbeitsgericht* (Kennzahl für das Potential der Personalabteilung)
- ⇨ *Rückgang der Reklamationen*

8.2 Frühindikatoren der Mitarbeiterperspektive

Sind die obigen Spätindikatoren noch klassisch messbar, sind für die folgenden Kennzahlen intensive Diskussionen notwendig, um so bei allen Mitarbeitern Verständnis für Sinn und Zweck der Frühindikatoren zu wecken.

8.2.1 Fort- und Weiterbildung

In unserer schnelllebigen Zeit, in der sich unser gesellschaftliches Wissen in wenigen Jahren verdoppelt, ist die permanente Fort- und Weiterbildung aller Mitarbeiter unerlässlich. Dies zu unterstützen und zu fördern ist eine wichtige Führungsaufgabe.

Vor wenigen Jahren noch wurde Fortbildung als Motivationsfaktor für zufriedene Mitarbeiter gesehen. Quasi als Dankeschön wurde eine Fortbildungsmaßnahme „spendiert".

Innovative Unternehmen gehen hingegen davon aus, dass jeder Mitarbeiter wenigstens zwei Wochen im Jahr an Fort- und Weiterbildungsmaßnahmen teilnimmt und fördern dieses Ziel mit allen Kräften. Aber die Teilnahme an sich ist als Messgröße für die Fort- und Weiterbildung nicht ausreichend. Es geht um die Umsetzung von strategischen Ideen und operativen Anregungen, die in Seminaren etc. aufgenommen wurden. Das ist ein zukunftsorientierter Faktor und kann z. B. als Messgröße *„Summe der aus Fortbildungsveranstaltungen aufgegriffenen Ideen/Verbesserungsvorschläge"* Verwendung finden.

Zumindest sollten für Kennzahlen nur die Fortbildungen Berücksichtigung finden, über die der Teilnehmer in einer Mitarbeiterrunde referiert hat – ansonsten versanden die positiven und innovativen Impulse häufig unreflektiert im Tagesgeschäft.

Auch sollte im Unternehmen diskutiert werden, welche Fortbildungsmaßnahmen auf welchen Mitarbeiterebenen benötigt werden, um die Unternehmensstrategie optimal zu unterstützen. Hierzu ist eine Mitarbeiter-Kompetenz-Analyse zu erstellen, die Ist und Soll einschließlich vorhandener Defizite darstellt.

8.2.2 Mitarbeitermotivation

Mitarbeiterzufriedenheit und dank Fort- und Weiterbildung zielgerichtet entwickeltes Know-how der Mitarbeiter sind zwar Basis, reichen allein aber nicht aus: Ohne entsprechende Motivation werden sie unzureichend für das Unternehmen genutzt.

Es muss im Unternehmen ein Klima geschaffen werden, das die Mitarbeiter ermutigt und ansporni, das ihnen Freude bereitet, in und für das Unternehmen zu arbeiten – sie wollen motiviert sein. Wir sollten nicht in die Diskussion verfallen, ob Mitarbeiter per se faul und destruktiv sind. Unsere Erfahrung zeigt: Jeder Mitarbeiter im Unternehmen ist prinzipiell bereit, sein Bestes zu geben! Sofern man ihm ausreichenden Entfaltungsspielraum lässt.

Wenn es da nicht immer wieder Rückschläge geben würde, die insbesondere gekennzeichnet sind durch:

- ⇨ Misstrauen
- ⇨ Vorurteile
- ⇨ Unehrlichkeit
- ⇨ Unberechenbarkeit
- ⇨ Kommunikationsmangel

Es muss im Unternehmen eine Vertrauenskultur aufgebaut, die zumeist latent vorhandene Misstrauenskultur abgebaut werden.

Klassische Maßgrößen für die Motivation der Mitarbeiter, zur Verbesserung der Unternehmensergebnisse beizutragen, sind

- ⇨ *Anzahl* oder *das Wachstum der Verbesserungsvorschläge*,
- ⇨ *Umsetzung von Verbesserungsvorschläge* (zu messen über Prämienhöhen) oder
- ⇨ *Verbesserungsaspekt der Verbesserungsvorschläge* (Kosten, Zeit, Qualität, Prozesse).

Aber gibt es nicht auch andere Faktoren für die Messung von Motivation? Einsatzbereitschaft für das Unternehmen, Engagement in unternehmensnahen (auch sozialen) Einrichtungen oder auch das Interesse, nicht direkt unternehmensbezogene Veranstaltungen zu betreuen, alles das sind Anzeichen für außerordentliche Mitarbeitermotivation:

⇨ *Anteil in sozialen Projekten engagierter Mitarbeiter*

⇨ *Teilnehmerquote beim Betriebsausflug*

⇨ *Anteil der Mitarbeiter-Kraftfahrzeuge mit Firmenaufkleber*

⇨ *Anteil in internen Ausschüssen engagierter Mitarbeiter.*

8.2.2.1 Verbesserungs- und Vorschlagswesen

In fast jedem Unternehmen existieren Aktionen, die zum Einreichen innerbetrieblicher Verbesserungsvorschläge auffordern. Leider sind diese Maßnahmen häufig nur halbherzig, werden lediglich als Alibi genutzt: „Auch wir haben ein VV-System".

Aber oft gilt: „You don't like to manage what you don't measure!/Es scheint wohl nicht so wichtig zu sein!"

Also sollten Kennzahlen erarbeitet werden, die nachhaltig betriebliche Verbesserungsvorschläge fördern. Wenn jeder Meister, jeder Abteilungsleiter weiß, „als Sollgröße sind pro Quartal 0,5 *Verbesserungsvorschläge pro Mitarbeiter* angesetzt – und dies wird in meiner persönlichen Leistungsbeurteilung berücksichtigt", so wird das VV-Wesen erheblich Aufschwung nehmen.

Nur, mit der reinen Zahl von Verbesserungsvorschlägen allein ist es nicht getan. Es fehlt in dieser Kennzahl die qualitative Seite: Qualität der Vorschläge und Qualität der Umsetzung dieser Vorschläge. Auch könnte man mittels Gewichtung abgreifen, ob Verbesserungsvorschläge nur von wenigen oder von allen Mitarbeitern kommen. Oder sogar von Teams. Die Güte der Vorschläge kann man über die Anzahl umgesetzter Vorschläge, das gemessene Einsparungspotential erfassen:

⇨ *Verbesserungsvorschläge pro Mitarbeiter*

⇨ *Prämiensumme für Verbesserungsvorschläge*

⇨ *Anzahl der von Teams eingereichten Verbesserungsvorschläge*

Ein weiterer Hinweis zu Verbesserungsvorschlägen: Warum schließt man die Kunden so wenig in die VV-Systeme ein? Damit könnten Kundenbindung und verbesserte Produktqualitäten erreicht werden! Ob eine Kennzahl für Kunden-VV in der Mitarbeiter- oder in der Kundenperspektive angesiedelt ist, sollte eigentlich egal sein – nur, Nachdenken über die Sache an sich lohnt immer!

8.2.2.2 Teamfähigkeit

Teamwork tut Not! Schon in der Schule wird diese Arbeitsweise nicht geübt, in vielen Unternehmen tut man sich schwer damit. Aber sie ist notwendig. Notwendig, weil nur noch die Wenigsten ein Arbeitsgebiet wirklich allein im Griff haben – und wenn, dann nur noch aus dem Bauch heraus. Und diese Fähigkeit zu Bauchentscheidungen geht mehr und mehr verloren. Daher Teamarbeit, um gemeinsam, mit dem geballten Wissen und der Kompetenz aller ein gemeinsames Ziel zu erreichen.

Noch ein Wort zu Teamprämien: Es ist sicher unstrittig, dass insbesondere in europäischen Unternehmen der Teamgedanke intensiviert werden muss. Daher sind *Teamprämien, Prämien zur Erreichung eines Teamzieles* für alle Teammitglieder ein empfehlenswerter Ansatz, diese Intention zu unterstützen.

8.2.2.3 Individuelle Zielausrichtung des Managements

Die oben angedachten Punkte betreffen eher die „normalen“ Mitarbeiter, nicht die Führungskräfte. Aber auch für diese gilt es, Kennzahlen zur Zielausrichtung zu erarbeiten.

Mit der Balanced Scorecard wird der Zweck verfolgt, das Unternehmen mit allem Tun und Handeln strategisch auszurichten. Dies bedeutet automatisch, dass das Management die Aufgabe hat, die erarbeiteten Strategien in ihren Verantwortungsbereichen umzusetzen. So könnte man bei den Mitarbeitern den *Bekanntheitsgrad der Balanced Scorecard*, auf der Führungsebene den *Anteil der Manager* messen, *die mittels der Balanced Scorecard führen*, deren Mitarbeiter Kennzahlen erarbeitet haben und dadurch auch die Tagesarbeit strategisch angehen.

Bei der belgischen Gendarmerie, aber auch in anderen Unternehmen gibt es hierfür sogar eine eigene Perspektive: die „Umsetzungsperspektive“ (s. unten).

8.2.3 Informelle Infrastruktur des Unternehmens

Ein entscheidender Produktionsfaktor in unserer Zeit ist die informelle Infrastruktur, gerade und insbesondere im rohstoffarmen Mitteleuropa. Hiermit sind interne wie externe Beziehungsgeflechte gemeint, die dafür sorgen, dass internes wie externes Know-how umgesetzt wird in Produkte und Leistungen. Dabei spielt die Datenverarbeitung herkömmlicher Art als Sammelstelle interner Daten eine immer weniger wichtige Rolle. Zunehmend wichtiger wird die aktive Nutzung der Informationsmöglichkeiten, die uns heute moderne DV-Systeme bieten, Stichwort: World-Wide-Web (WWW) und Data-Mining/Online analytical processing (OLAP).

Das Internet bietet heute ein Potential an Informationen, das bisher die wenigsten Führungskräfte realisieren und nutzen. Die zögerlich angebotenenen und noch zurückhaltender angenommenen Ausbildungsgänge zum „Wissens-Manager“ decken hierbei nur einen Teilaspekt ab und können den Wissensträgern im Unternehmen nur bei ausgeprägter Teamarbeit helfen, die Möglichkeiten des Internet und derartiger OLAP-Systeme zu nutzen.

Ideal sind zielgerichtete Suchsysteme, die die Informationsbeschaffung und -filterung unterstützen. Aber auch diese Suchsysteme müssen derartig gestaltet werden, dass das Management damit umgehen und so frühzeitig Informationen aus dem World-Wide-Web ziehen und nutzen kann.

Mit Data-Mining bzw. OLAP sind Systeme gemeint, die es ermöglichen, noch unbekannte Korrelationen und Strukturen aus vorhandenen Daten zu filtern. Hierzu sind umfangreiche Datensammlungen, Soft- und Hardwaresysteme erforderlich, die derzeit aus Kostengründen nur von größeren Unternehmen eingesetzt werden können. Aber auch hier gilt: Genutzt müssen sie werden, und das von den richtigen Mitarbeitern! Und die richtigen Mitarbeiter sind selten EDV-Spezialisten, sondern inhaltliche Know-how-Träger, also Manager aus Entwicklung, Vertrieb und Verwaltung.

Aber ebenso wichtige Faktoren zur Produktionserstellung (und zumeist vernachlässigt!) sind interne wie externe Informationen, die auch ohne DVgestützte Kommunikation im Unternehmen genutzt werden könnten. Gemeint sind jene häufig lebenswichtigen Dinge, die wir im Hinterkopf haben, die aber nur selten erfragt oder gar in die Entscheidungsfindung einbezogen werden.

> Jeder Berater kennt und nutzt diese Situation im Unternehmen: Der Berater versucht, durch intensive Gespräche und andere geeignete Kommunikationsformen diese latent vorhandenen Informationen herauszufiltern, um Hinweise zur Steuerung des Unternehmens in die richtige Richtung geben zu können. Darin liegt die Kunst der Beratung, selten im „Besser-Wissen".

Die Informationsverwertung kann u. a. durch folgende Kennzahlen gemessen werden:

⇨ *Anzahl DV-Nutzungs-Stunden durch das Management*

⇨ *Anteil nicht verwerteter Softwarelösungen* (ABC-Profil der Software)

⇨ *Abrufbarkeit verfügbarer Auswertungen*

⇨ *Schnelligkeit von Abschlussberichten*

8.3 Praktische Beispiele – Kennzahlen der Mitarbeiterperspektive

In unseren Beispielunternehmen wurden u. a. folgende Kennzahlen für die Mitarbeiterperspektive erarbeitet:

8.3.1 Kreditinstitut

Mission ❑ Ihre schnelle Bank

Vision ❑ Wir werden die profitabelste Regionalbank.

Strategien ❑ Kreditentscheidungen für Baukredite treffen wir innerhalb von 24 Stunden.

- In vier Jahren wollen wir mit unseren Kunden mindestens 50 % aller Transaktionen über das Electronic Banking abwickeln.

Mitarbeiterperspektive

- Schulungsquote

  Erläuterung: Je besser die Mitarbeiter geschult sind, umso eher können sie die (potentiellen) Kunden beraten, gewinnen und für klassische wie innovative Bankprodukte begeistern.

  Maßstab: der Anteil der Mitarbeiter, die in den letzten 12 Monaten mehr als vier Tage an Fortbildungen teilgenommen haben.

- Ø Anzahl Kontoeröffnungen

  Erläuterung: Gelingt es den Mitarbeitern, Interessenten, die durch Vertriebsmaßnahmen zum Erstkontakt in die Bank kommen, als Kunden zu gewinnen? Es reicht eben nicht aus, nur werbemäßig vertreten zu sein – umgesetzt werden muss eine Strategie von jedem einzelnen Mitarbeiter!

  Maßstab: die Zahl der Kontoeröffnungen einer Filiale, bezogen auf die dortigen Kontakte mit Nichtkunden.

- Nutzungsquote Electronic Banking

  Erläuterung: Möglichst viele Kunden sollten das Electronic Banking nutzen, damit zufrieden sein und die Kosten des Zahlungsverkehrs senken. Hierzu gehört eine kundenorientierte Softwarelösung, aber auch Mitarbeiter, die diese Lösung im Kontakt mit den Kunden erläutern, „verkaufen" – also auch ein internes Schulungsproblem!

  Maßstab: der Anteil der Kunden, die Electronic Banking nutzen.

- Nutzungsquote „Bankomat"

  Erläuterung: Während Electronic Banking vom Kunden zu Hause genutzt wird, ist der „Bankomat", der eiserne Mitarbeiter in den Filialen dazu da, die Filialmitarbeiter von den Standardaufgaben zu entlasten. So können Sie sich den wichtigen Dingen der wichtigen Kunden widmen.

Hier ist insbesondere Einfühlungsvermögen gefragt. Die zum Teil zurückhaltenden Kunden sollten an die Hand genommen werden, damit sie das Gerät kennenlernen. Auch wenn die Bankomaten für jüngere Kunden ganz normal sind, gerade älteren Personen müssen Vorbehalte gegenüber der Technik genommen werden. Und es ist ihnen das Gefühl zu geben: „Durch die Automaten hat mein ‚Bankbeamter' mehr Zeit für meine wichtigen Anliegen!"

<u>Maßstab:</u> der Anteil der Bargeldauszahlungen per Bankomat an allen Auszahlungen.

8.3.2 Automotive-Zulieferer

Mission

- ❑ Good vibrations mit XYZ

Vision

- ❑ Weltmarktführer für Schwingungstechnik

Strategien

- ❑ Umsatzverdoppelung in 4 Jahren
- ❑ 50 % Umsatzanteil von neuen Produkten

Mitarbeiterperspektive

- ❑ Teamübergreifende technische Schulungen

<u>Erläuterung:</u> Der Schulungsansatz wurde hier auf übergreifende Teamschulungen bezogen, damit Synergieeffekte zwischen den Teilnehmern aus unterschiedlichen Teams, aber auch die Verbesserung der Verbundenheit, der Kommunikation aller Mitarbeiter untereinander genutzt werden.

<u>Maßstab:</u> nur die Schulungsmaßnahmen, an denen Teilnehmer aus mindestens drei Teams teilnehmen.

- Teilnehmer an firmenübergreifenden Qualifizierungsmaßnahmen

  Erläuterung: Der obige Ansatz wird konsequent weiterentwickelt. Hier geht es um gemeinschaftliche Schulungen zusammen mit Mitarbeitern der Kunden. So führt gemeinsames Lernen und Kommunizieren zu intensiver Kundenbindung.

  Maßstab: Schulungstage, an denen auch Kundenmitarbeiter teilnehmen. Hierzu gehören nicht Seminare, die branchenübergreifend sind!

- Kundendurchdringung eines Schwingungskongresses

  Erläuterung: Dieser Ansatz ist bemerkenswert: Wie kann ein Unternehmen ohne großen Aufwand den Ruf, das Image eines führenden Entwicklers der Branche erhalten?

  Es wird jährlich in Zusammenarbeit mit einer nahen technischen Universität/Fachhochschule ein Spezialkongress veranstaltet, zu dem u. a. – auch als Gastreferenten – die F+E-Mitarbeiter der Kunden eingeladen werden. Die Betreuung der Gäste und die fachliche Koordination der Referate erfolgt durch das Unternehmen.

  Maßstab: für den Erfolg der Mitarbeiter, die diesen Kongress organisieren, aber auch für deren Motivation, Fort- und Weiterbildung ist der Prozentsatz der Kunden, die durch einen F+E-Mitarbeiter bei dem Kongress vertreten sind.

8.3.3 Handwerk/Dienstleister

Mission

- Ihr Backshop – schnell und knusprig

Vision

- Wir haben zufriedene Kunden und starkes Unternehmenswachstum durch schnelles Zusatzgeschäft.

Strategie

- Neue Techniken in Produktion und Vertrieb befähigen uns, jährlich unseren Umsatz zu verdoppeln – insgesamt und insbesondere mit unseren Stammkunden.

Mitarbeiterperspektive

- Mitarbeiterfluktuation

  Erläuterung: Gerade im Dienstleistungsbereich ist die persönliche Beziehung zum Kunden, die Kenntnis seiner speziellen Wünsche/Vorlieben und Eigenheiten ein wichtiger Erfolgsfaktor.

  Maßstab: die durchschnittliche Beschäftigungsdauer der Mitarbeiter pro Filiale (auch bei Filialwechsel gehen die Stammkundenkenntnisse verloren!).

- Anteil an die Warenwirtschaft angeschlossener Filialen

  Erläuterung: Die Strategie des Unternehmens kann nur mit ausgeklügelten DV-Lösungen erreicht werden. Vorrangiges Ziel ist es daher, alle Filialen mit einfach zu nutzender DV auszustatten, damit die zur optimalen Steuerung notwendigen Informationen zentral genutzt werden können. Gleichzeitig wird das DV-System zur Nutzung der eigenen Kunden(-Zahl-)Karte benötigt.

  Maßstab: Anteil der Filialen, die mit der neuen DV-Technik ausgerüstet sind.

8.3.4 Küchenmaschinenhersteller

Mission

- Scharf auf alles, was zu schneiden ist

Vision

- Wir wollen in Europa der Spezialist für regional spezifische Schneidetechnik im Großküchenbereich sein.

Strategien

- Wir wollen die Kommunikation mit Interessenten und Kunden erheblich intensivieren.
- Unser Innovationspotential wird durch Zusammenarbeit mit externen Entwicklern ausgebaut.

Mitarbeiterperspektive

- Entscheidungsspielraum für Mitarbeiter des Vertriebes

  Erläuterung: Ein sehr wichtiges Motivationselement ist Vertrauen, hier als Entscheidungsspielraum definiert. Hierzu benötigen die Vertriebsmitarbeiter technische wie kaufmännische Schulungen, müssen die internen Abläufe kennen, können aber dann die Geschäftsführung erheblich entlasten – und sind motivierter in ihrer Arbeit!

  Maßstab: Umsatzvolumen aller Aufträge, die ohne vorherige Zustimmung durch die Geschäftsführung vereinbart werden, dividiert durch das Auftragsvolumen der Periode insgesamt.

- Wachstum der Verbesserungsvorschläge der externen F&E-Partner

  Erläuterung: Oben wurde bereits ausgeführt, dass man mit externen F+E-Unternehmen bzw. Universitäten/Fachschulen intensiv zusammenarbeiten möchte. Was liegt da näher, als auch diese in das interne V+V-Wesen zu integrieren. Gleichzeitig gilt dies als Maß der Motivation für die internen Mitarbeiter, die die externe F+E-Bereiche betreuen.

  Maßstab: Wachstumsrate der Anzahl der externen Verbesserungsvorschläge.

8.3.5 Kfz-Anhängerhersteller

Mission

- YXZ bewegt Ihre Last.

Vision

- Wir bewegen jede Last.

Strategien

- Unser Vertriebsnetz wird erheblich ausgeweitet, damit wir deutschlandweit bekannt werden als Hersteller von Spezial-Lkw-Anhängern.
- Umsatzausweitung durch neue Anwendungsgebiete

Mitarbeiterperspektive

- Wachstum der Teilnehmerzahl bei Vertriebspartner-Workshops

  Erläuterung: Das Unternehmen plant Workshops, um Vertriebspartner zu gewinnen und zu informieren, aber auch, um Anregungen für weitere Entwicklungen im Fahrzeugbau zu erhalten. Diese Kennzahl misst den Erfolg dieser Vertriebsbemühungen.

  Maßstab: das Wachstum der Teilnehmerzahl an derartigen Workshops.

- Anzahl Internet-Zugriffe

  Erläuterung: Das Unternehmen stellt sich insbesondere für seine Privatkunden im Internet dar. Der Bekanntheitsgrad der Homepage gibt Auskunft über den Erfolg dieser Maßnahme, die auf die neuen Anwendungsgebiete zielt.

  Maßstab: die Anzahl der Zugriffe in einer Periode.

8.3.6 Spezialitätenbrauerei

Mission

- Ihr nationales Gsüffiges

Vision

- Wir werden bis 2002 die Nr. 1 in Deutschland.

Strategien

- Wir wollen der beste/größte Partner für den Getränkefachgroßhandel in unserem regionalen Raum sein und mindestens einen Fachgroßhandel in allen deutschen Ballungsgebieten neu gewinnen.
- Die Abverkaufsmenge je Outlet muss verdoppelt werden.

Mitarbeiterperspektive

- Anteil neu gewonnener Fachgroßhändler mit mehr als x Hektolitern Abnahme pro Monat.

  Erläuterung: Der Vertrieb hat in allen Ballungsräumen neue umsatzstarke Fachgroßhändler zu akquirieren. Zusammen mit deren Umsatzanteil ist dies ein hervorragendes Maß für den Erfolg der Verbreitungsstrategie.

  Maßstab: Umsätze aller neu gewonnenen Fachgroßhändler, die mehr als x Hektoliter abnehmen, bezogen auf die Gesamtumsätze.

- Zahl der verkaufsunterstützenden Stunden am POS (Point of Sale)

  Erläuterung: Dies macht den wenigsten Vertriebsmitarbeitern Spaß, ist aber unabdingbar für den Erfolg in der Heimatregion, wo man die starke Stellung ausbauen will.

  Maßstab: die entsprechenden Stunden lt. Zeitaufschreibung (Wochenzettel).

9 Kennzahlen für die Finanzperspektive

Auf einen Blick:

- ⇨ Die Kennzahlen der Finanzperspektive einer Balanced Scorecard sollen die strategischen Zielstellungen des Unternehmens in die Sprache der Anteilseigner übersetzen.
- ⇨ Auf die Kennzahlen der Finanzperspektive sind üblicherweise die Verknüpfungen der anderen Perspektiven der Balanced Scorecard hin orientiert.
- ⇨ Die Finanzperspektive berücksichtigt die Lebenszyklusphasen: Wachstum, Reife und Ernte.
- ⇨ Im Unternehmensalltag nutzen wir eine Vielzahl finanzieller Kennzahlen. Für die Balanced Scorecard müssen wir jene mit strategischem Gewicht auswählen.

Die Finanzperspektive ist den meisten Managern bzw. Controllern inhaltlich bestens bekannt. Die Menge und Vielfalt der in den Unternehmen genutzten Kennzahlen ist beachtlich. Nur, ob sie wirklich gebraucht, ob sie als lebendige Kennzahlen gebraucht, ob sie gezielt als Mittel zur Umsetzung der strategischen Zielstellungen genutzt werden – das steht auf einem anderen Blatt.

Die Finanzen bewegen sich im Spannungsfeld zwischen Sicherung von Liquidität, Rentabilität und Stabilität (Bilanzrelationen). Man bezeichnet dieses Spannungsfeld auch als das magische Dreieck der Finanzen (s. Abb. 23 auf Seite 184).

Manche Finanzexperten erweitern das Dreieck zum Viereck, weil sie das Ziel der Unabhängigkeit von Banken einbeziehen. Sei es wie es sei. Finanzielle Fragen begleiten uns bei jeder wirtschaftlichen Tätigkeit. Die Finanzen durchziehen unsere Unternehmen, wie der Blutkreislauf einen menschlichen Körper. Und sie haben auch dieselbe Bedeutung. Ohne Blutkreislauf kein menschliches Leben. Ohne Finanzen keine wirtschaftliche Tätigkeit!

Wegen der Bedeutung der Finanzen für jedes Unternehmen haben viele Autoren unzählige Abhandlungen zu diesem Thema geschrieben. Wir können daher ein breites Wissen auf diesem Gebiet voraussetzen und uns den spezifischen Fragen der Balanced Scorecard zuwenden. Und diese Spezifik besteht darin, aus der Mission und Vision des Unternehmens abgeleitete strategische Ziele so in Kennzahlen umzusetzen, dass sie als strategisches Führungsinstrument genutzt werden können.

Kommen wir damit zur Finanzperspektive der Balanced Scorecard.

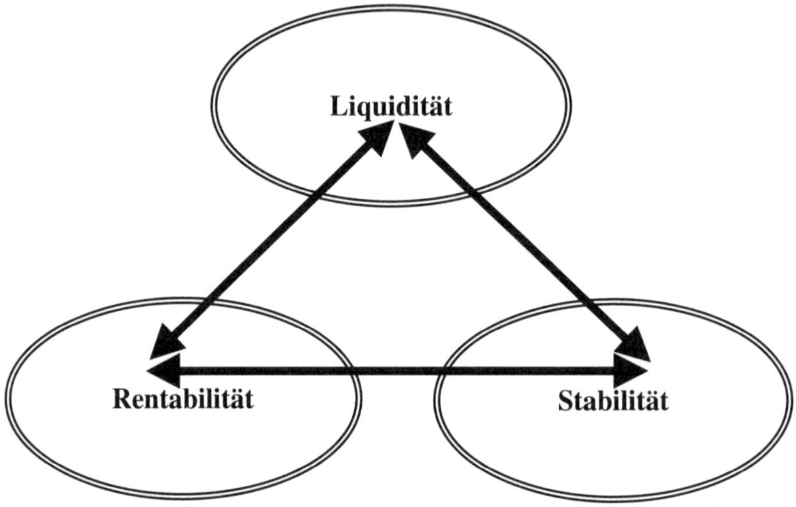

Abb. 23: Das magische Dreieck der Finanzen

9.1 Die Finanzperspektive – Ausgangs- oder Endpunkt?

Auch wenn bisher alle Perspektiven gleichberechtigt behandelt wurden, so erscheint doch aufgrund ihrer besonderen Stellung die Finanzperspektive als Erste unter Gleichen, da gilt: Ohne Berücksichtigung der finanziellen Seite eines Unternehmens, ohne langfristige Einnahmeüberschüsse kann kein Unternehmen auf Dauer existieren.

Deshalb sollten aus der finanziellen Sicht jene Ziele formuliert werden, die die **Existenzberechtigung** des Unternehmens für die Zukunft nachweisen, d. h. eine solche Verwertung des eingesetzten Kapitals, die gemessen an anderen möglichen Alternativen **die für die Anteilseigner beste Lösung** darstellt.

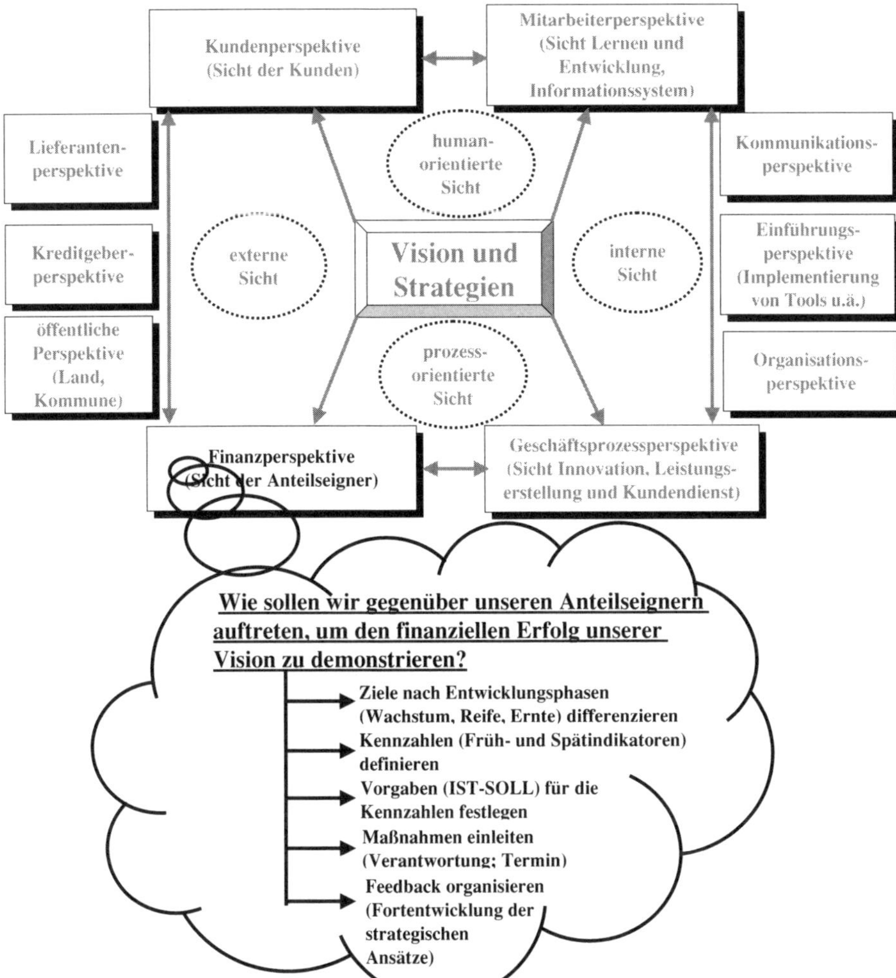

Abb. 24: Die Finanzperspektive

Dazu können Rentabilitäts- und Umsatzkennzahlen ebenso gehören wie stärker liquiditätsbezogene Größen (Cash-flow, Cash-to-Cash-Zyklus etc.).

Gleichzeitg gilt, dass mit der Finanzperspektive nicht nur die finanziellen Ergebnisse gemessen werden sollen, die von der strategischen Ausrichtung des Unternehmens erwartet werden, sondern die finanziellen Kennzahlen dienen auch als Endziel bzw. Verknüpfungspunkt für die anderen Scorecard-Perspektiven.

Man darf an dieser Stelle allerdings nicht stehen bleiben, weil auch der wirtschaftliche Prozess nicht stehenbleibt. Jedes einmal erreichte Resultat ist wieder Ausgangspunkt neuer Entwicklungen, Durchgangspunkt im zeitlichen Ablauf. Und so können die Kennzahlen der Finanzperspektive einerseits Endpunkt in der logischen Verknüpfung der verschiedenen Perspektiven sein und andererseits zugleich Ausgangspunkt in der zeitlichen Abfolge wirtschaftlicher Prozesse. Ohne ausreichendes Finanzergebnis ist es z. B. nicht möglich, Mitarbeiterschulungen zu finanzieren. Dementsprechend wäre eine entsprechende Finanzkennzahl Frühindikator für die Fähigkeit, Schulungen durchzuführen.

Es kommt eben immer darauf an, wo wir im Zeitablauf stehen!

9.2 Ertrag oder Cash-flow – welche Basis ist geeigneter?

Kennzahlen der Balanced Scorecard sollen als strategische Führungsinstrumente dienen. In diesem Zusammenhang wird man immer wieder mit der Frage konfrontiert, welche finanziellen Ergebnisgrößen dafür am besten geeignet sind: eher ertrags- oder Cash-flow-basierte Kennzahlen? Eine typisch deutsche Frage, weil im Hintergrund die speziell in Deutschland historisch gewachsene Verzahnung von Handels- und Steuerrecht steht.

Aufgrund dieser Verzahnung spielen in Deutschland steuerliche Aspekte bei der Gewinnberechnung eine erhebliche Rolle. Gleichzeitig eröffnen die gesetzlichen deutschen Bilanzregeln erhebliche Spielräume „legaler Manipulation“. Beispiele hierfür sind Bewertungswahlrechte, Rückstellungsmöglichkeiten, Abschreibungsvarianten. Diese Wahlmöglichkeiten finden sich in dieser Weise weder in den Prinzipien der amerikanischen Rechnungslegung (US-GAAP[38]) noch in den entsprechenden internationalen Standards (IAS[39]).

In der Konsequenz wird dadurch die Aussagekraft des Gewinns als Indikator der betrieblichen Leistung erheblich eingeschränkt.

Der Cash-flow – sofern er als Ergebnis der Zahlungsströme und nicht als Hilfsgröße aus der Addition von (manipuliertem) Gewinn und Abschreibungen berechnet wird – unterliegt diesen Einschränkungen nicht. Er ist daher besser geeignet, die realen finanziellen Ergebnisse der betrieblichen Leistungserstellung darzustellen. Sicherlich ist auch der Cash-flow nicht gänzlich frei von Manipulationsmöglichkeiten, beispielsweise durch Periodenabgrenzungen. Aber die Möglichkeiten sind doch wesentlich geringer als beim Gewinn.

Aus diesem Grund erfreut sich der Cash-flow auch in Deutschland einer wachsenden Beliebtheit. Daher sollte man bei der Entwicklung geeigneter Finanzkennzahlen für die Balanced Scorecard den Cash-flow auch bevorzugen.

Natürlich, und das wird uns an dieser Stelle schon nicht mehr verwundern, hängt auch die Beantwortung dieser Frage von der spezifischen Situation der Unternehmen ab:

⇨ Wenn ein Rechnungswesen bereits auf der Basis der US-GAAP oder der IAS gestaltet wird, stellt sich die Frage anders.

⇨ Aber auch wenn nach deutschem Handelsrecht bilanziert wird, existieren eventuell gar keine nennenswerten Spielräume, wenn die Abschreibungen geringfügig, die stillen Reserven unbedeutend und der Rückstellungsbedarf nicht vorhanden sind.

⇨ Oder in der Firmenkultur ist man das Denken in Cash-flow-Kategorien (noch) nicht gewohnt. Darauf basierende Kennzahlen lassen sich demzufolge nur schwer kommunizieren.

Es muss daher von Fall zu Fall abgewogen werden, welcher Basisgröße zur Darstellung der Ergebnisse des betrieblichen Leistungsprozesses man den Vorzug gibt.

9.3 Frühindikatoren auch für die Finanzperspektive?

Finanzielle Kennzahlen messen bislang üblicherweise vergangene Leistungen, sind also vergangenheitsorientiert, sind Spätindikatoren. In dieser Beziehung sind sie unverzichtbar, denn man benötigt Indikatoren, die Auskunft geben, ob und inwieweit man die schlussendlich gestellten Ziele erreicht hat.

Um im Management auch die langfristige, zukunftsorientierte Sicht auf die Finanzkennzahlen zu verankern, arbeitet man zum Beispiel mit Zielgrößen.

Damit verändert man allerdings nicht den Charakter der Finanzkennzahlen als Spätindikatoren. Denn man verlagert das Ergebnis nur gedanklich in die Zukunft. Es bleibt der Endpunkt eines Prozesses.

Wenn man aber nicht nur eine Zielgröße, sondern eine zeitliche Abfolge von Zielgrößen – sogenannte Meilensteine – definiert, so werden die vorgelagerten Meilensteine zu Frühindikatoren für die nachfolgenden. Die Meilensteine weisen den Weg in die Zukunft. Man nehme beispielsweise eine einfache Kennzahl wie den Umsatz. Das strategische Ziel des Unternehmens soll darin bestehen, den Umsatz in fünf Jahren auf das Dreifache zu erhöhen. Als Meilensteine werden durch Maßnahmen belegte Zwischenziele für die einzelnen Jahre festgelegt: Im ersten Jahr +20 %, im zweiten Jahr +45 % etc. Das Erreichen der Meilensteine signalisiert, ob der angestrebte Weg eingehalten wird. Und Abweichungen signalisieren frühzeitig, ob das strategische Ziel noch realistisch ist.

Es gibt aber auch Finanzkennzahlen, die in der logischen Kette, im Zusammenhang von Ursache und Wirkung den Charakter von Frühindikatoren annehmen können. Das gilt zum einen, wenn finanzielle Ergebnisse die Voraussetzung bilden für Entwicklungen im Mitarbeiterbereich, in der betrieblichen Leistungserstellung, in der Arbeit mit den Kunden.

Zum anderen haben Kennzahlen wie der *Cash-to-Cash-Zyklus* ein erhebliches Frühwarnpotential für die Entwicklung der Liquidität.

Eine ähnliche Kennzahl wird beispielsweise in einem mittelständischen Unternehmen der Kerzenbranche genutzt, die *Reichweite der Zahlungsfähigkeit*. Das Unternehmen terminiert die Abfolge der aus seiner Sicht notwendigen Auszahlungen (Steuern, Sozialabgaben, Löhne und Gehälter, Lastschriften und Einzugsermächtigungen etc.) und bestimmt ausgehend vom heutigen Kontostand unter Berücksichtigung der unterwegs befindlichen Ein- und Auszahlungen sowie freier Kreditlinien, wieviel Tage die Zahlungsfähigkeit aufrecht erhalten werden kann.

Auf dieser Grundlage werden die täglichen Entscheidungen über weitere zu leistende Zahlungen getroffen. Für das mit starken saisonalen Schwankungen lebende Unternehmen hat diese Kennzahl erhebliche Vorteile im Liquiditätsmanagement gebracht, insbesondere bezüglich der Minimierung der kurzfristigen Zinsen.

Diese Kennzahl eignet sich auch hervorragend in krisenbehafteten Situationen. Drohende Liquiditätsfallen werden frühzeitig signalisiert. Dadurch steigt die verbleibende Reaktionszeit und mit ihr die Chance einer befriedigenden Lösung.

9.4 Strukturierung nach Entwicklungsphasen

Für die Steuerung strategischer Potentiale kann es sinnvoll sein, die entwicklungsgeschichtliche Situation eines Produkts/Bereiches/Unternehmens zu berücksichtigen. Dabei unterscheidet man gewöhnlich folgende drei Phasen[40]:

1. die Wachstumsphase,
2. die Reifephase,
3. die Erntephase.

9.4.1 Wachstumsphase

Unternehmen im Wachstum unterliegen spezifischen Finanzierungsbedingungen. Diese resultieren vor allem aus Problemen der tendenziell steigenden Kapitalbindung, aber nicht nur. In der Wachstumsphase spielen Entwicklungsprobleme hinsichtlich

⇨ Befähigung der Mitarbeiter,

⇨ Ausweitung der Ablauforganisation,

⇨ externer Beziehungen zu Kunden, Lieferanten, Kreditinstituten, Behörden etc.

eine besondere Rolle.

In der Wachstumsphase kann es daher im Sinne einer ausgewogenen und langfristigen Unternehmensentwicklung durchaus sinnvoll sein, auf **kurzfristige** Gewinne zu verzichten.

Das war im Übrigen einer der auslösenden Gedanken für die Balanced Scorecard. Denn mit finanziellen Kennzahlen allein, d. h. ohne Verknüpfung mit Kennzahlen anderer Perspektiven ist der Verzicht auf kurzfristige Gewinne nur schwer zu vermitteln.

Bei starkem Wachstum gilt der Liquiditätssicherung besondere Aufmerksamkeit, da vor allem Unternehmen mit geringer Eigenkapitaldecke in der Wachstumsphase leicht in eine Liquiditätsfalle geraten. *Cash-flow*, *Cash-to-Cash-Zyklus*, *Reichweite der Zahlungsfähigkeit* wären hier geeignete Ansätze.

In der Wachstumsphase können aber auch Kennzahlen wie *Umsatzwachstum* oder *Anteil neuer Produkte am Umsatz* sinnvolle Zielgrößen sein.

9.4.2 Reifephase

In der Reifephase sollten diejenigen Kennzahlen in den Mittelpunkt rücken, die Zielstellungen zum Deckungsbeitrag oder zum Cash-flow verknüpfen mit dem entsprechenden Einsatz an produktiven Stunden, Working Capital (Nettoumlaufvermögen) oder Anlagevermögen. Die Umsatzentwicklung ist in der Reifephase nicht mehr so maßgeblich, dafür benötigen wir umso mehr ergebnisbezogene Daten wie den Deckungsbeitrag oder liquiditätsbezogene Größen wie den Cash-flow.

Und das Relativieren dieser Zahlen durch Bezug auf den dazu erforderlichen Einsatz maßgeblicher Ressourcen schärft den Blick für die Effektivität der Betriebsprozesse.

Im Bauwesen oder in Montagebereichen ist die (projekt- oder auftragsbezogene) Verknüpfung mit der Anzahl der an ein Ergebnis gebundenen Stunden sinnvoll und vielfach praktiziert: *Deckungsbeitrag je produktiver Stunde*. Eine ähnliche Größe wäre die *Wertschöpfung* (der um die Fremdleistungen und den Materialeinsatz bereinigte Umsatz) *je Stunde*.

Anlagenintensive Unternehmen, beispielsweise Gießereien, werden eher das eingesetzte Anlagevermögen als Bezugsbasis wählen; etwa als *Cash-flow je TDM Anlagevermögen*.

Gleichzeitig können z. B. Benchmarks aus dem Kostenbereich oder Kostensenkungsziele wichtig sein und zu entsprechenden Vorgaben führen.

9.4.3 Erntephase

Die Erntephase, häufig auch „Cash-cow-Phase“ genannt, ist vor allem von dem Ziel hoher Liquiditätszuflüsse gekennzeichnet, verbunden mit überdurchschnittlicher Produkt- und Kundenrentabilität, Kapitalamortisation etc.

Jetzt sollte der Cash-flow (eventuell auch der Gewinn – sofern er nicht aus steuerlichen Gründen zu stark bereinigt wird) in Relation zum eingesetzten Gesamtkapital im Mittelpunkt stehen. Das ergibt eine dem Return On Investment (ROI) ähnliche Kennzahl *Cash-flow je TDM Gesamtkapital.*

Dabei kann, sofern es unter den jeweiligen Bedingungen sinnvoll erscheint, im Sinne der Kapitalflussrechnung auch differenziert werden nach operativer Geschäftstätigkeit, Investitionstätigkeit und Finanzierungstätigkeit.

9.5 Praktische Beispiele – Kennzahlen der Finanzperspektive

Unsere Beispielunternehmen wenden u. a. folgende Kennzahlen für die Finanzperspektive an:

9.5.1 Kreditinstitut

Mission
- ❑ Ihre schnelle Bank

Vision
- ❑ Wir werden die profitabelste Regionalbank.

Strategien
- ❑ Kreditentscheidungen für Baukredite treffen wir innerhalb von 24 Stunden.
- ❑ In vier Jahren wollen wir mit unseren Kunden mindestens 50 % aller Transaktionen über das Electronic Banking abwickeln.

Finanzperspektive

- Anteil elektronischer Aufträge
  Erläuterung: Mit dieser Kennzahl wird das Ziel verfolgt, die Kontoführungsproduktivität durch Ausweitung des Electronic Banking zu steigern.

  Maßstab: der prozentuale Anteil der Buchungen per Electronic Banking an den Buchungen insgesamt.

- Wachstum Kreditvolumen/Einlagen

  Erläuterung: Durch die im Zusammenhang mit der Balanced Scorecard eingeleiteten Maßnahmen soll das Kreditvolumen in fünf Jahren verfünffacht werden. In diesem Rahmen werden halbjährliche Meilensteine definiert und fortgeschrieben.

  Maßstab: die prozentualen Wachstumsraten.

- Ausfallquote

  Erläuterung: Das Kreditrisiko ist bei der Ausrichtung unserer Bank auf schnelle Entscheidungen nicht zu unterschätzen. Es bedarf daher besonderer Aufmerksamkeit. Die Ausfallquote erlangt dabei den Charakter eines Frühindikators.

  Maßstab: der prozentuale Anteil der Wertberichtigung für nicht bediente Kredite am gesamten Kreditvolumen.

9.5.2 Automotive-Zulieferer

Mission

- Good vibrations mit XYZ

Vision

- Weltmarktführer für Schwingungstechnik

Strategien

- Umsatzverdoppelung in 4 Jahren
- 50 % Umsatzanteil von neuen Produkten

Finanzperspektive

- Wachstum mit neuen Produkten

  Erläuterung: Das Ziel einer Umsatzverdopplung in vier Jahren bei einem Anteil von 50 % neuer Produkte wird mit dieser Kennzahl angesteuert. Auch hier wird die langfristige Orientierung durch Meilensteine abgesteckt.

Maßstab: die prozentuale Veränderung des Umsatzes mit neuen Produkten.

- Gewinnspanne in bestehenden Märkten

  Erläuterung: Die Kennzahl basiert auf jenen Produkten, die sich in der Erntephase befinden. Es wird eine Verdopplung des Cash-cow-Ergebnisses bis zum Jahr 2002 angestrebt.

  Maßstab: die Umsatzrentabilität. Die Zuordnung in bestehende Märkte erfolgt mit Hilfe der Artikelnummer.

9.5.3 Handwerk/Dienstleister

Mission

- Ihr Backshop – schnell und knusprig

Vision

- Wir haben zufriedene Kunden und starkes Unternehmenswachstum durch schnelles Zusatzgeschäft.

Strategie

- Neue Techniken in Produktion und Vertrieb befähigen uns, jährlich unseren Umsatz zu verdoppeln – insgesamt und insbesondere mit unseren Stammkunden.

Finanzperspektive

- Umsatzanteil der 20 gängigsten Artikel

  Erläuterung: Ziel dieser Kennzahl ist die Absicherung des Umsatzwachstums durch Konzentration auf das Hauptgeschäft.

  Maßstab: der prozentuale Umsatzanteil der 20 Produkte mit dem höchsten Umsatz am Gesamtumsatz. Um tagesbedingte Schwankungen in der Zuordnung der 20 gängigsten Produkte zu vermeiden, erfolgt eine Einstufung nach dem durchschnittlichen Umsatz eines Quartals.

- Umsatz pro Kartenzahlvorgang

  Erläuterung: Mit dem Einsatz von Kundenkarten soll nicht nur die Kundenbindung erhöht, sondern auch eine spürbare Kostenreduzierung erreicht werden.

  Maßstab: der prozentuale Anteil der per Kundenkarte bezahlten Umsätze am Gesamtumsatz.

9.5.4 Küchenmaschinenhersteller

Mission

- Scharf auf alles, was zu schneiden ist

Vision

- Wir wollen in Europa der Spezialist für regional spezifische Schneidetechnik im Großküchenbereich sein.

Strategien

- Wir wollen die Kommunikation mit Interessenten und Kunden erheblich intensivieren.
- Unser Innovationspotential wird durch Zusammenarbeit mit externen Entwicklern ausgebaut.

Finanzperspektive

- Umsatzanteil Neukunden

  Erläuterung: Die Intensivierung der Kommunikation mit Interessenten soll sich niederschlagen in einem wachsenden Umsatzanteil der Neukunden.

  Maßstab: der prozentuale Umsatzanteil neuer Kunden am Gesamtumsatz.

- Umsatzanteil neuer Produkte

  Erläuterung: Um europäischer Spezialist für regional spezifische Schneidetechnik im Großküchenbereich zu werden, ist es wesentlich, eine ausreichende Palette neuer Produkte erfolgreich zu vermarkten.
  Maßstab: der prozentuale Umsatzanteil neuer Produkte am Gesamtumsatz.

9.5.5 Kfz-Anhängerhersteller

Mission

- XYZ bewegt Ihre Last.

Vision

- Wir bewegen jede Last.

Strategien

- Unser Vertriebsnetz wird erheblich ausgeweitet, damit wir deutschlandweit bekannt werden als Hersteller von Spezial-Lkw-Anhängern.
- Umsatzausweitung durch neue Anwendungsgebiete

Finanzperspektive

- Umsatzwachstum je Vertriebsmitarbeiter

  Erläuterung: Die Ausweitung der Vertriebsaktivitäten hat hohe Priorität im Unternehmen. Dabei wird die Kennzahl sehr spezifisch nicht nur nach Mitarbeitern, sondern auch nach Regionen differenziert.

  Maßstab: die prozentuale Veränderung der bezahlten Umsätze.

- Vertriebskostenanteil

  Erläuterung: Auch diese Kennzahl verdeutlicht den strategischen Schwerpunkt des Unternehmens für die nächsten Jahre. Die Meilensteine sind in diesem Fall zunächst ansteigend und sollen später wieder sinken.

  Maßstab: der prozentuale Anteil der Vertriebskosten an den Gesamtkosten.

- Umsatz aus neuen Anwendungsgebieten

  Erläuterung: Ein zartes Pflänzchen soll schrittweise wachsen. Hier zielstrebig steuern zu können, ist Zweck dieser Kennzahl.

  Maßstab: der Umsatzanteil von Produkten aus neuen Anwendungsgebieten am Gesamtumsatz.

9.5.6 Spezialitätenbrauerei

Mission

- Ihr nationales Gsüffiges

Vision

- Wir werden bis 2002 die Nr. 1 in Deutschland.

Strategien

- Wir wollen der beste/größte Partner für den Getränkefachgroßhandel in unserem regionalen Raum sein und mindestens einen Fachgroßhandel in allen deutschen Ballungsgebieten neu gewinnen.
- Die Abverkaufsmenge je Outlet muss verdoppelt werden.

Finanzperspektive

- Umsatz-/Absatzwachstum im regionalen Raum

  Erläuterung: Kerngebiet des Unternehmens und damit Cash-cow bleibt der angestammte regionale Raum. Das darf bei aller strategischen Orientierung auf andere Regionen nicht aus dem Auge verloren werden.

  Maßstab: die prozentuale Veränderung von Umsatz und Absatz.

- Wachstum des Umsatzanteils außerhalb der heimatlichen Region

  Erläuterung: Gemäß der strategischen Zielstellung wird diese Kennzahl differenziert nach Zielgebieten vorgegeben und ist somit ein gut geeignetes Steuerungsinstrument.

  Maßstab: die prozentuale Veränderung der Relation zwischen Umsatz außerhalb des Kerngebietes und dem Gesamtumsatz.

---

38 US-GAAP: Generally Accepted Accounting Principles.

39 IAS: International Accounting Standards.

40 In der Praxis sind die verschiedenen Phasen nicht immer voneinander zu trennen; sie können durchaus – bezogen auf verschiedene Produkte oder Bereiche – gleichzeitig parallel nebeneinander existieren.

10 Kennzahlen für weitere Perspektiven

Auf einen Blick:

⇨ Es müssen nicht für jedes Unternehmen diese vier oben beschriebenen Perspektiven sein!

⇨ Die strategische Zielstellung ist ausschlaggebend für die Sichten auf das Unternehmen. Dementsprechend müssen die Perspektiven gewählt werden.

⇨ Mögliche weitere Perspektiven können sein:

1. Lieferantenperspektive
2. Kreditgeberperspektive
3. Öffentliche Perspektive
4. Kommunikationsperspektive
5. Organisationsperspektive
6. Einführungsperspektive

Kann jedes Unternehmen im Rahmen der Balanced Scorecard umfassend durch die vier von Kaplan/Norton[41] aufgeführten Perspektiven beschrieben werden? Wir glauben kaum! Kein Unternehmen gleicht dem anderen. Es gibt die unterschiedlichsten Ausprägungen, Strukturen. Daher ist es nicht empfehlenswert, die Perspektiven, die strategisch relevanten Sichten auf ein Unternehmen ausschließlich auf die Kundenseite, die Mitarbeiter, die Geschäftsprozesse und die Kapitalgeber zu reduzieren.

Junge, neu am Markt operierende, aber auch stark wachsende Unternehmen – und natürlich auch alle Sanierungsfälle! – sind in besonderem Maß von einer funktionierenden Kommunikation mit kreditgebenden Banken, mit Venture-Capital-Gesellschaften etc. abhängig. Diese Kommunikation ist für das (Fort-)Bestehen dieser Unternehmen lebensnotwendig! Also sollten Kennzahlen auch die Sicht der strategisch notwendigen Kreditgeber berücksichtigen. Und dies ließe sich fortführen mit zusätzlichen, mit weiteren Perspektiven.

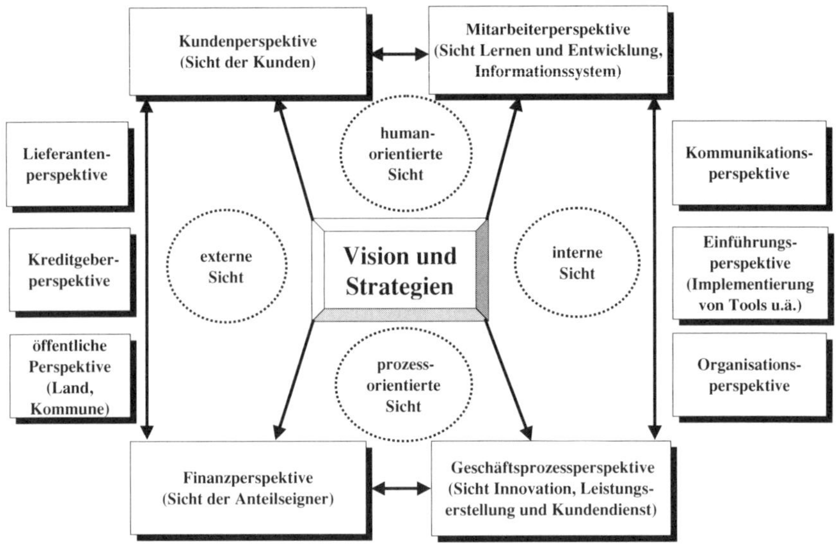

Abb. 25: Die Perspektiven der Balanced Scorecard

Aber auch anders gefragt: Müssen es denn unbedingt diese vier allerorts aufgeführten Perspektiven sein? Wir haben ein Unternehmen kennengelernt, das im engeren Sinne keine Kunden hat. Aufgabe dieser vorwiegend aus öffentlichen Geldern finanzierten Einrichtung ist es, wissenschaftliches Know-how in Zusammenarbeit mit regionalen Unternehmen zur Produktreife zu führen. Anschließend sollen dann diese neuen oder auch neuartigen Produkte in der Region produziert werden durch alteingesessene oder neu anzusiedelnde Unternehmen.

Hat dieses Unternehmen Kunden? Kunden, deren Eigenschaft es ist, Produkte zu *erwerben*? Nein – es gibt Zuwendungs- und Kapitalgeber, es gibt Lieferanten (von Ideen), es gibt regionale öffentliche Einrichtungen, es gibt im Unternehmen Geschäftsprozesse und hoch motivierte Mitarbeiter – aber Kunden im klassischen Sinne gibt es nicht. Oder sollen wir die zukünftigen, neu angesiedelten Unternehmen und deren Mitarbeiter als Kunden bezeichnen?

Ob die klassischen vier, drei oder vielleicht sogar sieben Perspektiven, dies muss einzig und allein aus dem Unternehmen heraus definiert werden, für das eine Balanced Scorecard erarbeitet wird. Man sollte sich nicht sklavisch an die Vorgaben von Kaplan/Norton halten. Aber strategisch relevant sollen die Perspektiven sein. Jedes Unternehmen zahlt Steuern. Trotzdem gibt es keinen Anlass, für jedes Unternehmen an eine öffentliche Perspektive zu denken! Und jedes Unternehmen steht in engem Kontakt zu Kreditinstituten – aber nur bei wenigen ist die Kommunikation mit dem Kreditinstitut strategisch so wichtig, dass man dort Kennzahlen einer Kreditgeberperspektive erarbeiten muss!

Es ist im Unternehmen zu überlegen, was für die Erreichung der angestrebten Mission, Vision und den daraus abgeleiteten Strategien an Kennzahlen aus den unternehmensspezifischen Perspektiven notwendig ist. Es können zwei, drei, vier, aber auch sechs sein – aber auch hier gilt:

Weniger ist mehr.

> Was ist wirklich wichtig zur strategisch orientierten Führung des Unternehmens? Darauf kommt es an. Daher sollte man keine Patentrezepte übernehmen. Man muss sich klar darüber sein: „Wir haben unsere Marktberechtigung, weil wir einzigartig, weil wir besonders sind, deshalb haben wir auch eine einzigartige Balanced Scorecard."

10.1 Die Lieferantenperspektive

In vielen Branchen hängt man existenziell von der Zusammenarbeit mit Partnern in der Produktionskette ab, gerade in unserer immer mehr arbeitsteiligen Zeit. Der Lieferant wird mehr und mehr zu einem strategischen Partner des Unternehmens: Gemeinsam entwickelt man Produkte, integriert die Kommunikationssysteme, man fordert und fördert Zusammenarbeit auf allen Ebenen.

„Uns geht es gut, wenn es unseren Kunden gut geht."

Wer diesen Spruch einseitig auf die Kunden bezieht, denkt zu kurz. Uns geht es gut, wenn es unseren Partnern gut geht – und dies bezieht sich auch, aber nicht nur auf die Lieferanten. Viele, besonders die im weltweiten Wettbewerb stehenden Branchen betrachten die Lieferanten als Teil der Prozesskette, von dem man genauso wie von den Kunden abhängt. Diese Partnerschaften werden immer mehr ausgebaut, sie führen zu Verständnis füreinander, zu Vertrauen und Kooperation.

Im Rahmen des Target Costing für die Produktion eines neuen Motors hat ein Motorenwerk eines deutschen Kfz-Herstellers das Ziel vorgegeben bekommen: Die Herstellkosten dieses Motors dürfen nur noch 1.700 DM betragen. Ein augenscheinlich aussichtsloses Unterfangen, denn man hatte ursprünglich mit fast 3.000 DM kalkuliert. Die Gespräche im Werk, Verhandlungen mit den Betriebsräten, dies alles führte nicht zum angestrebten Ziel. 20 % wären möglich, aber 40 % – nicht zu erreichen! Dann setzte man sich mit den Lieferanten zusammen. Natürlich, um auch von ihnen Konzessionen zu erhalten. Diese waren zu 5 % bis 10 % bereit.

Aber die Äußerung des Geschäftsführers eines Lieferanten ließ den Einkauf aufhorchen: „Wenn wir die benötigten Teile nicht so, sondern bei gleicher Funktionalität in dieser oder jener Art liefern könnten, dann sind ein paar Prozent mehr drin." Und das wurde zum Verhandlungsziel: Man setzte sich mit den Entwicklern der Lieferanten zusammen, überlegte, plante, konstruierte und änderte. Und dann kamen die Transportlogistiker zusammen. Und und und...

So wurde es am Ende geschafft – gemeinsame Arbeit mit den Lieferanten, aber auch mit den Kunden (hier den Entwicklern des gesamten Kraftfahrzeuges) führte zum Ziel. Der Motor konnte für gut 1.700 DM gebaut werden, der Auftrag wurde für das Werk an Land gezogen.

Die dort gemachte Erfahrung gilt für alle Branchen. Gemeinsam mit den Lieferanten kann man in fast jedem Unternehmen strategische Vorteile am Markt erzielen. Und wenn diese das langfristige Unternehmensziel, unsere Mission und Vision, gravierend unterstützen, dann gehören Kennzahlen der Lieferantenperspektive in die Balanced Scorecard.

10.2 Die Kreditgeberperspektive

Jedes Unternehmen kennt oder kannte Zeiten, in denen eine intensive Zusammenarbeit mit den Banken außerordentlich hilfreich und notwendig war.

Aber natürlich, enge Kommunikation mit den Kreditinstituten sollte man nicht nur in schlechten Zeiten pflegen.

Insbesondere in Phasen starken Wachstums ist jedes Unternehmen auf Kapital angewiesen, um das Wachstum zu finanzieren. Dann sind Gespräche mit Banken und ggf. Venture-Capital-Gesellschaften angesagt. Was liegt da näher, als ihnen die Ausrichtung des Unternehmens mit Hilfe der Balanced Scorecard zu erläutern? Häufig gehen die Gewinne zurück, um das Wachstum zu finanzieren. Aber man hat ein Ziel, eine Vision vor Augen, die auch den Kapitalgebern, hier den Kreditgebern, erläutert werden muss. Und die Zielausrichtung des gesamten Unternehmens lässt sich am besten mit der Balanced Scorecard erläutern.

Wenn dann in die Balanced Scorecard auch die Sicht der Kreditinstitute eingearbeitet wurde, umso besser. Hierbei wird nicht an Finanzkennzahlen wie z. B. Verschuldungsgrad gedacht – dies bezieht das Institut sowieso jeden Monat/jedes Quartal. Es könnte jedoch die Kommunikationsintensität mit dem Kreditinstitut sein, nicht nur auf der obersten Ebene beim Finanzvorstand.

Ein stark wachsendes Unternehmen beispielsweise, bei dem das Wachstum durch ein starkes Engagement der Hausbank unterstützt wird, ist mit den regionalen Filialleitern übereingekommen, dass diese mindestens monatlich ein Strategie- und Informationsgespräch mit der jeweils zuständigen Bankfiliale führen. Ziel ist es, eine vertrauensvolle Kommunikation mit dem Bankinstitut aufzubauen, die über alle Ebenen reicht. So ist man immer bei allen Führungskräften der Bank präsent, baut ein positives kommunikatives Umfeld auf und hängt nicht von einzelnen „Bankern“ ab. Und erhält weiterhin Unterstützung, nicht nur bei ggf. notwendigen zentralen Kreditverhandlungen, sondern auch durch Hinweise und Tips über interessante Veränderungen der Geschäftssituation im regionalen Umfeld.

10.3 Die öffentliche Perspektive

Alle Unternehmen operieren im gesellschaftlichen Umfeld. Hierzu gehören nicht nur die Kunden, Mitarbeiter und Lieferanten, sondern auch öffentliche Einrichtungen, Behörden, Ämter. Diese können jedem Unternehmen das Leben schwer machen, aber auch wertvolle Partner bei der Erreichung der angestrebten Ziele sein. Das sollte man nutzen und bei den strategischen Planungen berücksichtigen.

Die öffentliche Perspektive weist viele Überschneidungen mit der Kundenperspektive auf, wenn diese als „gesellschaftliche Perspektive" verstanden wird. Denn das Bewusstsein der Öffentlichkeit wurde bereits im Zusammenhang mit der Kundenperspektive behandelt (Image, Ruf). Aber mit der öffentlichen Perspektive wollen wir uns bewusst auf die Strukturen beschränken, die das gesellschaftliche Miteinander regeln und steuern.

Ob es kommunale Einrichtungen sind, vom Bürgermeister angefangen bis hin zur Müllentsorgung, ob es sich um Beziehungen zum Kreis, zum Land, um Beziehungsstrukturen auf gesamtstaatlicher bzw. auf Ebene der Europäischen Union handelt, diese tragen zum Wohlergehen des Unternehmens bei. Und wenn diese Beziehungen gravierende Auswirkungen auf die Strategien haben, sind sie über Kennzahlen in die Balanced Scorecard zu integrieren.

10.4 Die Kommunikationsperspektive

Die Notwendigkeit dieser und der folgenden beiden Perspektiven hängt in starkem Maß von der gewählten Strategie der Unternehmen ab. Wenn in der grundlegenden Diskussion um Mission, Vision und Strategien erkannt worden ist, dass das Unternehmen selbst erhebliche Defizite in den Bereichen Kommunikation und Organisation hat, oder wenn die Umsetzung der Balanced Scorecard als kritischer Faktor erkannt worden ist, so sind diese als gesonderte Perspektive in die Kennzahlenstruktur der Balanced Scorecard aufzunehmen.

Die Kennzahlen der Kommunikationsperspektive beschreiben den Grad der als notwendig erachteten Kommunikation im Unternehmen, können aber auch die Kommunikation mit externen Partnern betrachten. Im letzteren Fall ergeben sich natürlich wieder Überschneidungen mit der Kunden- wie der Lieferantenperspektive, aber auch in der Mitarbeiterperspektive werden Kommunikationsaspekte aufgegriffen.

Es kommt also auf den Grad der Zielausrichtung an, ob eine eigene Perspektive für die Kommunikation angelegt werden soll.

10.5 Die Organisationsperspektive

Wenn im Lauf der Strategiediskussionen festgestellt wird, dass die betriebliche Organisation des Unternehmens grundlegend umstrukturiert werden muss, um den aus den strategischen Zielen heraus definierten Aufgaben gerecht zu werden, ist es vorteilhaft, diesen Umstrukturierungsprozess auch als Perspektive für den Kennzahlenkatalog mit aufzunehmen.

Dies betrifft insbesondere große Unternehmen wie internationale Konzerne, aber auch Behörden etc. Maßgröße sind hier die erfolgten Änderungen der Organisationsstruktur.

Obwohl Änderungen der Struktur einer Organisation erhebliche Auswirkungen auf die Zielerreichung haben, ist dies in kleineren Unternehmen eher ein operatives als ein strategisches Thema und gehört daher nicht in den Kanon der Kennzahlen der Balanced Scorecard.

10.6 Die Einführungsperspektive

Es gibt in Unternehmen immer wieder Situationen, in denen ein grundsätzliches Umdenken notwendig ist. In denen eine Neuausrichtung oder eine vollständige Umstrukturierung diskutiert und dann umgesetzt wird. Insbesondere in solchen Fällen bewährt sich die Balanced Scorecard als ein Management-Instrument, das strategische (Neu-)Ausrichtungen fördert.

Schon manchen Unternehmen war die Unterstützung der Neuausrichtung durch die Arbeit mit der Balanced Scorecard so wichtig, dass sie hierfür eine eigene Perspektive definiert haben: die Umsetzungs- oder Einführungsperspektive.

Beispielsweise hat die Belgische Gendarmerie, die nach vielen Skandalen ihre Strukturen umfassend modernisieren musste, die Umsetzung der Balanced Scorecard auf allen Ebenen als so bedeutend angesehen, dass Kennzahlen dieser Umsetzungsperspektive mit aufgenommen wurden. Gemessen wird dies u. a. über den Anteil der Dienststellen, in denen eine Balanced Scorecard erarbeitet wurde, mit der nun periodisch mit SOLL-IST-Daten die Strategieausrichtung gemessen wird.

10.7 Praktische Beispiele – Kennzahlen der fünften/sechsten Perspektive

10.7.1 Die Lieferantenperspektive beim Automotive-Zulieferer

Mission
- ❑ Good vibrations mit XYZ

Vision
- ❑ Weltmarktführer für Schwingungstechnik

Strategien
- ❑ Umsatzverdoppelung in 4 Jahren
- ❑ 50 % Umsatzanteil von neuen Produkten

Lieferantenperspektive
- ❑ DV-Integration mit Zulieferern

Erläuterung: uch das Zulieferunternehmen für die Automobilindustrie hängt seinerseits in starkem Maß von der pünktlichen Anlieferung der bei seinen Lieferanten georderten Teile ab. Daher sind die DV-Systeme mit den A-Lieferanten zu koordinieren.

Maßstab: Anteil der Lieferanten, mit denen eine vorab festgelegte Integration der DV-Anwendungen besteht.

10.7.2 Die Kreditgeberperspektive beim Handwerk/Dienstleister

Mission
- ❑ Ihr Backshop – schnell und knusprig

Vision
- ❑ Wir haben zufriedene Kunden und starkes Unternehmenswachstum durch schnelles Zusatzgeschäft.

Strategie
- ❑ Neue Techniken in Produktion und Vertrieb befähigen uns, jährlich unseren Umsatz zu verdoppeln – insgesamt und insbesondere mit unseren Stammkunden.

Kreditgeber-perspektive

- Anzahl Kontakte der Filialleiter zur örtlichen Bank

  Erläuterung: Der zügige Ausbau der Filialen geht nur in enger Partnerschaft zur Hausbank. Daher sind auch die regionalen Kontakte zwischen Backshop- und Bankfilialleitern erwünscht.

  Maßstab: die Anzahl der monatlichen Treffen zwischen den Partnern.

10.7.3 Die öffentliche Perspektive beim Kreditinstitut

Mission

- Ihre schnelle Bank

Vision

- Wir werden die profitabelste Regionalbank.

Strategien

- Kreditentscheidungen für Baukredite treffen wir innerhalb von 24 Stunden.
- In vier Jahren wollen wir mit unseren Kunden mindestens 50 % aller Transaktionen über das Electronic Banking abwickeln.

öffentliche Perspektive

- Anzahl Kontakte zu Bürgermeistern

  Erläuterung: Je besser die im Baukreditgeschäft engagierten Banker über die örtliche Situation Bescheid wissen, umso besser können die bauwilligen Kunden beraten und unterstützt werden.

  Die Kenntnis des politischen Umfeldes, insbesondere wegen der Umwidmung von Bauerwartungsland, ist hier ein wichtiger strategischer Vorteil gegenüber überregional operierenden Kreditinstituten.

  Maßstab: die Anzahl der Treffen mit Kommunalpolitikern aus der Region.

10.7.4 Die Kommunikationsperspektive beim Automotive-Zulieferer

Mission	❑ Good vibrations mit XYZ
Vision	❑ Weltmarktführer für Schwingungstechnik
Strategien	❑ Umsatzverdoppelung in 4 Jahren
	❑ 50 % Umsatzanteil von neuen Produkten
Kommunikationsperspektive	❑ Teilnahmequote an betriebsinternen Veranstaltungen Erläuterung: Als sich strategisch auswirkendes Problem wurde im Unternehmen der fehlende Austausch zwischen Produktion und Entwicklung gesehen. Daher werden betriebsinterne Kommunikationsveranstaltungen durchgeführt (Skatabende, gemeinsames Kegeln, Skifreizeiten etc.), deren Besuch zwar freiwillig ist, jedoch von der Geschäftsführung gefördert wird. Maßstab: die Teilnehmerzahlen an diesen Veranstaltungen.

10.7.5 Die Organisationsperspektive beim Kfz-Anhängerhersteller

Mission	❑ XYZ bewegt Ihre Last.
Vision	❑ Wir bewegen jede Last.
Strategien	❑ Unser Vertriebsnetz wird erheblich ausgeweitet, damit wir deutschlandweit bekannt werden als Hersteller von Spezial-Lkw-Anhängern.
	❑ Umsatzausweitung durch neue Anwendungsgebiete
Organisationsperspektive	❑ Aufbau Vertriebsnetz

Erläuterung: Der Vertrieb muss weitgehend umstrukturiert und ausgebaut werden. Da alle vertrieblichen Aktivitäten bisher – eher nebenbei – von der Geschäftsführung mit erledigt worden sind, ist ein eigenes Ressort Vertrieb zu schaffen, das den Ausbau des deutschlandweiten Vertriebsnetzes in Angriff nimmt und koordiniert.

Maßstab: die Anzahl der Vertreter sowie Mitarbeiter des eigenen Vertriebes, wobei eine unterschiedliche Gewichtung erfolgt:

1. für neu gewonnene Mitarbeiter
2. für neu gewonnene Mitarbeiter in bisher unbesetzten Bundesländern
3. für erzielte Umsätze im ersten Jahr der Tätigkeit für das Unternehmen

10.7.6 Die Einführungsperspektive bei der Spezialitätenbrauerei

Mission

❑ Ihr nationales Gsüffiges

Vision

❑ Wir werden bis 2002 die Nr. 1 in Deutschland.

Strategien

❑ Wir wollen der beste/größte Partner für den Getränkefachgroßhandel in unserem regionalen Raum sein und mindestens ein Fachgroßhandel in allen deutschen Ballungsgebieten neu gewinnen.

❑ Die Abverkaufsmenge je Outlet muss verdoppelt werden.

Einführungsperspektive

❑ Anwendungsgrad der Balanced Scorecard in allen Unternehmensteilen

Erläuterung: Die langjährig dem Unternehmen verhaftete Mitarbeiterschaft steht Änderungen eher reserviert gegenüber. Daher ist es Aufgabe des Managements, die angestrebte Arbeit mit und an der Balanced Scorecard auf allen Ebenen zu verkaufen.

Maßstab: der Anteil der Abteilungen/Unternehmensbereiche, die noch nicht eine gemeinsam erarbeitete Balanced Scorecard mit darauf abgestimmten Maßnahmeplänen aufweisen können.

41 Vgl. Kaplan, Robert S., Norton, David P.: Balanced Scorecard, Stuttgart 1997, S. 3.

11 Ganzheitlichkeit durch verbundene Kennzahlen

Auf einen Blick:

⇨ Die gedankliche Strukturierung des Unternehmens muss durch das Zusammenführen und Verknüpfen der Kennzahlen ergänzt werden. Das ist die Voraussetzung für das ganzheitliche Führen mit der Balanced Scorecard.

⇨ Aus der logischen und zeitlichen Verknüpfung der Kennzahlen ergibt sich ihr Charakter als Früh- oder Spätindikator.

Mit der Balanced Scorecard wird ein ganzheitlicher Ansatz verfolgt. Also kann es auch nicht nur darum gehen, strategische Kennzahlen für ein Unternehmen zu erarbeiten. Man muss auch versuchen, aus der Vielfalt der möglichen Kennzahlen die Kennzahlen herauszufiltern, die sich gegenseitig beeinflussen, die aufeinander aufbauen.

Das gilt horizontal, also auf der Ebene der Kennzahlen für ein Unternehmen, für einen Unternehmensbereich oder eine Abteilung, als auch vertikal, für die Kennzahlen der verschiedenen Ebenen. Diese vertikale Verknüpfung ist besonders wichtig: Wird doch bei der Erarbeitung einer Kennzahlenstruktur immer zuerst gefragt: „Wie können wir zur strategischen Ausrichtung des Unternehmens beitragen?“ Daraus folgt, dass eine Entwicklung, die durch eine Kennzahl gemessen wird, im Ergebnis auch Auswirkungen im nächsthöheren Unternehmensbereich haben sollte – und dort mit einer Kennzahl der Balanced Scorecard messbar ist!

11.1 Logische Verknüpfung der Kennzahlen

Abb. 26 (s. S. 210) zeigt beispielhaft die für die Regionalbank erarbeiteten Kennzahlen mit ihren als relevant angesehenen Verknüpfungen.

Die Verkettungen sind teilweise recht ausgeprägt: So wirken sich verstärkte *Schulungen der Mitarbeiter* (Mitarbeiterperspektive, Fort- und Weiterbil-

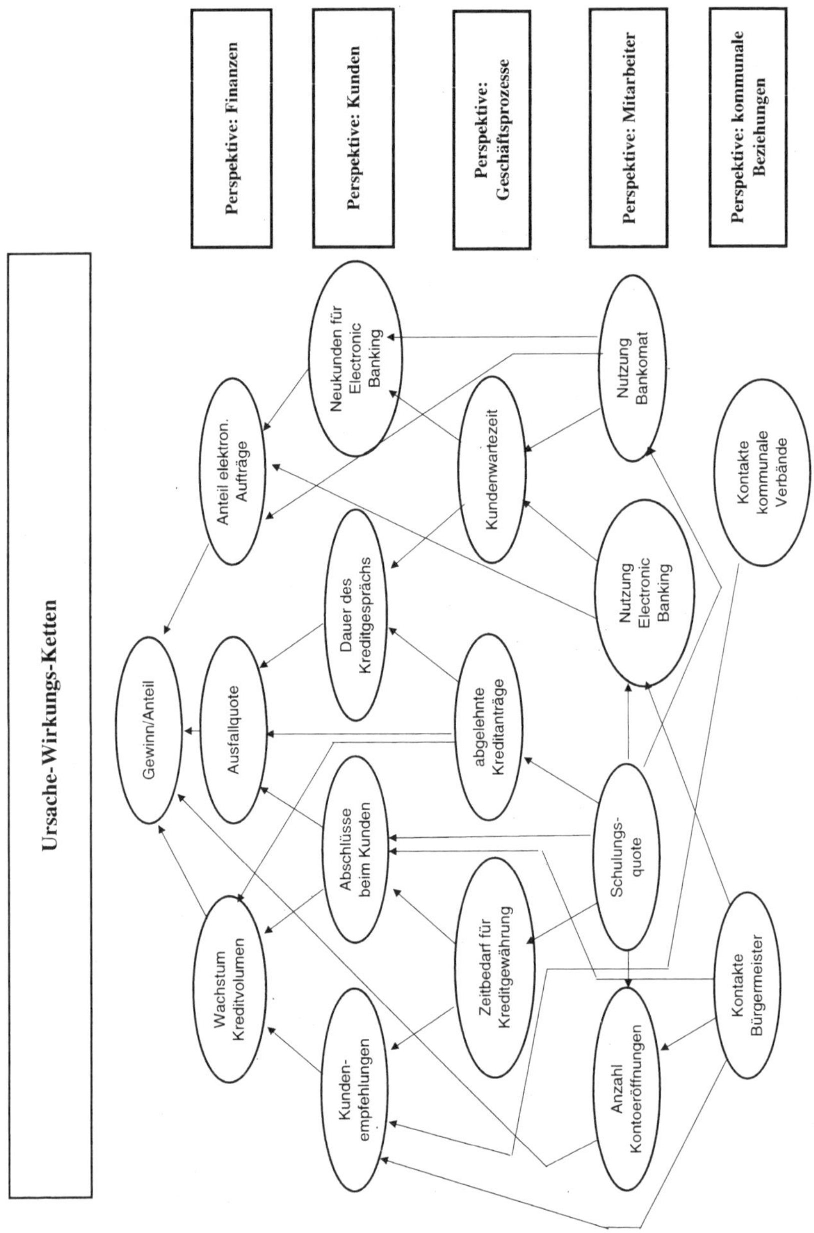

Abb. 26: Ursache-Wirkungs-Ketten der Kennzahlen der Regionalbank

dung) auf die Kennzahlen *Anzahl der Kontoeröffnungen* (Mitarbeiterperspektive, Mitarbeiterpotential), *Zeitbedarf für Kreditgewährung* (Geschäftsprozesse, betriebliche Leistungserstellung), *Abschlüsse beim Kunden* (Mitarbeiterperspektive, Kundenbeziehungen), *abgelehnte Kreditanträge* (Geschäftsprozesse, betriebliche Leistungserstellung) und *Nutzung Electronic Banking* (Mitarbeiterperspektive, Informationsverwertung) aus. Ähnliches gilt für die anderen Kennzahlen.

Es zeigt sich aber auch, dass einige Kennzahlen relativ eigenständig sind und nur wenige Verbindungen zu anderen Kennzahlen aufweisen. So könnte man überprüfen, ob z. B. die Zahl der *Kontakte zu kommunalen Verbänden* strategisch wirklich relevant sind.

Die grafische Darstellung der Verkettungen weist auch darauf hin, bei welchen Kennzahlen es sich um Früh-, bei welchen es sich um Spätindikatoren handelt. Frühindikatoren geben viele und intensive Impulse an andere Kennzahlen ab, Spätindikatoren hingegen nehmen eher auf, als sie Wirkungen auf andere ausüben. So sind die Kennzahlen *Kontakte zu Bürgermeistern*, *Schulungsquote*, aber auch *Anzahl Kontoeröffnungen* und *Nutzung Electronic Banking/Bankomat* eindeutig Frühindikatoren. Verbesserungen in diesem Bereich wirken sich in vielen anderen Gebieten positiv auf die Erreichung der strategischen Ziele aus.

Die Ursache-Wirkungs-Ketten machen noch auf drei andere, bereits oben erwähnte Aspekte aufmerksam:

1. Die in vielen Unternehmen genutzten Kennzahlen zur Finanz-, aber teilweise auch zur Kundenperspektive sind tendenziell eher als Spätindikatoren anzusehen. Frühindikatoren lassen sich stärker in den Perspektiven zu Geschäftsprozessen und Mitarbeitern ausmachen.
2. Frühindikatoren werden landläufig als weiche Kennzahlen bezeichnet, weil sie entweder nichtfinanzieller Natur sind oder man nicht gewohnt ist, sie relativ genau zu messen. Deren Erkennung macht aber einen Großteil der innovativen Arbeit aus, die mit der Balanced Scorecard verbunden ist.
3. So wichtig Maßnahmen sind, die wir über Frühindikatoren für den strategischen Prozess messen, operativ werden sie bislang wenig berücksichtigt. Diese Maßnahmen kosten Geld, der Ertrag ist kurzfristig gesehen eher unbedeutend.

11.2 Die Grenzen der Logik

Die aktuellen Prospekte der Beratungs- und Softwareunternehmen verkaufen die Balanced Scorecard als ein neues (weiteres?) Kennzahlensystem. Diese Auffassung gipfelt dann in Empfehlungen, diese oder jene Software im Unternehmen einzusetzen, die zur Abbildung der Balanced Scorecard natürlich besonders geeignet ist.

Bereits mehrfach haben wir auf die noch bestehenden Vorbehalte und Schwierigkeiten hingewiesen, die „weichen“ Indikatoren zu messen. Es ist wirklich nicht einfach, nein, es gehört auch Pioniergeist und verkäuferisches Talent des mit der Einführung beauftragten Teams dazu, diese Kennzahlen insbesondere für die innovativen Perspektiven zu definieren und messbar zu machen – und allen Mitarbeitern im Unternehmen zu vermitteln. Und nun müssen diese Kennzahlen DV-mäßig aufbereitet und verdichtet werden.

Oben haben wir bereits eine Kennzahl zur Perspektive kommunale Beziehungen vorgestellt: Für den Geschäftsbereich Kommunalkredite und Öffentlichkeitsarbeit der Regionalbank ist für die Perspektive kommunale Beziehungen eine Kennzahl definiert als *Kontaktintensität zu Bürgermeistern der Gemeinden, die Bauerwartungsland verkaufen wollen.* Die Verknüpfung dieser Kennzahl für einen Unternehmensbereich mit den strategischen Zielen des Gesamtunternehmens und deren Darstellung in der Balanced Scorecard ist einleuchtend: Je mehr Informationen über zukünftige Bautätigkeit man hat, umso besser können bauwillige Kunden beraten und gewonnen werden.

Aber wie will man die Verknüpfung als prozentuale Abhängigkeit definieren, und dies benötigt ein integriertes DV-System zur Abbildung der Balanced Scorecard! Eine „Steigerung der Kontaktintensität“ um 20 % führt zu einem um 0,27 % höheren Shareholder Value oder Gewinn pro Anteil.

Wird damit nicht das Kind mit dem Bade ausgeschüttet? Oder sind die Beraterlegionen und die Softwareindustrie unserer Zeit mit ihren Messmethoden schon so weit voraus? Sollte man diesen Beratern nicht das Kapitel 3.1 (Unternehmensführung mit Kennzahlen: Grundprobleme bei der Arbeit mit Kennzahlen) als Lektüre empfehlen?

Wichtig ist die Verstetigung des Aussagewertes der Kennzahlen. Eine Kontaktintensität – um bei diesem Beispiel zu bleiben – von 0,43 sagt wenig aus, auch die effektive Zahl 12 Kontakte im Monat allein hat noch keine Aussagekraft. Aber die Kennzahl *Wachstum der Kontaktintensität* oder die Anzahl der Kontakte über die Zeit hat Aussagekraft. Und darüber kann und soll im Unternehmen kommuniziert werden. Daher ist eine Erfassung der periodischen Werte und deren Darstellung von SOLL und IST (vgl. Abb. 27 und Abb. 29) hilfreich – und hierfür sollte man sich einer Unterstützung durch geeignete Software versichern.

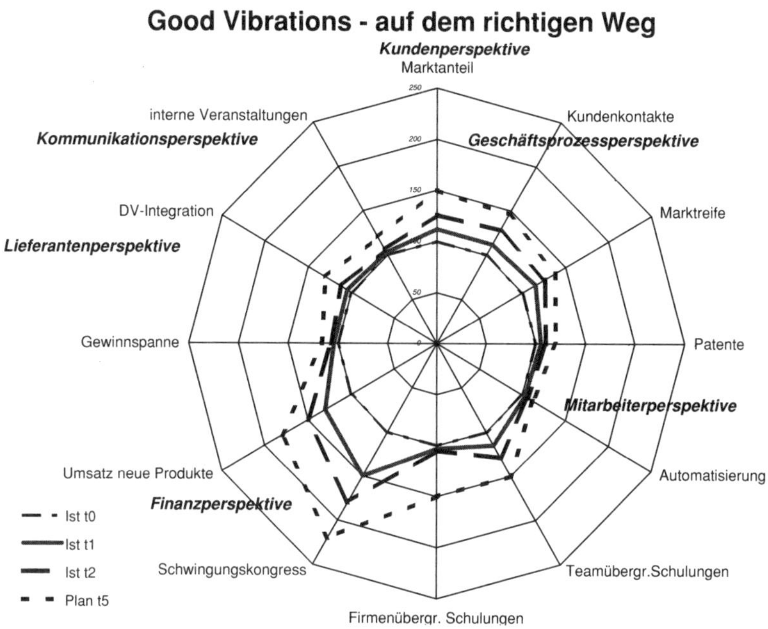

Abb. 27: Graphische EXCEL-Darstellung der Balanced Scorecard des Automotive-Zulieferers

> Die EXCEL-Anwendung für Abb. 27 finden Sie im Internet unter http://www.scorecard.de

Dies könnte Controllers Lieblingskind MS-EXCEL, aber auch eine BSC-spezifische Software sein. Natürlich, die visuelle Aufbereitung und Verbreitung der relevanten Kennzahlen fördert den kommunikativen Aspekt der Balanced Scorecard. Aber bitte ohne differenzierte und automatisierte Verknüpfung über alle Scorecard-Ebenen. Das Wachstum der Kontaktintensität mit den Bürgermeistern um 20 % hat kaum eine Steigerung von exakt 0,27 % beim Shareholder Value zur Folge.

11.3 Vertikale Verknüpfung von Kennzahlen

Alle Mitarbeiter eines Unternehmens sind über die Visionen, strategischen Absichten informiert und wollen nun zielgerichtet arbeiten. Aber kann man davon ausgehen, dass für alle Mitarbeiter, alle Abteilungen, Hauptabteilungen, Unternehmensbereiche etc. identische Wege zur Erreichung des Zieles sinnvoll und richtig sind? Nein!

Daher muss jeder Unternehmensbereich, der über eine gewisse Eigenständigkeit verfügt und strategisch wirkt, eine eigene Scorecard erarbeiten.

An dieser Stelle wird gerne eine eher akademische Diskussion zum Thema „Eigenständigkeit" geführt. Wie weit sollte man eigene Scorecards für Unternehmensbereiche herunterbrechen? Benötigt man für jede Abteilung eine individuelle Balanced Scorecard? Muss so viel Aufwand getrieben werden?

Es kann keine allgemein gültige Antwort hierfür geben. Jedes Unternehmen sollte auch in dieser Frage seine eigenen Maßstäbe haben – und die müssen durchdacht sein! Die Antwort hängt naturgemäß stark von der gewählten Strategie für das Unternehmen ab. Denn alle Mitarbeiter, ohne Einschränkung: Alle wollen, sollen oder müssen sich in ihrer täglichen Arbeit an den strategischen Zielen orientieren (können). Und die Motivation zu diesem strategischen Verhalten basiert auf der gemeinsamen Diskussion über die Umsetzung der Vision, der vereinbarten Strategien in der eigenen Abteilung. Diese Umsetzung wird in der täglichen Arbeit durch die permanente, eigenständige Überprüfung der IST-Werte gefördert und findet dann (hoffentlich) auch ihren Ausdruck in motivationsfördernden, an der Balanced Scorecard orientierten Anreizsystemen.

Die vertikale Verknüpfung soll beispielhaft für den Automotive-Zulieferer dargestellt werden. Beschränken wir uns hierbei auf die Kundenperspektive:

- Das Unternehmen entwickelt, vertreibt und produziert mit einer minimalen Belegschaft. Entwicklung und Vertrieb bestehen aus je zwei, drei Mitarbeitern, projektorientiert verstärkt um Mitarbeiter der Bereiche Geschäftsführung, Produktion und Verwaltung.

Abb. 28 gibt Aufschluss über die Verknüpfung der Bereichs- mit den Unternehmenskennzahlen der Kundenperspektive. Es kommt zum Ausdruck, dass nicht für jede Unternehmenskennzahl in jedem Bereich eine und genau eine Bereichskennzahl erarbeitet werden muss – nur gleichgerichtet auf das strategische Ziel müssen sie sein!

vertikale Verknüpfung der Kennzahlen am Beispiel der Kundenperspektive

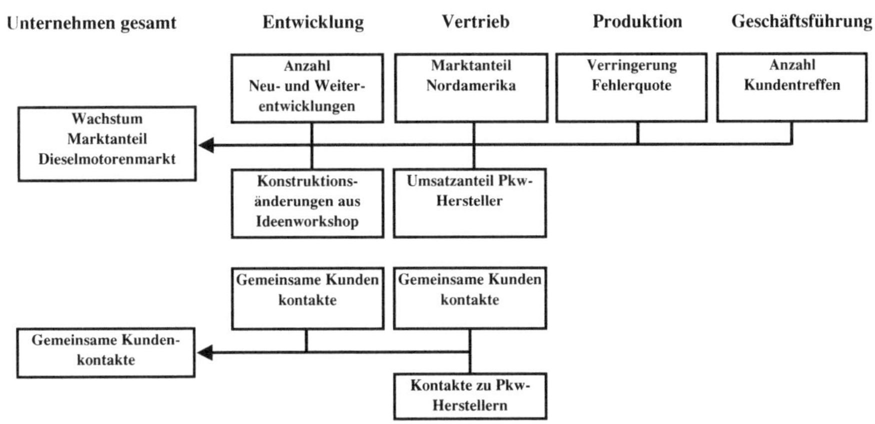

Abb. 28: Vertikale Verknüpfung von Kennzahlen

11.4 Praxisbeispiel – Vertikale Verknüpfung beim Automotive-Zulieferer

Mission ❑ Good vibrations mit XYZ

Vision ❑ Weltmarktführer für Schwingungstechnik

Strategien ❑ Umsatzverdoppelung in 4 Jahren

❑ 50 % Umsatzanteil von neuen Produkten

Kundenperspektive

Unternehmen gesamt: ❑ Wachstum des Marktanteils an Dieselmotoren-Schwingungstechnik

Erläuterung: Auch wenn man sich auf neue Produkte, mittelfristig auf den Bau von Komponenten und langfristig auf neue Motorenkonzepte hin orientieren wird, die derzeitigen Cash-cows sind die klassischen Produkte zur Vermeidung von Motorenschwingungen. Das bisherige Umsatzwachstum kann nur beibehalten werden, wenn es einerseits gelingt, geographisch neue Märkte zu erschließen, Weltmarktführer zu werden. Zusätzlich müssen neue Kundengruppen akquiriert werden, die bisher mit anderer Technik vom Wettbewerb beliefert wurden.

Maßstab: der weltweite Marktanteil am Umsatz mit Dieselmotoren-Schwingungstechnik

Abteilung Entwicklung:

- ❑ Anzahl Neu- bzw. Weiterentwicklungen

Erläuterung: Auch wenn die Dieselmotoren-Schwingungstechnik als Cash-cow sehr langfristig gesehen ein auslaufendes Modell ist, sie trägt noch sehr stark zu Umsatz und Gewinn bei. Und dies wird in den nächsten Jahren so bleiben. Daher sind in der Entwicklung Anstrengungen zu unternehmen, das Produkt weiter zu perfektionieren, noch intelligentere Zusatznutzen zu implementieren etc.

Maßstab: die Zahl der Konstruktionsänderungen im Bereich Dieselmotoren-Schwingungstechnik.

- ❑ Anzahl erarbeitete Konstruktionsänderungen aus gemeinsamen Ideenworkshops von Vertrieb und Entwicklung.

Erläuterung: Im Rahmen der Vertriebskontakte entstehen so viele Ideen, die zielgerichtet in regelmäßigen Ideenworkshops ausgewertet werden.

Maßstab: die Zahl der daraus entstehenden Konstruktionsänderungen.

Abteilung Vertrieb:

- ❑ Marktanteil an Dieselmotoren-Schwingungstechnik in Nordamerika

Erläuterung: Der größte Markt der Erde fehlt noch in der Vertriebsliste: Hier sind die Anstrengungen zu verstärken, auch dort die Nr. 1 zu werden.

Maßstab: der Marktanteil am Umsatz mit Dieselmotoren-Schwingungstechnik in Nordamerika

- Umsatzanteil der Pkw-Hersteller

  Erläuterung: Bislang sind die Produkte lediglich im Lkw- und Schiffsmotorenbereich eingeführt. Für Pkw gibt es noch andere, nicht vom Unternehmen angebotene technische Lösungen, die in den Produktionskosten günstiger sind. Aber gibt es keine Möglichkeiten, in diesen Massenmarkt einzudringen? Die eigene überlegene, aber teure Technik könnte doch eventuell als Komfortinnovation für den Pkw-Bereich „verkauft" werden. Sicherlich ist dieser Markt auch aus produktionstechnischer Sicht schwierig zu erobern, aber ein Anfang, dort ein Segment zu besetzen, sollte gemacht werden.

  Maßstab: der Umsatzanteil der Pkw-Hersteller am Gesamtumsatz.

Abteilung Produktion:

- Verringerung der Fehlerquote

  Erläuterung: Total Quality ist in diesem Unternehmen besonders wichtig, da der Materialanteil an den Produkten recht hoch ist. Auch sind die Folgen bei Auslieferung fehlerhafter Teile an die Kunden gravierend.

  Die Fehlerquote wird durch umfassende Kontrollen beim Wareneingang und nach den wichtigsten Produktionsschritten sichergestellt, so dass eine weitergehende Bearbeitung der fehlerhaften Werkstücke gar nicht mehr erfolgt.

  Maßstab: der durchschnittliche Anteil fehlerhafter Produkte pro Los.

Geschäftsführung:

- Anzahl der Treffen mit den wichtigsten fünf Kunden

  Erläuterung: Die Geschäftsführung ist der beste Verkäufer. Besonders auf der kommunikativen Ebene ist für eine positive, partnerschaftliche Grundstimmung in der Zusammenarbeit mit den wichtigsten Kunden zu sorgen. Hierzu trifft sich die Geschäftsführung mehrmals im Jahr mit den führenden Mitarbeitern der Kunden.

  Maßstab: die Zahl der Treffen.

Unternehmen gesamt:

- Gemeinsame Kontakte von Vertrieb und Entwicklung zu Kunden, um Beziehungspartnerschaften aufzubauen

  Erläuterung: Um den Umsatzanteil mit neuen Produkten zu steigern, müssen die Kontakte zwischen der eigenen Entwicklungsabteilung und den Entwicklern der Kunden intensiviert werden. Sonst besteht die Gefahr, dass am Markt vorbei entwickelt wird oder die Kunden eigene Entwicklungen nicht mitbekommen, daher auch nicht nutzen können.

  Damit diese Kontakte auch vertriebsmäßig genutzt, damit auch das technische Know-how des Vertriebs permanent verbessert wird, sind trotz höherer Kosten auch gemeinsame Reisen von Entwicklung und Vertrieb zu empfehlen.

  Maßstab: die Anzahl von Besuchskontakten zu Kunden-Entwicklern beim Kunden wie im Unternehmen, die gemeinsam von Mitarbeitern des Vertriebs und der Entwicklung wahrgenommen werden.

Abteilung Entwicklung:

- Gemeinsame Kontakte von Vertrieb und Entwicklung zu Kunden, um Beziehungspartnerschaften aufzubauen

  Erläuterung: Diese Kennzahl gilt natürlich identisch auch für die Entwicklungsabteilung.

  Maßstab: die Anzahl dieser Kontakte (Besuche und Treffen bei Ausstellungen etc.)

Abteilung Vertrieb:

- Gemeinsame Kontakte von Vertrieb und Entwicklung zu Kunden, um Beziehungspartnerschaften aufzubauen

  Erläuterung: Diese Kennzahl ist u. a. auch Maßstab für die strategische Vertriebsarbeit.

  Maßstab: die Anzahl dieser Kontakte (Besuche und Treffen bei Ausstellungen etc.)

- Anzahl persönlicher Kontakte zu den Entwicklungsabteilungen von Pkw-Herstellern.

  Erläuterung: Um in den Pkw-Markt eindringen zu können, sind persönliche Kontakte zu den Entwicklern der entsprechenden Hersteller aufzubauen. Diese sind Grundlage für spätere gemeinsame Besuche.

  Maßstab: die Anzahl dieser Kontakte (Besuche und Treffen bei Ausstellungen etc.)

Abteilung Produktion:

- Hierfür gibt es in der Produktion keine entsprechende Kennzahl.

Geschäftsführung:

- Hierfür gibt es in der Geschäftsführung keine entsprechende Kennzahl.

12 Die Umsetzung der Balanced Scorecard im Unternehmen

Auf einen Blick:

- ⇨ Jede konkrete Balanced Scorecard ist ein Unikat.
- ⇨ Eine vertrauensbasierte Unternehmensorganisation fördert die Arbeit mit der Balanced Scorecard.
- ⇨ Die Erarbeitung und Einführung der Balanced Scorecard erfolgt stufenweise. Man sollte dafür ausreichend Zeit einplanen.

Nun ist sie entstanden, die Balanced Scorecard. Damit die Balanced Scorecard aber auch per schnellen Blick als Informations- und Arbeitsinstrument für alle Mitarbeiter dient, haben unser Banker und sein Controller sie für die Regionalbank auf einer Seite grafisch aufbereitet:

Jetzt gilt es, die gemeinsam erarbeitete Balanced Scorecard praktisch umzusetzen. Dabei wird es sich als vorteilhaft erweisen, wenn die Scorecard in Teamarbeit entstanden war. Teamarbeit im besten Sinne. Dann ist ein wichtiges Ziel schon erreicht. Mission, Vision und Strategien sind nicht das Produkt „der da oben", sondern in breitem Rahmen und im Konsens erarbeitetes Gemeingut des Unternehmens.

Es mag sein, dass der eine oder andere die eine oder andere Formulierung anders gefasst hätte. Jeder Konsens ist auch in gewissem Maße ein Kompromiss verschiedener Auffassungen. Aber eine optimale Scorecard wird es ohnehin nicht geben. Dazu sind die Probleme zu vielfältig, die Beteiligten zu unterschiedlich, als dass man allen gerecht werden könnte. Das sollte auch nicht angestrebt werden.

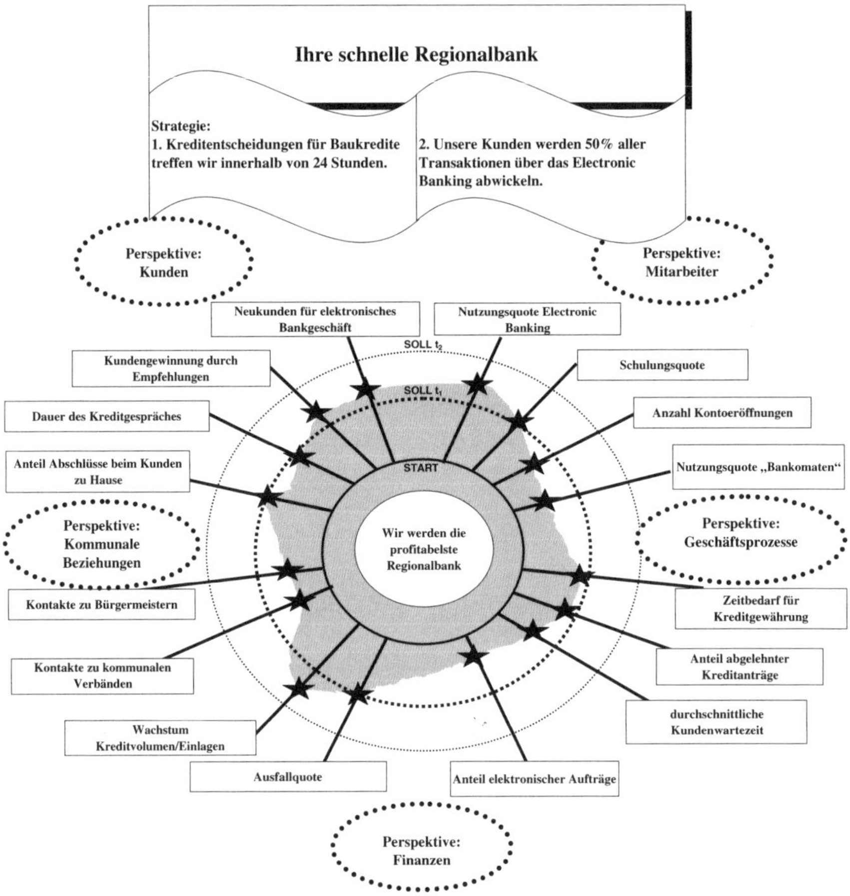

Abb. 29: Beispiel für die übersichtliche Darstellung der kompletten Balanced Scorecard für die Regionalbank mit SOLL und IST

12.1 Gibt es „die“ Balanced Scorecard?

Die Frage nach „der“ Balanced Scorecard wird in zwei Richtungen gestellt:

1. Gibt es eine beispielhafte Scorecard für die Unternehmen etwa einer Branche oder zumindest allgemeingültige Aspekte, die man in jede Balanced Scorecard übernehmen kann?

2. Gibt es für ein Unternehmen „die" Scorecard im Sinne einer endgültigen Lösung?

Auf die erste Frage kann man zunächst antworten: „Bis zu einem gewissen Grad." Es gibt immer Allgemeingültiges. Allerdings erinnert das ein wenig an jenes schöne Bonmot über den Spezialisten und den Generalisten: „Der Spezialist weiß immer mehr über immer weniger. Der Generalist weiß immer weniger über immer mehr. Zum Schluss treffen sich beide. Der Spezialist weiß alles über nichts und der Generalist nichts über alles."

Nur, darin liegt nicht das wirkliche Problem. Dem Problem kommen wir mit einer anderen Fragestellung näher:

„Was bringt uns eine beispielhafte Scorecard, was bringen allgemeingültige Aspekte im konkreten Einzelfall?"

Und hier zeigen alle bisherigen Erfahrungen: wenig! Allgemeine Aussagen können Anregungen geben, Richtschnur sein für die ersten eigenen Schritte. Allgemeine Aussagen können dabei helfen, in die Gedankenwelt der Balanced Scorecard einzudringen. Allgemeine Aussagen können das Verständnis schärfen für die zu erwartenden Probleme. Das ist sicherlich eine ganze Menge. Aber die eigentliche Arbeit beginnt erst danach.

Wenn einige Aussagen allgemeingültig sind, dann diese:

- ⇨ Die Balanced Scorecard ist mehr als ein Kennzahlen-Tableau.
- ⇨ Die Balanced Scorecard ist eine Methode zur Erarbeitung und unternehmensweiten Kommunikation von Mission, Vision und daraus abgeleiteten Strategien des Unternehmens.
- ⇨ Die Balanced Scorecard soll allen Beteiligten mit Hilfe geeigneter Kennzahlen konkret vermitteln, wie die strategischen Ziele mit der Mission und Vision des Unternehmens zusammenhängen und wie sie praktisch umzusetzen sind. Die Kennzahlen müssen daher so gewählt und dargestellt werden, dass sie verständlich sind und ein hohes kommunikatives Potential verkörpern.
- ⇨ Die Balanced Scorecard ist in diesem Sinne ein Managementsystem zur strategischen Führung eines Unternehmens mit Kennzahlen. Führung durch Kennzahlen setzt dabei voraus, jede Kennzahl mit SOLL und IST, mit Maßnahmen zur Erreichung des SOLL, mit Verantwortlichkeit für

die Maßnahmen und mit Regelungen zur Motivation der Verantwortlichen zu verbinden.

Die Konsequenz dieser allgemeinen Aussagen ist nichts anderes als:

Jede konkrete Balanced Scorecard ist ein Unikat!

Und wir sollten gar nicht erst den Versuch unternehmen, eine in einem Unternehmen entwickelte Balanced Scorecard zu kopieren. Selbst wenn es möglich ist, verschiedene Kennzahlen anderer Unternehmen in die eigene Scorecard zu integrieren, so integriert man praktisch nicht mehr als die leere Hülle, die Worthülse. Denn das „Lebendige" einer Kennzahl, das IST und SOLL, die Verantwortlichkeiten und die Motivation – all das muss jedes Unternehmen jeweils für seine ganz spezifischen Bedingungen erarbeiten. Das ist nicht kopierbar. Das eben ist das Unikat!

Aber es gibt noch mehr Spezifika. Jede Kennzahl muss individuell definiert werden. Umsatz pro Mitarbeiter beispielsweise ist nicht gleich Umsatz pro Mitarbeiter. Für ein Unternehmen im Schwermaschinenbau sagt diese Kennzahl anderes als z. B. für eine Einzelhandelskette. Aber auch innerhalb einer Branche bestehen von Unternehmen zu Unternehmen Unterschiede im Detail. Das liegt daran, dass es Unterschiede in der Art und Weise der Fakturierung, in der Unternehmensstruktur etc. gibt.

Wenn jedoch Kennzahlen lebendig kommuniziert werden, wenn Motivation und Einsatzbereitschaft an den Umsatz gebunden werden, dann sollten alle Beteiligten wissen, wie der Umsatz pro Mitarbeiter konkret bestimmt wird, inhaltlich und methodisch.

Die zweite Frage, die nach „der" Balanced Scorecard im Sinne einer endgültigen Lösung für das Unternehmen kann eindeutig verneint werden. Das Leben ist ein Prozess und damit eine ständige Veränderung. Gedankliche Abbildungen dieses Prozesses – in der Wirtschaft wie in allen anderen Lebensbereichen – sind im Gegensatz dazu Momentaufnahmen, spiegeln eine bestimmte Situation zu einem bestimmten Zeitpunkt wider. Es sind relative Abbildungen. Relative Abbildungen, geboren aus Informationen der Vergangenheit und geformt nach Modellen in unserem Kopf. Geformt nach Modellen, die ihrerseits auf unseren Erfahrungen, Instinkten und Erkenntnissen basieren und die beeinflusst werden von unseren Vorurteilen und Konventionen.

Auch die nach bestem Wissen und Gewissen und unter Einbeziehung aller Mitarbeiter erarbeitete Balanced Scorecard ist nicht mehr als eine Momentaufnahme unseres Unternehmens. Eine Momentaufnahme, verknüpft mit gedanklichen Schlussfolgerungen für die Zukunft.

Eine Momentaufnahme ist ein statisches Bild. Darum gibt eine einmal erarbeitete Balanced Scorecard immer nur die Informationen wieder, die zum Zeitpunkt ihres Entstehens wahrgenommen, verarbeitet, ausgewählt und verstanden wurden. Aber diese Informationen veralten. Und die Balanced Scorecard vergilbt wie ein altes Foto, wenn wir sie nicht ständig den Veränderungen der wirtschaftlichen Situation unseres Unternehmens anpassen.

Deshalb sollten wir uns davor hüten, die Balanced Scorecard als etwas Endgültiges anzusehen. So wie wir im Übrigen gut daran täten, diese Maxime auf alle Bereiche unseres Lebens auszudehnen.

Es gibt nichts Endgültiges. Auch keine fertige Balanced Scorecard!

12.2 Vom Leben lernen oder wie nutze ich das Feedback?

Damit stehen wir vor der Frage: Wie sollen die Veränderungen der wirtschaftlichen Situation unseres Unternehmens eingebunden werden in die Balanced Scorecard? Wie lernen wir vom Leben?

12.2.1 Lernen durch Feedback

Zunächst einmal müssen wir erst bereit sein, zu lernen. Nicht nur deklaratorisch, nicht nur verbal. Wirkliche Bereitschaft zum Lernen erfordert den Mut zur Änderung früher einmal für richtig erkannter Auffassungen. Änderungen, die aus neuen oder veränderten Informationen resultieren. Aus Informationen, die unsere Sicht auf die Zusammenhänge verändern.

Aber Änderungen einer einmal für richtig erkannten Auffassung werden landläufig zumeist als Irrtum angesehen.

Und viele Menschen haben eine Hemmschwelle, Irrtümer einzugestehen. Diese Hemmschwelle scheint zu wachsen, wenn wir in eine Führungsposition gelangen. Sei es auch nur auf unterer Ebene. Oder zeitweilig, etwa als

Leiter einer Projektgruppe. Der Irrtum wird unter Managern gewöhnlich als negativer Begriff eingestuft. Einmal ist keinmal; aber das zweite Mal kann schon den Stuhl kosten. Und das behindert die Bereitschaft zum Lernen!

Dabei sind Irrtümer die Quelle allen Fortschritts. Jedes Kind erlernt den aufrechten Gang durch eine Kette von Versuchen und Fehlversuchen (Irrtümern). Jeder Naturwissenschaftler kennt den Weg zum Erfolg als mühsame Folge von Versuch und Irrtum. Und wer hat nicht schon einmal versucht, ein Puzzle zu legen. Ohne Irrtümer kein Erfolg! Bei Lichte besehen haben Irrtümer durchaus eine positive Funktion.

Geben wir daher auch in der Wirtschaft dem Irrtum ein positives Image! Wer einen Irrtum eingesteht, demonstriert Lernfähigkeit. Und Lernfähigkeit gehört zu den wichtigsten Eigenschaften eines modernen Managers!

Mit steigender Lernbereitschaft steigt die Sensibilität für die Äußerungen, die Rückmeldungen der Mitarbeiter. Wir erhalten ein Feedback, weil die Äußerungen zu uns durchdringen. Auf allen Ebenen. Und niemand ist stärker mit den realen wirtschaftlichen Prozessen und ihren Problemen verbunden, als die Mitarbeiter. Sie spüren die Veränderungen im internen und externen Beziehungsgeflecht der betrieblichen Leistungserstellung in den meisten Fällen zuerst.

Dabei merken sie sicher eher die kleinen als die großen Veränderungen. Und manchmal sind es mehr Stimmungen, die als Vorboten möglicher Chancen oder Fährnisse aufkommen. Aber ein Management, das bereit und fähig ist, diese Stimmungen aufzunehmen und kritisch auszuwerten, wird frühzeitig in der Lage sein, zu reagieren.

Kritisch zu den Rückmeldungen, denn nicht jede Stimmung, nicht jede Äußerung zeigt strategisch bedeutsame Veränderungen an.

Kritisch aber auch zu den eigenen Leitlinien. Insbesondere dann, wenn sich die Stimmung im Unternehmen verfestigt, wenn die Äußerungen der Mitarbeiter, Kunden und Lieferanten ein Bild zeichnen, das immer stärker von den strategischen Vorgaben der Balanced Scorecard abweicht.

Die Qualität des Feedback ist dabei natürlich auch von der Sachkunde der Rückmeldenden abhängig. Daraus resultiert die immer wieder erhobene Forderung, an der Erarbeitung einer Balanced Scorecard alle Mitarbeiter in geeigneter Form zu beteiligen. Denn erst bei Beteiligung aller Mitarbeiter ist die gesamte Sachkunde des Unternehmens vertreten. Und wenn dann die Inhalte von Mission und Vision, die Intentionen der strategischen Zielstellungen von allen verstanden werden, ist das Feedback aller auch entsprechend offen.

Es geht aber um noch mehr. Mit den Scorecard-Kennzahlen sind konkrete Daten verbunden. Daten zum Ist und zum SOLL. Inwieweit identifizieren sich die Mitarbeiter mit diesen Zahlen?

Wenn bereits das IST angezweifelt wird, weil man der Messmethode oder den messenden Personen nicht traut, ist es um die motivierende Wirkung der Balanced Scorecard nicht gut bestellt. Derartige Rückmeldungen sollten wir unbedingt ernst nehmen.

Ähnlich ist es mit dem SOLL. Es ist wie mit den Trauben. Hängen sie zu niedrig, wird unsere Strategie belächelt. Denn wie soll man ein Ziel als strategischen Anspruch anerkennen, das man quasi im Vorübergehen ohne größere Anstrengung erreichen kann? Hängen sie zu hoch, wird man sich nicht mehr danach strecken, da sie ja überhaupt unerreichbar sind. Unsere Strategie wird als realitätsfern eingestuft und unter „Ulk" abgebucht – wie man in Berlin sagt. Auch hier ist es wichtig, ein Feedback zu erhalten.

12.2.2 Kommunikation und Vertrauenskultur im Unternehmen

Wenn wir uns einmal zu der Erkenntnis von der Nützlichkeit eines breiten Feedback im Unternehmen durchgerungen haben, müssen wir uns entscheiden, was wir wollen: ein stärkeres, aktives oder ein eher passives Feedback?

Passives Feedback ist meistens unverfälscht. Darin liegt seine Bedeutung. Außerdem ist das passive Feedback immer latent vorhanden. Stimmungen entstehen und vergehen und Informationen werden zu allen Gelegenheiten ausgetauscht. Ob wir sie als Feedback aufnehmen ist eine andere Sache. Aber sie sind da.

Nur, passives Feedback ist zufällig, nicht zielgerichtet, nicht kontinuierlich. Und passives Feedback erfolgt nicht unbedingt zu dem Zeitpunkt, an dem wir es benötigen. Wenn das vermieden werden soll, ist aktives Feedback vonnöten.

Aktives Feedback muss organisiert werden. Es setzt ein Klima im Unternehmen voraus, das die Mitarbeiter einbezieht in die Vorbereitung von Entscheidungen und das kritische Rückmeldungen fördert und herausfordert, das Kritik als positives Signal fördert. Und genau dieses Klima begünstigt die Erarbeitung und Umsetzung einer Balanced Scorecard.

Wer eine Kennzahl selber vorgeschlagen und ihre Definition in Diskussionen mit geprägt hat, wird auch wissen, was sie bedeutet. Und wer darüber hinaus an der Bestimmung von IST und SOLL beteiligt ist und die Maßnahmen zur Erreichung des SOLL selber mit ausarbeitet, wird von der Realität der Zahlen überzeugt sein. Das ist nicht erst eine Erkenntnis der Balanced Scorecard. Es gibt ungezählte Beispiele, seien es nun der kontinuierliche Verbesserungsprozess bei VW, die Qualitätszirkel bei DaimlerChrysler oder die weit verbreiteten Formen der Gruppenarbeit. Sie demonstrieren die motivierende Kraft der Einbeziehung von Mitarbeitern in die Entscheidungsprozesse des Unternehmens.

In einem Chemieunternehmen diskutieren die Mitarbeiter eigene Vorschläge für ihre Zielvereinbarungen mit dem Bereichsleiter. Und da sie mit den Zielstellungen für ihren Bereich vorher bekannt gemacht wurden, wissen sie in etwa, wonach sie sich strecken sollen. Aus dieser gemeinsamen Diskussion erwächst ein enormes Feedback.

Und auch die Bereichsleiter erarbeiten und diskutieren ihre Zielvereinbarungen gemeinsam mit dem Werkleiter. Dadurch kennen sie die strategische Orientierung des Werkes genau. Sie waren an ihrer Erarbeitung beteiligt.

Jedes Werk des Chemieunternehmens hat als strategische Geschäftseinheit im Rahmen des Gesamtkonzerns eine eigene Scorecard. Die dort verfassten Zielstellungen sind sehr anspruchsvoll, da nur auf diese Weise die Existenz des Standortes auf Dauer gesichert werden kann. Der Konzern führt für alle seine Standorte kontinuierliche Leistungsvergleiche. Investitionen erhalten nur die Werke mit den erfolgversprechendsten Entwicklungspotentialen. Und ohne Investitionen kann dieser Standort nicht überleben.

Die strategischen Kennzahlen des Werkes sind Bestandteil der Bereichszielstellungen. Und diese sind wiederum Orientierung für die Zielvereinbarungen mit den Mitarbeitern.

Aus der Art und Weise der unternehmensweiten Scorecard-Diskussion lässt sich ermessen, inwieweit Mission und Vision im Unternehmen verstanden werden, wie realistisch die strategischen Zielstellungen sind und inwiefern die mit der Balanced Scorecard festgelegten Herausforderungen als solche von allen anerkannt und angenommen werden.

Diese breite Einbeziehung aller Mitarbeiter in die strategische Arbeit hat nicht nur das Klima im Unternehmen verbessert. Es ist ein Klima des Vertrauens entstanden.

Die breite Einbeziehung der Mitarbeiter hat auch erstaunliche Initiativen hervorgebracht. So haben beispielsweise die Mitarbeiter der Werkssicherheit (einschließlich Empfang) mit ihren Zielvereinbarungen folgende Vorschläge unterbreitet, verbunden mit dem Willen, diese Vorschläge auch mit umzusetzen:

1. Das wechselseitige Meldesystem zwischen dem Einlassdienst und den einzelnen Abteilungen des Werkes wird verbessert. Der Empfang wird dahingehend geschult, dass unangemeldete Besucher aufgrund ihrer Wünsche zielgerichtet der zuständigen Abteilung zugeordnet und dorthin vermittelt werden. Die Schulungsquote ist eine Kennzahl der Balanced Scorecard des Empfangs. Gleichzeitig sind alle angemeldeten Besucher mit dem zugehörigen Ansprechpartner, der zum Termin anwesend sein wird, dem Empfang anzukündigen. Der Grad der Ankündigung ist auch eine Kennzahl.
2. Im Unternehmen wird ein Besucherleitsystem eingerichtet. Das ist erforderlich, da das Werk seine historisch interessante Bausubstanz trotz höchster Modernisierung der technischen Anlagen weitgehend erhalten hat. Diese Bausubstanz ist allerdings für den Unkundigen etwas verwirrend. Das Kundenleitsystem schließt drei verschiedene Kundenparkplätze ein. Der Empfang überwacht die Belegung der Parkplätze und weist den Besuchern einen freien Parkplatz zu, der möglichst in der Nähe der zu besuchenden Abteilung liegt. Darüber hinaus werden übersichtliche Hinweisschilder erarbeitet und aufgestellt. Die Einrichtung des Besucherleitsystems erfolgt in drei Etappen. Der Realisierungsgrad der Etappen ist eine weitere Kennzahl.

Das Beispiel mag belächelt werden, denn die genannten Kennzahlen sind nur im geringen Grad entscheidend für die Entwicklung des Unternehmens. Und natürlich besteht die Balanced Scorecard des Unternehmens auch nicht aus diesen Kennzahlen. Aber diese Kennzahlen des Empfangs sind Unterpunkte im Rahmen des Maßnahmenplans zu strategischen Zielen, die mit Kennzahlen der Kundenperspektive gemessen werden.

Das Beispiel zeigt, dass eine Balanced Scorecard – wenn sie als Führungssystem verstanden wird – für alle Mitarbeiter motivierende Wirkung haben kann. Auch wenn es sich „nur" um den Pförtner, den Empfang handelt!

Und die genannten Kennzahlen haben nachweislich eine positive Auswirkung auf die Kundenzufriedenheit. Die Besucher fühlen sich vom ersten Moment an ernst genommen. Und der erste Eindruck ist oftmals der wichtigste!

Die Zielvereinbarungen haben noch einen weiteren wesentlichen Effekt. Dadurch, dass sie ausdrücklich Bezug nehmen auf die Balanced Scorecard, entsteht aus der Auswertung des Erfüllungsgrades dieser Vereinbarungen ein signifikantes Feedback. Ein Trend zu deutlicher Überbietung signalisiert, dass die Zielorientierungen nicht anspruchsvoll genug waren. Im umgekehrten Fall signalisiert ein negativer Trend frühzeitig Probleme in der Umsetzung der erarbeiteten Strategien. Die Geschäftsführung kann auf diese Weise rechtzeitig reagieren. Sie kann ggf. ihre strategischen Ziele kontinuierlich den sich ändernden Bedingungen anpassen.

Aus diesem Grund wurde der Erfüllungsgrad der Zielvereinbarungen in das Controlling des Chemieunternehmens einbezogen. Er wird monatlich berichtet, verbunden mit der Voreinschätzung für das Quartal und das Jahresende.

Schließlich sei noch auf einen Aspekt verwiesen. Die Balanced Scorecard wurde in dem Chemieunternehmen nicht zum Selbstzweck eingeführt. Sie war eher das Nebenprodukt von Überlegungen, wie eine längere Phase der Umstrukturierung des Unternehmens am besten durchgeführt werden könnte. Umstrukturierungen bringen Unruhe mit sich. Veränderungen verursachen Ängste. Ängste vor dem Verlust des Arbeitsplatzes, vor unbekannten Anforderungen, denen man eventuell nicht gerecht werden kann. Oder einfach nur Ängste vor dem Ungewissen.

Diesen Ängsten begegnet man am besten durch frühzeitige Information und Einbeziehung der Mitarbeiter. Und dafür ist die Erarbeitung einer Balanced Scorecard ein hervorragendes Hilfsmittel. Das war der Ausgangspunkt in diesem Fall. Die positiven Auswirkungen auf das Unternehmensklima insgesamt und die Umsetzung der strategischen Ziele waren ein dankbar aufgenommener, aber zunächst nicht vordergründig einkalkulierter „Nebeneffekt“.

12.3 Die Einführung der Balanced Scorecard im Unternehmen

Wenn wir praktisch an die Einführung einer Balanced Scorecard herangehen, sollten wir folgende Fragen berücksichtigen?

1. Wer ergreift die Initiative und treibt den Prozess voran?
2. Wer soll der „Architekt“ der Balanced Scorecard sein?
3. Womit fangen wir an?
4. Wie weit sollte der Prozess getrieben werden?
5. Wieviel Zeit ist erforderlich?

12.3.1 Die Rolle des Managers

Der Initiator, die treibende Kraft bei der Erarbeitung und Einführung einer Balanced Scorecard sollte der oberste Manager des Unternehmens sein. Es geht ja nicht um irgendeinen Teilaspekt. Mit der Balanced Scorecard stellen wir die zentralen Weichen für die kommenden fünf bis zehn Jahre.

Und diese zentralen strategischen Fragen müssen – wie bereits mehrfach erwähnt – Top-Down, von oben nach unten, angegangen werden. Sicher, nicht vom Top-Manager allein. Balanced Scorecard-Arbeit ist Teamarbeit! Aber der führende Kopf sollte er schon sein.

Dabei geht es nicht um die Details, die können auch andere erarbeiten. Es geht darum, den Prozess anzustoßen, ihm das nachhaltige Gewicht einer zentralen Aufgabe zu geben. Es geht weiterhin darum, den Prozess in Gang zu halten, ihm neue Impulse zu verleihen, wenn der Elan zu versiegen droht. Und es geht darum, die notwendigen Entscheidungen zu treffen. In den Zwischenetappen und zum Schluss, wenn es gilt, die Ergebnisse der Arbeit, die entstandene Balanced Scorecard bei den Anteilseignern zu verkaufen.

Und schließlich – wenn dies mit Erfolg absolviert wurde – geht es darum, die alltägliche Arbeit mit der Scorecard in der Hand zu behalten. Mit den erarbeiteten Kennzahlen zu führen! Denn die ganze Anstrengung läuft ins Leere, wenn anschließend mit der Scorecard nicht konsequent gearbeitet wird.

Diese Verantwortung kann dem Top-Management niemand abnehmen. Und es sollte sich die Verantwortung auch nicht aus der Hand nehmen lassen. Denn es gibt kaum ein Instrument, mit dem sich die strategische Führung eines Unternehmens effektiver umsetzen ließe als mit der Balanced Scorecard. Sie kostet viel Arbeit. Aber sie ist eine große Chance für jeden Manager. Wenn er gewillt und in der Lage ist, sie zu nutzen.

12.3.2 Die Rolle des Controllers

Zur Rolle des Controllers gibt es bisher nur spärliche Äußerungen in der Diskussion um das Thema Balanced Scorecard. Dabei bietet gerade die Balanced Scorecard einen idealen Ansatzpunkt für modernes Controlling.

In vielen Unternehmen hat sich das Controlling allerdings noch nicht sehr weit vom „Kontrollieren“ entfernt. Controller's Rolle beschränkt sich mehr oder weniger auf die eines „Berichterstatters“ – zum einen über die Analyse der Vergangenheit, zum anderen über die Fortschreibung der Vergangenheit im Budget des kommenden Planungszeitraums.

Diese Situation ist unbefriedigend, weil sie Controlling auf „Zahlen-Management“ reduziert und eine Misstrauenskultur fördert, die der Entwicklung kreativer und motivierter Mitarbeiter diametral entgegensteht. Controlling auf dieser Stufe gerät im Zeitalter der modernen, dezentralisierten und auch für „Computer-Muffel“ immer leichter zu nutzenden Informationsverarbeitung in die Gefahr, ein (weg)rationalisierbarer, ein reiner Kostenfaktor zu werden.

Dem Leitbild des Controllers entspricht diese Rolle eines „Berichterstatters“ nicht. Er sollte nicht nur Zahlen handeln und Vergangenheit interpretieren bzw. fortschreiben, sondern in erster Linie mit Hilfe von Kennzahlen Zukunftsorientierung und Handlungsmotivation vermitteln.

Die Rolle des Controllers wandelt sich dann zu der eines „internen Beraters“. Controlling als interne Beratung kann ein wirksamer Katalysator für den Zusammenhalt der Mitarbeiter eines Unternehmens sein und somit den Weg bereiten für den Übergang zu einer vertrauensbasierten Organisationskultur.

Sicher sollte man diesen Begriff nicht überstrapazieren; aber das Lenin zugesprochene Motto „Vertrauen ist gut, Kontrolle ist besser“ taugt heute immer weniger. Es gilt eher umgekehrt, wobei gut ausgewählte und miteinander verknüpfte Kennzahlen den Orientierungsrahmen geben für eigenverantwortliches und schöpferisches Handeln der Mitarbeiter. In der Rolle des internen Beraters wird so aus dem „Kostenfaktor“ Controller schnell die Funktion eines „Leistungstreibers“, eines unentbehrlichen Partners des Managements.

Allerdings braucht der Controller dazu die Fähigkeit, auf andere Menschen zuzugehen, ihnen zuzuhören und komplizierte, eher abstrakte Zusammenhänge verständlich und nachvollziehbar „auf den Punkt zu bringen“ – er braucht soziale Kompetenz.

Das Controlling verändert auf diese Weise seinen Charakter. Das Controlling erhält die Funktion einer sozialen Informationsverarbeitung.

Doch um ein wirklicher Partner des Management zu sein, sollte der Controller noch einen Schritt weitergehen: Nicht nur Vermittler von Zukunftsorientierung sein, sondern „Anstifter“ für visionäres Denken und für die Umsetzung der Vision in praktikables und nachvollziehbares strategisches Handeln im gesamten Unternehmen! Damit erst erreicht Controlling seine höchste Ausprägung. Es ist seinen Kinderschuhen entwachsen und übernimmt eine eigenständige konstruktive Funktion.

Wer im Controlling nicht verkümmern will, sollte versuchen, dem Trend vom „Berichterstatter“ zum „internen Berater“ und „Anstifter“ zu folgen. Auf diesem Weg kann die Entwicklung und Einführung einer Balanced Scorecard ein äußerst wirksames Hilfsinstrument sein.

Wir haben gelernt, dass eine Balanced Scorecard nur so gut sein wird, wie es gelingt,

1) eine einprägsame, anspruchsvolle und präzise formulierte visionäre Zielstellung für die Gesamtorganisation des Unternehmens zu finden,

2) die aus der Vision abzuleitenden Strategien durch die Bestimmung von Kennzahlen für alle Beteiligten eindeutig und fassbar zu gestalten,

3) die strategisch bedeutsamen Prozesse in allen Ebenen und für alle Perspektiven des Unternehmens so zu analysieren, dass die für die Ergebniserreichung maßgeblichen Frühindikatoren identifiziert und durch geeignete Kennzahlen konkretisiert werden können,

4) die ausgewählten Kennzahlen in ihrem logischen Zusammenhang zu verknüpfen und auf die strategischen Hauptziele zu fokussieren,

5) für alle Kennzahlen SOLL und IST sowie Maßnahmen und Verantwortlichkeiten zur Zielerreichung festzulegen und sie entsprechend in den operativen Budgets zu verankern,

6) in einem Top-Down-System die strategische Orientierung der verschiedenen Unternehmensbereiche aus der Strategie der Gesamtorganisation abzuleiten, wobei für die Bereichsstrategien die gleichen Anforderungen bestehen wie für das Gesamtunternehmen,

7) für alle Mitarbeiter des Unternehmens Zielvereinbarungen abzuschließen, die für die Einzelnen nachvollziehbar mit den Kennzahlen der Balanced Scorecard verbunden sind und ihnen auf diese Weise die Strategie des Unternehmens als konkrete persönliche Aufgabenstellung „übersetzen",

8) das Informations-, Berichts- und Auswertungssystem des Unternehmens so zu gestalten, dass alle für die ausgewählten Kennzahlen erforderlichen Daten mit ausreichendem Informationsgehalt zur Verfügung stehen und es möglich wird, die Wirksamkeit der Frühindikatoren und der logischen Verknüpfungen zwischen den Kennzahlen zu verifizieren.

Dazu wird ein „Architekt" benötigt, einer, der die Balanced Scorecard den spezifischen Bedingungen des Unternehmens entsprechend konstruiert. Dieser Architekt muss die Strategie und ihre Details nicht „erfinden"; er muss nicht der Unternehmens-Guru sein.

Die Funktion des Architekten besteht vor allem in der Moderation und Vermittlung von

⇨ Kommunikation,

⇨ Zielfindung und

⇨ Motivation

mit und für alle Mitarbeiter.

Dem modernen Controller ist diese Rolle wie auf den Leib geschnitten. Also sollte er die Initiative ergreifen getreu der Devise: „Wer, wenn nicht wir und wann, wenn nicht jetzt!"

12.3.3 Mit Mission, Vision und Strategien beginnen

Dass die Arbeit an einer Balanced Scorecard mit der Bestimmung von Mission und Vision beginnt, haben wir in diesem Buch mehr als einmal betont.

Dennoch einige Anmerkungen zu der immer wieder vertretenen Auffassung: „Es ist besser, mit der Erarbeitung von Kennzahlen anzufangen, als sich mit akademischen Diskussionen zu den missionarischen und visionären Ambitionen des Unternehmens aufzuhalten. Wenn die konkreten Kennzahlen, Vorgaben und Maßnahmen erst einmal vorliegen, kommen Mission und Vision von ganz allein."

Der Gedankenfehler dieser Auffassung besteht darin, dass wir immer eine Mission und Vision im Kopf haben, wenn wir strategische Kennzahlen formulieren, ob wir uns dessen bewusst sind oder nicht. Und es besteht die große Gefahr, dass diese Vorstellungen bei den Beteiligten recht unterschiedlich ausgeprägt sind, in unterschiedliche, mitunter gegensätzliche Richtungen zielen. Deshalb macht es ausgesprochen Sinn, diese in den Köpfen latent vorhandenen Vorstellungen zu Mission und Vision des Unternehmens offen auszusprechen und einander anzugleichen.

Das vermeidet Aktionismus. Sicherlich kann die Arbeit an den konkreten Kennzahlen im Nachhinein noch Veränderungen in der Formulierung von Mission, Vision und daraus abgeleiteten strategischen Zielstellungen bewirken. Aber das ist etwas anderes als das unkoordinierte Entwickeln von Kennzahlen.

12.3.4 Die Identifikation von Frühindikatoren – ein Kernpunkt

Nachdem wir uns verständigt haben zur Mission und Vision des Unternehmens, nachdem wir die strategischen Ziele entwickelt haben, können wir uns den Kennzahlen zuwenden. Dabei sollten wir den Frühindikatoren unsere besondere Aufmerksamkeit widmen. Nicht etwa, weil die Spätindikatoren weniger wichtig sind. Das Problem liegt darin, dass wir zu wenig daran gewohnt sind, in Prozessen zu denken.

Wir erschöpfen die gedankliche Widerspiegelung der Komplexität realer wirtschaftlicher Zusammenhänge zumeist in Bildung und Definition statischer Ursache-Wirkungs-Ketten. Wir denken in Anfangs- und Endpunkten. Und das ist für das erste Verständnis der Zusammenhänge auch sinnvoll.

Nur, jeder Endpunkt ist in der Entwicklung auch ein neuer Anfang und jede Wirkung eine neue Ursache. Wenn wir mit Kennzahlen strategisch führen wollen, bleibt uns also nichts anderes übrig, als die Prozesse, die Entwicklungen zu analysieren, deren Eigenschaften durch die von uns gewählten Kennzahlen dargestellt werden sollen. Denn wir brauchen Vorstellungen darüber, was *heute* zu tun ist, um die strategischen Zukunftsziele anzusteuern. Auf diese Weise identifizieren wir Frühindikatoren.

Dass im Verlaufe des Prozesses, über den Zeitablauf gesehen, die Kennzahlen ihre Eigenschaft, Früh- oder Spätindikator zu sein, verändern können, ist in diesem Zusammenhang zweitrangig. Denn das Wichtige liegt primär in der Analyse der Prozesse, in der Bestimmung der Abhängigkeiten. Dadurch lernen wir, die wirtschaftlichen Abläufe in unserem Unternehmen besser zu verstehen. Und besseres Verständnis erschließt uns ein verbessertes Führungspotential. Um dieses verbesserte Führungspotential geht es. Die Identifikation der Frühindikatoren wird uns dabei helfen!

12.3.5 Der Prenzlauer Würfel

Über den Prenzlauer Würfel hatten wir schon im zweiten Kapitel berichtet Der Prenzlauer Würfel ist eine Entwicklung des Arbeitskreises Berlin-Brandenburg des Controller Vereins eV, entstanden während einer Tagung in der Nähe von Prenzlau. Er soll die notwendige Komplexität bei der Entwicklung einer firmenindividuellen Balanced Scorecard verdeutlichen.

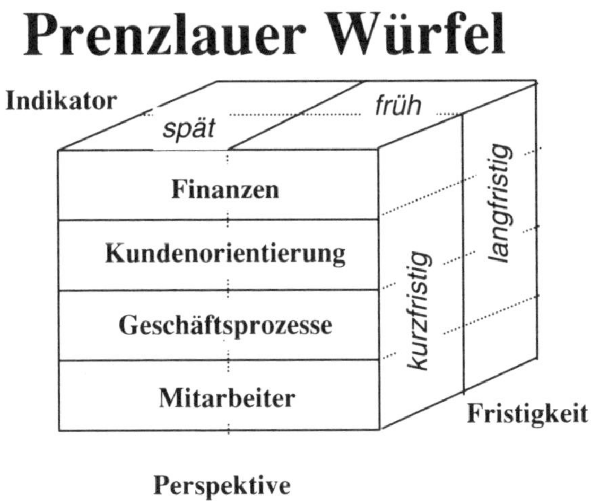

Abb. 30: Der Prenzlauer Würfel

Jedes Unternehmen sollte die für seine spezifische Leistungserstellung erforderlichen

- ⇨ Perspektiven
- ⇨ Fristigkeiten und
- ⇨ Indikatoren

bestimmen:

1. die Perspektiven, um die verschiedenen Sichten auf das Unternehmen zu erfassen und zu klären, welche Sichten für die strategischen Ziele ein besonderes Gewicht haben. Es gilt, sich auf diese Sichten zu konzentrieren. In diesem Schritt zerlegen wir *gedanklich* die Komplexität des betriebswirtschaftlichen Gesamtprozesses, um uns auf die für unsere Strategien entscheidenden Faktoren konzentrieren zu können.

2. die Fristigkeiten, um mit den strategischen Gewichten auch eine strategische Reihenfolge zu vereinbaren. Hier versuchen wir, diese Faktoren zeitlich zu ordnen.

3. die Indikatoren, um die logischen und zeitlichen Zusammenhänge der strategischen Faktoren zu erfassen. Diese sollen die zerlegte Komplexität *gedanklich* wieder rekonstruieren.

Je besser es gelingt, diese „dreidimensionale“ Aufgabe zu lösen, umso wirkungsvoller kann die Führungsarbeit mit Hilfe der Balanced Scorecard gestaltet werden.

12.3.6 Für jede Unternehmensebene eine eigene Balanced Scorecard

Unternehmen sind sehr vielfältig in ihren Strukturen. Kleinere Unternehmen haben zumeist nur eine Ebene, mittlere und große Unternehmen in der Regel eine mehr oder weniger gegliederte Hierarchie.

Aber auch auf diesem Gebiet hat in den letzten Jahren ein spürbarer Wandel eingesetzt – zumindest in der öffentlich reflektierten Meinung. Starre Hierarchien werden allgemein als negativer Wettbewerbsfaktor erkannt. Flexible Strukturen, kurze Entscheidungswege, Dezentralisierung und Eigenverantwortung erlangen zunehmend an Gewicht – in der öffentlich reflektierten Meinung. Die praktischen Erfahrungen in vielen Unternehmen legen allerdings die Vermutung nahe, dass der Prozess des Umdenkens gerade erst begonnen hat, das heißt noch auf dem Weg in die Köpfe der meisten Manager ist.

Dementsprechend befinden sich auch die Strukturen der Unternehmen im Umbruch. Wenn wir in unseren Unternehmen eine Balanced Scorecard erarbeiten, sollten wir uns auch dieser Problematik stellen. Denn in dem Maße, wie wir gewillt sind, flache, dezentralisierte und eigenverantwortliche Strukturen zu schaffen, benötigen diese Strukturebenen auch ihre eigenständigen strategischen Orientierungen. Selbstverständlich im Rahmen der strategischen Orientierung des Gesamtunternehmens!

Was liegt näher, als für diese Strukturebenen eigene Balanced Scorecards zu erarbeiten? Ausgehend von der Mission und Vision erhalten die strategischen Kennzahlen des Gesamtunternehmens den Charakter von Richtzahlen. Diese Richtzahlen stecken den Rahmen ab für die eigenständigen Entscheidungen der dezentralen Einheiten. Auf ihrer Basis erarbeiten sie ihre eigenen Scorecards. Im Endeffekt entsteht ein „Netz“ über die Unternehmens-Scorecard miteinander verwobener Struktur-Scorecards.

Auf diese Weise kann die Arbeit an und mit der Balanced Scorecard den Aufbau moderner Führungsstrukturen wirksam unterstützen. Zum Schluss erhält die oberste Unternehmensführung die Möglichkeit, die dezentralisierten Strukturebenen mit wenigen Kennzahlen zu führen. Die Details wird sie den Managern der Ebenen überlassen. Denn die sind „Manns oder auch Frau“ genug, die besten Wege zur Erreichung der strategischen Unternehmensziele selbst herauszufinden. Damit wird die Führungsarbeit effektiver. Jede Ebene kann sich auf ihre eigenen Aufgaben konzentrieren. Und die Eigenverantwortung der Ebenen-Manager steigert im Allgemeinen deren Selbstvertrauen und Motivation. Denn sie demonstriert Vertrauen. Und Vertrauen motiviert.

Wenn wir es denn wollen. Das muss immer wieder betont werden. Das Management muss diese Veränderungen wollen. Sie kommen nicht von selbst, auch nicht mit einer Balanced Scorecard. Die Scorecard kann dabei helfen, sie kann das probate Instrument sein, die gewollten Veränderungen anzuschieben und nachhaltig zu verankern. Aber das „Wollen“, das Engagement für Veränderungen, die Grundsatzentscheidung für oder gegen Hierarchiedenken ersetzen, das kann die Balanced Scorecard nicht.

Allerdings benötigt nicht jede Arbeitsgruppe eine komplette Balanced Scorecard. Sie braucht an den Strategien des Unternehmens orientierte Zielvereinbarungen. Und der zu treibende Aufwand muss gerechtfertigt sein. Nur tatsächliche eigenständige Verantwortung einer Struktureinheit kann der Erarbeitung einer eigenen Balanced Scorecard im umfassenden Sinne einen praktischen Wert geben. Dabei wollen wir uns jeder absoluten Aussage enthalten. Auch diese Frage muss letztlich von jedem Unternehmen nach den eigenen, ganz spezifischen Gesichtspunkten entschieden werden.

Wenn wir uns dann entschieden haben, geht es an die Arbeit. Und die unterscheidet sich nicht wesentlich von der Arbeit an der Unternehmens-Balanced Scorecard. Nur, dass Mission, Vision und allgemeingültige Strategien schon formuliert sind. Mission und Vision bleiben Zielpunkte des Unternehmens über alle Ebenen hinweg. Demzufolge beginnt die Arbeit der Ebenen mit der spezifischen Formulierung der strategischen Ziele, gefolgt von der Charakteristik der wichtigsten Perspektiven und all den weiteren Schritten, die wir bereits beschrieben haben.

12.3.7 Wieviel Zeit sollte man sich nehmen?

Wenn wir die Balanced Scorecard ernsthaft als ein strategisches Führungsinstrument aufbauen, nachhaltig installieren wollen, sollten wir uns nicht unter Zeitdruck setzen. Denn es gilt, nicht einfach „ein paar Kennzahlen" zu kreieren und mit einer mehr oder weniger geeigneten Software abzubilden. Es gilt, Denkprozesse anzuregen, Verhaltensänderungen auszulösen, Beziehungsgeflechte zu beeinflussen. Und all das braucht Zeit und Geduld. Zeit und Verständnis. Zeit und Einfühlungsvermögen. Zeit für die Festigung jenes Vertrauensklimas, das Voraussetzung ist für eine ungezwungene und offene Kommunikation.

Erst wenn es uns gelingt, ein Klima der offenen und konstruktiv kritischen Kommunikation im Unternehmen und mit allen Partnern des Unternehmens zu erreichen, werden wir das Potential der Balanced Scorecard ausschöpfen können.

Natürlich gilt auch hier der Spruch: „Auf das Maß der Dinge kommt es an!"

Wir können uns auch soviel Zeit lassen, dass wir gar nicht erst anfangen. Oder kurz nach dem Start vor lauter Geduld und Warten auf die „reifenden Denkprozesse" praktisch wieder aufhören. Es gibt auch Beispiele, dass Unternehmen aufgrund unvorhergesehener kritischer Situationen die Arbeit an einer Balanced Scorecard „unterbrochen" haben, um zunächst einmal die operativen „Feuerwehr"-Arbeiten durchzuführen. In der Konsequenz führt das dazu, dass wir den Problemen in der Arbeit an einer Balanced Scorecard ausweichen. Zum Schluss sind wir nicht weiter als am Anfang.

Umgekehrt lässt sich eine Balanced Scorecard auch nicht im „Schnelldurchlauf" erarbeiten, nach der Devise: „time ist money". Dann wird die eigentliche Kraft der Scorecard nicht erschlossen werden können. Dann wird bestenfalls eine Gruppe von Kennzahlen zusammengestellt. Die Kommunikation der strategischen Ziele ist unter Zeitdruck nur eingeschränkt möglich.

Also gilt es, das geeignete Maß zu finden. Wie immer sollte jedes Unternehmen sein eigenes Maß bestimmen. Es hängt davon ab, welche Kultur im Unternehmen herrscht, welche Controllinginstrumente bereits praktisch genutzt werden, welches Engagement das oberste Management an den Tag legt. Aber selbst bei besten Voraussetzungen sollte nach unseren Erfahrungen der

Erarbeitung einer Balanced Scorecard, die diesen Namen verdient, ein Zeitraum von wenigstens sechs Monaten eingeräumt werden.

Dann erfolgt eine Implementierungsphase. Erprobung und Einführung über alle Ebenen benötigt weitere Zeit – selbstverständlich abhängig von der Anzahl der Strukturebenen, die eigenständige Scorecards erarbeiten.

Insgesamt sollte man von einem Zeitraum von bis zu zwei Jahren für die Erarbeitung, Implementierung und nachhaltige Verankerung einer Balanced Scorecard im Unternehmensalltag ausgehen. Und das ist es ja, was wir letztlich anstreben.

12.3.8 Ein Einführungsplan

Wir haben gute Erfahrungen damit gesammelt, die Erarbeitung einer Balanced Scorecard in Module zu zerlegen.

Modul 1: Vision und Strategie

Überarbeitung der Unternehmensvision und der daraus abgeleiteten Strategien, Festlegung grundsätzlicher Kennzahlen durch die erste und zweite Leitungsebene.

1.1 Einführungsworkshop

Im Einführungsworkshop sollen die Teilnehmer mit den Grundgedanken der Balanced Scorecard vertraut gemacht werden. Hierzu ist es sinnvoll, entweder im Vorfeld einen eigenen Mitarbeiter – möglichst den zukünftigen „Architekten“ der Scorecard – gezielt durch ausreichende Weiterbildung zu spezialisieren oder externe Berater einzubeziehen.

1.2 Einzelinterviews mit den Teilnehmern des Einführungsworkshops

Die Einzelinterviews haben die Funktion, in vertraulichem Kreis einzelne Aspekte und individuelle Ansichten zu beleuchten und zu identifizieren, die erfahrungsgemäß in größerer Runde und „öffentlich“ nicht oder nicht so ausführlich geäußert werden.

Die Interviews sollten durch den Scorecard-Architekten oder externe Berater (oder in Zusammenarbeit) durchgeführt werden.

1.3 Feedback-Seminar und grundsätzliche Entscheidung zur Einführung der Balanced Scorecard

In diesem Seminar werden die Ergebnisse der einzelnen Interviews zusammengefasst und erste Entscheidungen getroffen. Die Moderation sollte auch hier durch den Scorecard-Architekten oder externe Berater (oder in Zusammenarbeit) durchgeführt werden.

Der Zeitaufwand für die Beteiligten beim Modul 1 beträgt ca. drei bis vier Tage.

Modul 2: Know-how-Übertragung

Schulung einiger Mitarbeiter zur selbständigen Gestaltung des Balanced Sorecard-Prozesses im gesamten Unternehmen; dieser Aspekt ist eminent wichtig. Durch die Ernennung und Qualifikation von „Balanced Sorecard-Beauftragten" erhält der Prozess eine „innere" Basis zur breiten Einbeziehung aller Mitarbeiter. Die Chancen wachsen so, den Prozess im Denken und Fühlen der Mitarbeiter zu verinnerlichen.

2.1 Intensivtraining mit den Balanced Scorecard-Beauftragten

Das Intensivtraining hat zwei Aufgaben: Zum einen sollen die Grundlagen, das Denkgerüst der Balanced Scorecard in der zweiten Ebene vermittelt werden. Zum anderen gilt es, die Beauftragten mit den Ergebnissen des ersten Moduls bekannt zu machen (sofern diese nicht bereits integriert waren).

2.2 Eigenständige Arbeitsgruppentätigkeit der Balanced Sorecard-Beauftragten

In den Arbeitsgruppen sollen die im ersten Modul ausgewählten Kennzahlen konkret ausgestaltet werden. Es geht um

⇨ ihre Definition,

⇨ die Ausgestaltung ihrer Messmethoden,

⇨ die Bestimmung von IST und SOLL,

⇨ Ableitung geeigneter Maßnahmen,

⇨ Benennung von Verantwortlichen und um

⇨ Regelungen zur Motivation der Verantwortlichen.

Gegebenenfalls können dabei auch Vorschläge für weitere Kennzahlen, andere Kennzahlen oder präzisere Formulierungen der strategischen Ziele entstehen. Das sollte erwünscht sein.

2.3 Auswertungsworkshop der Arbeitsgruppen mit Präsentation der Ergebnisse und der abschließenden Entscheidung zur Umsetzung der erarbeiteten Balanced Scorecard im Unternehmen

In diesem Workshop sollten die grundsätzlichen Entscheidungen für die obersten Leistungsgremien (Anteilseigner) vorbereitet und die Weichen gestellt werden für die Einführung der Balanced Scorecard auf allen Ebenen des Unternehmens.

Modul 3: Umsetzung

Einführung der Balanced Scorecard auf allen Ebenen

3.1 Herunterbrechen von strategischen Zielen und Verknüpfung mit dem operativen Budget/Maßnahmenplan für alle Verantwortungsbereiche

Hier geht es um drei Prozesse:

1. die Erarbeitung eigener Balanced Scorecards für strategisch eigenständige Strukturebenen (sofern dies für das Unternehmen relevant ist); dabei sollte jede Ebene ebenfalls einen entsprechenden, in Modulen gestalteten Weg gehen,
2. die Erarbeitung von mit den Kennzahlen der Balanced Scorecard verbundenen Zielvereinbarungen,
3. die Verknüpfung der Kennzahlen mit dem operativen Budget.

3.2 Festlegen von Kennzahlen

Im Rahmen der Scorecard-Vorgaben werden anschließend die persönlichen Zielvereinbarungen konkret an obige Kennzahlen gebunden.

3.3 Umstrukturieren des internen Berichtssystems

Das Berichtssystem sollte selbstverständlich an die Struktur der Balanced Scorecard angepasst werden, damit die Scorecard in der täglichen Arbeit des Unternehmens eingebunden bleibt.

3.4 Rückkoppelung des Balanced Scorecard-Prozesses

Im Zusammenhang mit der Umgestaltung oder Anpassung des Berichtssystems sollten auch Regelungen getroffen werden, wie die aktive Rückkoppelung erfolgen kann, um immer und aus allen Ebenen ein aktives Feedback zu erhalten.

Und nun müssen wir nur noch dafür sorgen, dass der Prozess am Leben bleibt. Dass notwendig werdende Veränderungen am System rechtzeitig erkannt und dann auch umgesetzt werden. Dass die Balanced Scorecard nicht erstarrt. Damit unsere Scorecard das Leben nicht ignoriert.

Und nach einigen Jahren werden wir uns fragen, wie wir vorher ohne eine Balanced Scorecard überhaupt strategisch führen konnten. Also fangen wir heute an, und sichern wir uns die Erfolge von morgen!

13 Dreizehn Regeln für den Erfolg

Es ist hoffentlich bewusst geworden, welche häufig in Unternehmen verborgenen Möglichkeiten es gibt, die mit der Balanced Scorecard ans Licht gebracht werden können, um Motivation zu erzeugen, um Fähigkeiten der Mitarbeiter umfassend und zielgerichtet einzusetzen, um Strategien erfolgreich zu verfolgen und Unternehmensvisionen zu erreichen.

Lassen Sie uns abschließend versuchen, die Arbeit an und mit der Balanced Scorecard in einige wenige Grundregeln zusammenzufassen:

1. *Arbeiten Sie im Team.*
   Ein aufeinander eingespieltes, kommunikationsfähiges Team ist immer besser als ein Einzelner. Profitieren Sie daher von dem Know-how und der Motivation Ihrer Kollegen und Mitarbeiter.

2. *Es geht nur Top Down.*
   Die Arbeit an der Balanced Scorecard beginnt mit der gemeinsamen Definition von Unternehmensmission und Vision und den darauf abgestimmten strategischen Zielen. Dies kann nur die „oberste Heeresleitung", nur das Top-Management, nur die Geschäftsführungsebene in Zusammenarbeit mit den nachfolgenden Bereichen festlegen. Und dann muss sie den Prozess der Implementierung der Balanced Scorecard im gesamten Unternehmen begleiten, verfolgen, steuern und die kontinuierliche Überarbeitung von strategischen und auch operativen Zielen zur eigenen Aufgabe machen.

3. *Teilen Sie Mission und Vision mit Ihren Mitarbeitern.*
   Jeder Unternehmer hat Träume, die aber nicht allein in seinem Kopf bleiben sollten. Sonst bleiben es Träume. Besprechen Sie diese Träume über die Zukunft Ihres Unternehmens mit dem Führungskreis und kleiden Sie diese Träume in zwei, drei verständliche Sätze: „Wie und als was wollen wir in der Öffentlichkeit gesehen werden (Mission)" und „Wo wollen wir in fünf oder zehn Jahren stehen (Vision)".

4. *Gehen auch die Strategien durch Kopf und Bauch?*
   Nicht nur Mission und Vision müssen allen Mitarbeitern verständlich nahe gebracht werden. Auch gilt es, aus Mission und Vision heraus Strategien für das Unternehmen zu entwickeln und intern so zu verkaufen,

dass jeder Mitarbeiter im Unternehmen diese als Zielstellung für seine tägliche operative Arbeit versteht.

5. *Setzen Sie anspruchsvolle, aber auch realistische Ziele.*
   Erinnern Sie sich immer des Grundprinzips der Motivation: Ziele müssen verständlich dargestellt und mit großen Anstrengungen auch erreichbar sein. Taktischerweise sollten derart hoch angesetzte Ziele in Etappen, über Meilensteine erreicht werden können – step by step.

6. *Nutzen Sie ausschließlich strategisch orientierte Kennzahlen.*
   Ziele setzen reicht allein nicht aus. Wer führen will, muss messen: IST und SOLL, die Zielerreichung. Allein schon deswegen, weil derjenige, der für die Zielerreichung verantwortlich ist, wissen muss, wo er steht.
   Damit die Kraft im Unternehmen zielgerichtet eingesetzt wird, sollten die Kennzahlen der Balanced Scorecard nur das messen, was Ziel ist: die Umsetzung der Strategie.

7. *Weniger ist mehr.*
   Man muss sich im Alltag konzentrieren auf die wirklich wichtigen Dinge, und hierzu gehören wenige, aber die richtigen Kennzahlen. Welche die richtigen sind, müssen Sie in Zusammenarbeit mit dem BSC-Team erarbeiten. Auch, ob 10 Kennzahlen ausreichend sind, oder vielleicht doch 15 – aber weniger ist meistens mehr!

8. *Verknüpfen Sie Kennzahlen mit Verantwortung.*
   Was nützen die schönsten Kennzahlen, wenn aus der damit gemessenen Zielerreichungsquote keine Folgerungen gezogen werden? Daher: Zu jeder Kennzahl gehören: „Was muss getan werden, um das Ziel zu erreichen?“ und „Wer ist verantwortlich?“.

9. *Steuern Sie mit Vertrauen und erreichen Sie so Feedback.*
   Wer weiß, ob Sie die richtigen Strategien verfolgen, ob die richtigen Strategien mit den richtigen Kennzahlen gemessen werden, ob Ihre (potentielle) Kundschaft sich schneller umorientiert als Ihr Unternehmen? Nutzen Sie die Nähe Ihrer Mitarbeiter zum Kunden, zum Markt. Vielleicht fühlen diese viel eher den Puls der Zeit.
   Halten Sie die Diskussionen im Unternehmen offen, hören Sie sich die Meinung aller, auch von Kunden und Lieferanten an – und entscheiden Sie nicht im Elfenbeinturm.

10. *Verbinden Sie die Scorecards der Unternehmensebenen mit der Scorecard des Gesamtunternehmens.*
    Wenn alle Mitarbeiter die Unternehmensstrategie kennen und in ihre Tätigkeit einbeziehen, warum sollten sie nicht auch an der Umsetzung der Strategie in ihrem Verantwortungsbereich gemessen werden? Jeder Bereich, jede Abteilung wirkt an der Strategie mit und sollte eigene Kennzahlen, eine eigene Balanced Scorecard haben.
11. *Passt Ihre Balanced Scorecard auf eine Seite?*
    Der Markt bewegt sich schnell, daher nutzen Sie eine visualisierte Darstellung Ihrer Zielerreichung.
12. *Reagieren Sie auf Veränderungen.*
    Beschäftigen Sie sich intensiv mit den Kennzahlen, die vom Plan abweichen – gab es Sonderfaktoren, ziehen die Mitarbeiter nicht mit, war der Plan falsch? Besprechen Sie monatlich die Umsetzung der Strategien im Unternehmen.
13. *Finden Sie Ihre eigene Handschrift.*
    Keine Balanced Scorecard gleicht einer anderen. Jedes Unternehmen, jeder Unternehmensbereich muss seinen Weg gehen, um am Markt zu überleben. Werden Sie sich der Stärken Ihres Unternehmens bewusst und erarbeiten Sie gemeinsam Ihre Balanced Scorecard.

Fangen Sie an!
Der Markt wartet nicht, der Wettbewerb schläft nicht – die Balanced Scorecard hilft Ihnen, mit vorn zu sein.

14 Zusammenfassung der Balanced Scorecards der Beispielunternehmen

Zusammenfassend haben wir noch einmal die Balanced Scorecards mit allen Missionen, Visionen, Strategien und Kennzahlen für die sechs Musterunternehmen aufgeführt.

Diese Aufzählung soll Anregung geben, sich im eigenen Unternehmen an die gemeinsame Arbeit zu machen, Wettbewerbsvorteile und neue Chancen am Markt zu suchen. Nutzen Sie hierzu das Potential Ihrer Mitarbeiter, kommunizieren Sie miteinander, und führen Sie gemeinsam im Unternehmen die Balanced Scorecard ein. Steuern Sie in die richtige Richtung!

14.1 Regionales Kreditinstitut

Mission
- ❑ Ihre schnelle Bank

Vision
- ❑ Wir werden die profitabelste Regionalbank.

Strategien
- ❑ Kreditentscheidungen für Baukredite treffen wir innerhalb von 24 Stunden.
- ❑ In vier Jahren wollen wir mit unseren Kunden mindestens 50 % aller Transaktionen über das Electronic Banking abwickeln.

Kundenperspektive
- ❑ Neukunden für elektronisches Bankgeschäft
- ❑ Kundengewinnung durch Empfehlungen
- ❑ Dauer des Kreditgespräches
- ❑ Anteil Kreditabschlüsse beim Kunden

Geschäftsprozessperspektive
- ❑ Zeitbedarf für Kreditgewährung
- ❑ Anteil abgelehnter Anträge
- ❑ durchschnittliche Kundenwartezeit

Mitarbeiterperspektive

- Schulungsquote
- Anzahl Kontoeröffnungen
- Nutzungsquote Electronic Banking
- Nutzungsquote „Bankomat“

Finanzperspektive

- Anteil elektronischer Aufträge
- Wachstum Kreditvolumen/Einlagen
- Ausfallquote bei Krediten

öffentliche Perspektive

- Anzahl Kontakte zu Bürgermeistern

14.2 Automotive-Zulieferer

Mission

- Good vibrations mit XYZ

Vision

- Weltmarktführer für Schwingungstechnik

Strategien

- Umsatzverdoppelung in 4 Jahren
- 50 % Umsatzanteil von neuen Produkten

Kundenperspektive

- Wachstum des Marktanteils an Dieselmotoren-Schwingungstechnik
- Gemeinsame Kontakte von Vertrieb und Entwicklung zu Kunden, um Beziehungspartnerschaften aufzubauen

Geschäftsprozessperspektive

- Zeitbedarf bis zur Produktionsreife
- Anzahl Patente
- Automatisierungsgrad

Mitarbeiterperspektive

- teamübergreifende technische Schulungen
- Teilnehmer an firmenübergreifenden Qualifizierungsmaßnahmen
- Kundendurchdringung eines Schwingungskongresses

Finanzperspektive
- ❑ Wachstum mit neuen Produkten
- ❑ Gewinnspanne in bestehenden Märkten

Lieferanten-perspektive
- ❑ DV-Integration mit Zulieferern

Kommunikations-perspektive
- ❑ Teilnahmequote an betriebsinternen Veranstaltungen

14.3 Handwerk/Dienstleister

Mission
- ❑ Ihr Backshop – schnell und knusprig

Vision
- ❑ Wir haben zufriedene Kunden und starkes Unternehmenswachstum durch schnelles Zusatzgeschäft.

Strategie
- ❑ Neue Techniken in Produktion und Vertrieb befähigen uns, jährlich unseren Umsatz zu verdoppeln – insgesamt und insbesondere mit unseren Stammkunden.

Kundenperspektive
- ❑ Umsatzanteil der „Kundenkreditkarten“
- ❑ Umsatzwachstum pro Einkauf

Geschäftsprozess-perspektive
- ❑ Zeitbedarf bis zur Filialeröffnung
- ❑ Umsatzanteil von „Spontanartikeln“
- ❑ Anzahl der Beschwerden und durchschnittliche Reaktionszeit

Mitarbeiter-perspektive
- ❑ Mitarbeiterfluktuation
- ❑ Anteil an die Warenwirtschaft angeschlossener Filialen

Finanzperspektive
- ❑ Umsatzanteil der 20 gängigsten Artikel
- ❑ Umsatz pro Kartenzahlvorgang

Kreditgeber-perspektive
- ❑ Anzahl Kontakte der Filialleiter zur örtlichen Bank

14.4 Küchenmaschinenhersteller

Mission	❑ Scharf auf alles, was zu schneiden ist.
Vision	❑ Wir wollen in Europa der Spezialist für regional spezifische Schneidetechnik im Großküchenbereich sein.
Strategien	❑ Wir wollen die Kommunikation mit Interessenten und Kunden erheblich intensivieren.
	❑ Unser Innovationspotential wird durch Zusammenarbeit mit externen Entwicklern ausgebaut.
Kundenperspektive	❑ Feedback auf die Produktunterlagen
	❑ Reaktionszeit auf Kundenreklamationen
Geschäftsprozess-perspektive	❑ Wachstum Anzahl der aus Kundenkontakten ermittelten Innovationswünsche und -ideen
	❑ Bearbeitungszeit/Durchlaufzeit
	❑ interner/externer Aufwand für Konstruktion, bezogen auf den jeweiligen Umsatz
Mitarbeiter-perspektive	❑ Entscheidungsspielraum für Mitarbeiter des Vertriebes
	❑ Wachstum der Verbesserungsvorschläge der externen F&E-Partner
Finanzperspektive	❑ Umsatzanteil Neukunden
	❑ Umsatzanteil neuer Produkte

14.5 Kfz-Anhängerhersteller

Mission	❑ XYZ bewegt Ihre Last.
Vision	❑ Wir bewegen jede Last.
Strategien	❑ Unser Vertriebsnetz wird erheblich ausgeweitet, damit wir deutschlandweit bekannt werden als Hersteller von Spezial-Lkw-Anhängern.
	❑ Umsatzausweitung durch neue Anwendungsgebiete
Kundenperspektive	❑ Lieferzeit (als Wertangebot)
	❑ Wachstum der Interessentenanfragen für die neue Produktgruppe
Geschäftsprozessperspektive	❑ Umsatzanteil neuer Produkte
	❑ Anteil der Aufträge mit konstruktiven Veränderungen nach der Auftragserteilung
	❑ Wachstum der Provisionssummen für neue Kunden (regional differenziert)
	❑ Wachstum der Provisionen für „Wiederkäuferumsätze“
Mitarbeiterperspektive	❑ Wachstum der Teilnehmerzahl bei Vertriebspartner-Workshops
	❑ Anzahl Internet-Zugriffe
Finanzperspektive	❑ Umsatzwachstum je Vertriebsmitarbeiter
	❑ Vertriebskostenanteil
	❑ Umsatz aus neuen Anwendungsgebieten
Organisationsperspektive	❑ Aufbau Vertriebsnetz

14.6 Spezialitätenbrauerei

Mission	❑ Ihr nationales Gsüffiges
Vision	❑ Wir werden bis 2002 die Nr. 1 in Deutschland.
Strategien	❑ Wir wollen der beste/größte Partner für den Getränkefachgroßhandel in unserem regionalen Raum sein und mindestens einen Fachgroßhandel in allen deutschen Ballungsgebieten neu gewinnen.
	❑ Die Abverkaufsmenge je Outlet muss verdoppelt werden.
Kundenperspektive	❑ Anteil des Unternehmens am regionalen Absatz
	❑ Anzahl Teilnehmer an Preisausschreiben
Geschäftsprozess-perspektive	❑ Anzahl der Produkt- und Verpackungsvarianten
	❑ Lieferfähigkeit
Mitarbeiter-perspektive	❑ Anteil neu gewonnener Fachgroßhändler mit mehr als x Hektolitern Abnahme pro Monat
	❑ Zahl der verkaufsunterstützenden Stunden am POS (Point of Sale)
Finanzperspektive	❑ Umsatz-/Absatzwachstum im regionalen Raum
	❑ Wachstum des Umsatzanteils außerhalb der heimatlichen Region
Einführungs-perspektive	❑ Anwendungsgrad der Balanced Scorecard in allen Unternehmensteilen

15 Literaturverzeichnis

Dieses Literaturverzeichnis erhebt keinen Anspruch auf Vollständigkeit, jedoch hoffen wir, (fast) alle deutschsprachigen Darstellungen der Balanced Scorecard bzw. der Arbeit mit der Balanced Scorecard aufgenommen zu haben.

Ackermann, Karl-Friedrich (Hrsg.): Balanced Scorecard für Personalmanagement und Personalführung, Wiesbaden 1999, ISBN 3-409-11567-6

Ahn, Dr. Heinz; Dickmeis, Petra: Einführung der Balanced Scorecard bei der ABB Industrie AG – Projektergebnisse und Erfahrungen, in: krp, Sonderheft 2/2000, S. 17–23, 2000

Baier, Peter: Praxishandbuch Controlling, Frankfurt 2000, ISBN 3706407094

Baschin, Anja: Die Balanced Scorecard für Ihren Informationstechnologie-Bereich. Ein Leitfaden für Aufbau und Einführung, München 2001, ISBN 3593367157

Bauer, Thomas: IT-Implementierung der Balanced Scorecard – Anforderung und Tools, in: krp, Sonderheft 2/2000, S. 71–76

Botta, Volkmar: Balanced Controlling, in: IS-Report 3/2001, S. 16–19

Deyhle, Albrecht: Schon immer Balanced Scorecard – Controllers ausgewogenes Steuerungs-Cockpit, in: Controller Magazin Nr. 6/99, S. 423–433

Ehrmann, Harald: Kompakt-Training Balanced Scorecard, Ludwigshafen 2000, ISBN 3470517614

Eichstaedt, Wolfgang; Kuhnert, Marcus: Balanced Scorecard – Instrument zur gezielten strategischen Ausrichtung von Firmen und Geschäftseinheiten im Henkel-Konzern, in: Der Controlling Berater, Heft 2, S. 25–50, Rudolf Haufe Verlag, Freiburg 2000

Eschenbach, Rolf; Haddad, Tarek (Hrsg.): Die Balanced Scorecard – Führungsinstrument im Handel, ein Handbuch für den Praxiseinsatz, Wien 1999, ISBN 3-85428-398-9

Friedag, Herwig R: Können Kennzahlen tatsächlich motivieren?, in: PERSONALpresse 11/1999

Friedag, Herwig R.; Schmidt, Walter: Balanced Scorecard – Mehr als ein Kennzahlensystem, Rudolf Haufe Verlag, Freiburg 1999, ISBN 3-448-04061-4

Friedag, Herwig R.; Schmidt, Walter: Balanced Scorecard und Controllers Budget, in: Controller Magazin, Heft 04/2000

Friedag, Herwig R.; Schmidt, Walter: Erfolgreich mit der Balanced Scorecard, in: Der Controlling-Berater, Heft 1, Rudolf Haufe Verlag, Freiburg 2000

Friedag, Herwig R.; Schmidt, Walter: My Balanced Scorecard, Rudolf Haufe Verlag, Freiburg 2000, ISBN 3-448-04317-6

Friedag, Herwig R.; Schmidt, Walter: Zukunft verschlafen? Nein, danke!, in: Accounting, Heft 2/2000, S. 9

Friedag, Herwig R.; Schmidt, Walter; Daacke von, Matthias: Mit der Balanced Scorecard Unternehmen strategisch führen, in: Der Controlling-Berater, Heft 1, Rudolf Haufe Verlag, Freiburg 1999

Hoffmann, Olaf: Performance Management, Zürich 2000, ISBN 3-2580-6105-X

Horváth, Péter: Das neue Steuerungssystem des Controllers, von Balanced Scorecard bis US-GAAP, Stuttgart 2000, ISBN 3-7910-1223-1

Horváth, Péter: Richtig verstanden ist Balanced Scorecard das künftige Managementsystem, in: FAZ v. 30.8.1999

Horváth, Péter: Umsetzungserfahrung mit der Balanced Scorecard, in: krp, Sonderheft 2/2000, S. 125–127

Horváth, Péter; Gleich, Ronald: Die Balanced Scorecard in der produzierenden Industrie, in: Zeitschrift für wirtschaftlichen Fabrikbetrieb, 1999

Horváth & Partner (Hrsg): Balanced Scorecard umsetzen, Stuttgart 2000, ISBN 3-7910-1507-5

Jensen, S.; Rieker, J.; Schäfer, A.: Management Innovation, in: manager magazin, 1/1999

Kaplan, Robert S.; Norton, David P.: Balanced Scorecard, Stuttgart 1997, ISBN 3-7910-1203-7

Kaplan, Robert S.; Norton, David P.: The Balanced Scorecard – Measures that drive performance, in: Harvard Business Review 1/1992

Kaplan, Robert S.; Norton, David P.: Using the Balanced Scorecard as a Strategic Management System, in: Harvard Business Review, 74/1996

Kaplan, Robert S.; Norton, David P.: Wie Sie die Geschäftsstrategie den Mitarbeitern verständlich machen, Harvard Business Manager, 2/2001, S. 60–70

Klingebiel, Norbert: Integriertes Performance Measurement, Wiesbaden 2000, ISBN 382449034X

Kralicek, Peter; Böhmdorfer, Florian; Kralicek, Günther: Kennzahlen für Geschäftsführer, Ein Handbuch für Praktiker, Frankfurt 2001, ISBN 3706407108

Micic, Pero: Der Zukunftsmanager: Wie Sie Marktchancen vor Ihren Mitbewerbern erkennen und nutzen, Rudolf Haufe Verlag, Freiburg 2000, ISBN 3-448-04190-4

Müller, Armin: Strategisches Management mit der Balanced Scorecard, Stuttgart 2000, ISBN 3170164856

Preißner, Andreas: Marketing- und Vertriebssteuerung. Planung und Kontrolle mit Kennzahlen und Balanced Scorecard, München 2000, ISBN 3446214380

Probst, Hans-Jürgen: Balanced Scorecard leicht gemacht. Warum sollten Sie mit weichen Faktoren hart rechnen?, Frankfurt 2001, ISBN 3706407612

Prochnow, Erik: Alles auf eine Karte setzen, in: Impulse Heft 5/2000, S. 190–191

Rughase, Olaf G.: Jenseits der Balanced Scorecard – strategische Wettbewerbsvorteile messen, Berlin 1999, ISBN 3-89722-142-X

Schadenhofer, Manfred: Neuausrichtung des Controlling, Mit der Balanced Scorecard zum Balanced Controlling, Fachverlag der Wirtschaftsuniversität Wien, ISBN 3854284179

Schmithals-Ferrari, Elisabeth: Strategisches Controlling in der öffentlichen Verwaltung, in: Meurer/Stephan (Hrsg.): Rechnungswesen und Controlling in der öffentlichen Verwaltung, Rudolf Haufe Verlag, Freiburg 1999

Steinle, Claus; Thiem, Henning; Lange, Morton: Die Balanced Scorecard als Instrument zur Umsetzung von Strategien, in: Controller Magazin, 1/2001, S. 29–37

Vollmuth, Hilmar J.: Kennzahlen, STS Verlag, Planegg 1999, ISBN 3-86027-205-5

Weber, Manfred: Kennzahlen, WRS Verlag, Planegg 1999, ISBN 3-8092-1356 X

Weber, Jürgen; Schäffer, Utz: Balanced Scorecard & Controlling, Wiesbaden 1999, ISBN 3-4091-1518-8

Weber, Jürgen; Schäffer, Utz: Einführung der Balanced Scorecard – 8 Erfolgsfaktoren, in: Controller Magazin 1/2000

Wolter, Olaf: TQM Scorecard, München 2000, ISBN 3-446-21280-9

Eine noch umfassendere Literaturübersicht finden Sie – selbstverständlich regelmäßig aktualisiert – unter http://www.scorecard.de.

16 Stichwortverzeichnis